지식재산 기반 기술 기업 성장 실무 가이드

IP 기술사업화
전략과 창업 컨설팅

지식재산 기반 기술 기업 성장 실무 가이드
IP 기술사업화 전략과 창업 컨설팅

초판 1쇄 인쇄 2025년 12월 12일
초판 1쇄 발행 2025년 12월 19일

지은이 김주희
펴낸이 김현준
편 집 류석균
디자인 전영진
펴낸곳 소금나무
      주소 (07314) 서울시 영등포구 신길로 214, B 101-1호 ㈜시간팩토리
      전화 02-720-9696 팩스 070-7756-2000
      메일 sogeumnamu@naver.com
      출판등록 제2025-000036호.(2025.03.11.)

ISBN 979-11-989090-9-1 03320

이 책의 저작권은 지은이에게 있으며, 무단 전재와 복제를 금합니다.
잘못된 책은 구입하신 곳에서 교환해 드립니다. 책값은 뒤표지에 있습니다.

소금나무는 ㈜시간팩토리의 출판 브랜드입니다.

지식재산 기반 기술 기업 성장 실무 가이드

IP 기술사업화
전략과 창업 컨설팅

김주희 지음

소금나무

출간사

　2018년에 첫 출간된 「IP. 창업과 신제품 개발」은 그동안 많은 독자 여러분의 관심과 사랑을 받아왔습니다. 학부와 대학원 교재는 물론 예비 창업자, 중소기업, 기업부설연구소, IP 전략부서 임직원분들께서 애독해 주신 점 진심으로 감사드립니다.

　이번에 출간하는 「IP 기술사업화 전략과 창업 컨설팅」은 전작의 단순한 개정판이 아닌 완전히 새롭게 집필된 도서입니다. 기존 저서의 틀을 벗어나 변화하는 시대적 요구와 현장의 목소리를 반영하여 콘텐츠를 전면 재구성하였으며, 실무에 즉시 적용 가능한 전략적 방법론과 컨설팅 사례를 대폭 추가하였습니다. 특히 트럼프 2.0 정부 출범 이후 전 세계 경제 환경의 급격한 변화를 예측하고, 이에 대응하는 새로운 관점과 전략을 담았습니다. 또한 컨설팅학을 전공하는 학부 및 대학원생들은 물론 일반인에게까지 폭넓게 활용할 수 있도록 전문서적으로서의 깊이와 실용서로서의 접근성을 동시에 추구하였습니다.

　이 책의 핵심은 '전략'과 '컨설팅'입니다. 단순히 지식재산을 보호하고 기술을 사업화하는 것을 넘어 체계적인 전략 수립과 실질적인 창업 컨설팅 방법론을 제시합니다. 특히 컨설팅의 본질인 레질리언스(Resilience) 개념을 핵심 철학으로 담았습니다. 레질리언스는 컨설팅학은 물론 공학, 의학에서까지 폭넓게 사용되는 개념으로 회복력, 탄성, 복원력을 의미합니다.

　컨설팅을 업으로 하는 멘토(Mentor)는 어려움에 처해 있는 개인이나 경영 난관에 직면한 기업의 대표, 소상공인에게 그들이 다시 원위치로 돌아올 수 있도록 이끌어 주는 것이 목적입니다. 이 책은 예측할 수 없는 위기와 만성적이거나 갑작스럽게 닥친 어려움, 역경을 하나의 기회로 삼아 재도전하여 본래의 위치로 회복하는 전략적 접근법을 제시합니다.

또한 이 책은 문제 상황을 긍정적인 사고로 전환하고, 자신감과 다양한 사회적, 정서적, 심리적으로 안정된 상태로 회복하여 성장할 수 있도록 개인과 조직은 물론 사회 각 분야에서 반드시 필요한 필독서입니다. 오늘을 살아가는 기성 세대는 물론 MZ 세대가 두려움 없이 창업이나 재도전할 수 있도록 실질적인 길잡이가 될 것입니다.

누구나 장밋빛 그림을 그리며 성공을 꿈꾸면서 창업을 시작합니다. 기업의 영원한 숙제는 어제도, 오늘도, 내일도 지속 가능한 성장 발전입니다.

새롭게 출간하는 「IP 기술사업화 전략과 창업 컨설팅」은 완전히 새로운 관점에서 집필된 책으로, 우리나라 1세기 과학(1st Century Science in Korea)을 재조명하여 발명의 중요성을 알리고, 지식재산권을 기반으로 한 기술사업화 전략, 체계적인 창업 컨설팅 방법론, 신제품 개발 프로세스, 혁신적 아이디어 발상기법을 새롭게 구성하였습니다.

아울러 현존하는 기업이나 창업기업이 반드시 받아야 하는 각종 인증의 내용과 혜택에 대한 최신 정보를 반영하여 정리하였으며, 독자들의 이해도를 높이기 위해 '표와 그림'을 전면 새롭게 고안하고 재작성하였습니다.

직장인, 발명가, 과학자, 공무원, 예비창업자, 창업기업 그리고 전문직 선봉에 있는 여러분들의 꿈과 희망을 실현하는 데 실질적인 도움을 줄 수 있는 나침반이 될 것입니다.

트럼프 2기 정부, 우린 어떻게 극복할 것인가?
(How will we overcome Trump's 2nd government?)

아직도 깨어나지 못한 우리 자유대한민국 미래는 어떻게 될 것인가? 헌법 제46조 2항에 '대한민국 국회의원은 국가 이익을 위해 양심에 따라 행한다'라고 명시되어 있습니다. 또한 기초의원은 지방자치법 제36조 2항에도 '대한민국 기초의원은 공공의 이익을 위하여 양심에 따라 행한다'라고 명시되어 있습니다.

세계적으로도 최저 수준의 문맹률을 자랑하는 대한민국 유권자들의 행태에 대해 묻지 않을 수 없습니다. 내가 선택한 사람들이 무엇을 위해 존재하는지, 선택받은 그들이 지금 국가 이익을 위하고 공공의 이익을 위해 무엇을 하는지 지켜보고 꾸짖어 보았는가?

유권자, 즉 우리가 선택한 자유대한민국 입법을 책임지는 300명 국회의원을 보면, 그들에게 국가의 안녕과 미래가 있었나? 청·백으로 갈라져 오로지 당리당략과 이념 전쟁으로 우리 자유대한민국 미래는 안중에도 없습니다. 그들은 어느 나라 사람들인가? 언제부터인가 우리 사회는 진영논리(陣營論理, Partisanship)에 이웃 간은 물론 형제 간에도, 부부 간에도 갈라진 지금, 어디가 끝이란 말인가?

자유대한민국은 국가의 권력을 입법, 사법, 행정의 삼권으로 분립하여 서로 견제하게 함으로써 권력의 남용을 막고 국민의 권리와 자유를 보장하는 국가입니다. 똑바로 보고, 다시 한 번 보라. 지켜지고 있는가를. 이제 후손들에게 무엇을 남길 것인가.

아이들은 어른들의 뒷모습을 보고 꿈을 키우는 것입니다. 현재 이 나라는 존경의 대상이 없어진 지 오래입니다. 남의 탓으로 갈갈이 찢겨진 상처뿐입니다. 이제 와서 누가 누굴 탓하랴? 기성세대인 유권자와 선택받은 300명 모두의 책임입니다.

트럼프 2.0 시대의 도래는 글로벌 ICT(정보통신기술) 산업 전반에 걸쳐 관세를 시작으로 거대한 쓰나미로 인한 지각변동이 일어날 것으로 예상됩니다. 보호무역주의 강화, 규제 완화, 정부 부문의 디지털 혁신 가속화라는 주요 정책 3가지 방향으로 물 흐르듯 흘러갈 것입니다.

- 보호무역주의 및 AI(인공지능) 생태계 강화
- 규제 완화를 통한 디지털 비즈니스(Digital Business) 활성화
- 정부 운영의 극강의 효율화를 목표로 하는 DOGE(Department of Government Efficiency, 정부 효율성 부서) 출범

미국 중심의 기술 자급화 전략과 글로벌 공급망 재편은 우리 기업들의 해외 시장 진출에 새로운 장벽이 될 것은 분명해 보입니다. 정부(Government)와 기술(Technology) 및 AI(인공지능) 기반 디지털(Digital) 혁신에 대한 주도권 경쟁의 심화를 불러올 것입니다.

이러한 변화는 동시에 AI와 디지털 비즈니스가 더욱 각광받고 신기술 기반의 혁신이 빠르게 확산되는 계기이자 우리가 ICT 강국으로 도약하는 중요한 기회가 될 것으로 예상됩니다.

이에 따라 우리는 이러한 변화를 위기가 아닌 기회로 인식해야 합니다. ICT 및 SW 산업의 경쟁력 향상을 위해, 그리고 더욱 과감하고 신속한 대응을 위해 다음과 같은 핵심적인 5가지 전략을 추진해야 합니다.

- 디지털 혁신 생태계 활성화를 위한 규제 완화
- 글로벌 AI 및 SW 생태계와의 협력 강화
- 국내 강점 산업에 특화된 AI 및 디지털 솔루션 개발
- SaaS(Software as a Service)를 제공하는 클라우드 서비스, 정부와 기술 기업 육성 및 해외 지원 강화
- AI 기반 SW 엔지니어링 혁신 지원

이러한 정책적 노력과 산업적 혁신이 결합된다면, 우리는 디지털 전환 시대를 선도하고 글로벌 ICT 및 SW 산업의 중심에서 경쟁력을 확보할 수 있을 것입니다.

AI 중심의 디지털 혁신이 가속화되는 현시대는 새로운 도전과 함께 거대한 기회를 제공하고 있는 것은 분명한 사실입니다. 우리가 보다 신속하고 전략적인 대응을 통해 AI와 SW 중심의 디지털 전환을 주도해 나간다면 ICT 산업의 글로벌 경쟁력을 한층 강화할 수 있습니다. 이러한 노력들이 축적된다면 우리의 ICT와 SW 산업의 새로운 도약과 지속 가능한 발전 성장을 기대해 볼 수 있을 것입니다.

발명의 날 제정(Establishment of Invention Day)

발명의 날을 5월 19일로 제정한 것은 세종 23년(1441년) 음력 4월 29일(양력 5월 19일)에 측우기를 발명하여 관측을 시작한 날이기 때문입니다.

인류의 지속 성장 발전은 창의적인 아이디어 발명을 기반으로 합니다. 오늘을 살아가는 우리는 도전과 변화를 두려워해서는 결코 성장할 수 없습니다. 전 세계는 빛과 같은 속도로 변해가고 있으므로 전문지식을 가지고 동향을 올바르게 파악하고, 쇠퇴기에 이르기 전에 창의적이고 독창적인 새로운 발명 신기술로 만들어진 제품을 추가하여 제품 구성(Product Mix)을 확립해야 살아남을 수 있습니다. 기회는 오는 것이 아니라 준비하고 만들어 가는 것입니다.

북한 인민군은 1950년 6월 25일 새벽 4시경 서해안의 옹진반도로부터 동해안에 이르는 남북군사 분계선 38선 전역으로 불법 남침하여 국군의 방어 진지에 맹렬한 기습 공격을 개시하여 동족상잔(同族相殘)의 남북전쟁이 시작되었습니다. 3년이 넘게 진행되었던 전쟁은 1953

년 7월 27일 휴전협정(休戰協定) 조인을 시작으로 6·25전쟁은 정지되었고, 남북은 휴전 상태에 들어가 2025년 현재 75년 넘게 그 상태를 유지하고 있는 상황은 지구상에 단 하나 우리뿐인 것은 분명한 사실입니다.

우리 '자유대한민국'을 건국한 초대 이승만 대통령께서는 전쟁의 잿더미 속에서 온 국민이 고통 속에서 신음하고 있을 때, 자유대한민국 미래를 위해 우리 민족의 타고난 유전적 창의력의 우수성과 조상 대대로 계승된 발명 사상을 이어 발명의 의욕을 장려하고 보호 육성함으로써 기술의 진보 발전은 물론 국가 산업 발전에 이바지할 목적으로 1957년 5월 19일을 법정 기념일 '발명의 날'로 제정하였고, 2025년 현재 68년째 계승 발전시켜 유지되고 있는 것입니다.

2025년 12월
김주회

목차

출간사

PART 01
과학기술과 연구의 의미

1장 왜 지금 IP 전략인가?
- 기술은 있는데 수익은 없다: 한국 과학기술의 역설 … 017
- 역사가 증명하는 교훈: IP 없는 기술은 사라진다 … 019
- 우리는 어디로 가야 하는가: IP강국으로의 도약 … 024

2장 연구자와 창업가의 태도: 연구와 창업 준비 마인드셋
- 자기분석 … 028
- IP 창출을 위한 창의적 사고방식 … 030
- 창업 강국의 교훈: 이스라엘의 후츠파 정신 … 031
- 지방정부의 적극적인 행정 사례 … 034

3장 과학적 연구의 의미와 논리
- 연구의 의미 … 035
- 지식 획득 방법의 유형 … 036
- 과학의 성격 … 038
- 과학의 기본 가정 … 039
- 과학적 연구 과정의 논리 체계 … 040
- 사회과학 연구의 목적과 접근 방법 … 042
- 현상의 기술 … 043
- 과학적 조사 연구의 유형 … 049

PART 02
지식재산과 특허 제도의 기초

4장   지식재산권의 기본 개념
- 지식재산권 … 053
- 상표권 … 054
- 산업재산권 배타적 권리(존속) 기간 … 056
- 신지식재산권 … 057

5장   문화입법
- 콘텐츠산업 진흥법 … 059
- 저작권법 … 060
- 저작권의 종류 … 061
- 저작권 등록의 종류 … 064
- 저작권 등록 대상 … 064

6장   특허 제도의 원칙
- 선원주의 … 066
- 확대된 선출원주의 … 067
- 신규성과 진보성 … 068
- 산업상 이용 가능성의 원칙 … 068
- 공개주의 … 069
- 일사부재리의 원칙 … 069

PART 03
발명과 직무발명

7장   발명
- 발명의 정의와 기본 개념 … 073
- 인류 역사 속의 발명과 발견 … 075

	발명의 특성과 효과	... 076
	발명의 변화와 발전 단계	... 077
	발명과 경쟁력	... 078
	21세기 발명의 방향	... 079
	발명과 생활	... 080

8장 발명의 종류

물건발명과 방법발명	... 082
의약발명	... 088
생명공학 분야의 발명	... 089

9장 직무발명

직무발명의 정의와 성립 요건	... 096
권리 귀속과 법적 구조	... 098
종업원 등의 권리와 의무	... 100
직무발명보상 제도와 보상의 종류	... 101
직무발명보상 규정 유무에 따른 보상액 산정 기준	... 103
대학 및 연구기관의 직무발명 운영	... 115

PART 04
지식재산 보호와 사업화

10장 영업비밀과 기술유출

영업비밀의 정의와 보호 요건	... 121
침해 행위에 대한 구제 수단	... 123
기술유출 방지를 위한 실무 체크리스트	... 126
V.A.M.X. 4R의 현실 세계	... 131

11장 IP 가치평가와 금융 제도 활용

기술가치평가의 개념과 필요성	... 134
기술가치평가 방법론	... 135
기술가치평가 실무 프로세스	... 137

IP 담보대출의 이해와 활용 ... 139
IP 담보대출 활용 가이드 ... 140

12장　IP 사업화 전략: 기술이전과 라이선싱
기술이전(TT)의 유형과 절차 ... 143
라이선싱 계약의 구조와 핵심 요소 ... 145
라이선싱 계약서 핵심 조항 ... 147
　IP 기반 수익 모델 설계 ... 148

13장　특허경영지도사와 IP 전문가 활용
특허경영지도사(PMC) 활용 ... 151
IP 전문가 네트워크 구축 방안 ... 155

14장　특허 분쟁 대응 전략
특허무효소송의 사유와 장단점 ... 162
특허침해소송 대응 전략 ... 162
우리나라 특허 강국의 진실 ... 165

PART 05
창업가 정신과 인증 제도

15장　창업가 정신과 IP 기반 인증
창업가 정신과 마인드 ... 171
창업? 레드오션 시장을 개척하라 ... 174
창업기업이 반드시 갖추어야 할 인증 시스템 ... 180
IP 기반 핵심 인증 제도 1 _ 지식재산경영 인증 ... 185
IP 기반 핵심 인증 제도 2 _ 벤처기업 인증 ... 201
IP 기반 핵심 인증 제도 3 _ 이노비즈 인증 ... 206
품질·산업 인증 제도 ... 214

PART 06
시장 개척과 미래 전략

16장 4차 산업혁명 & 미래 전략
- 대한민국 미래 성장 동력 & 혁신은 축척의 결과 ... 231
- 4차 산업혁명 속도를 높이는 소프트 파워 ... 232
- 산업혁명의 역사 ... 233
- 4차 산업혁명 ... 234

17장 트럼프 2.0 시대
- 대한민국 ICT(정보통신기술) 서비스, 우리 강점 산업의 도전과 기회 ... 237
- 우리나라 ICT 산업 경쟁력 강화 방안 ... 243

18장 제20대 정부 출범에 따른 국내 산업의 영향
- 반도체·디스플레이 산업 / 자동차 산업 ... 249
- 배터리 산업 / AI 산업 / 네트워크 산업 ... 250
- 스마트 제조 산업 / 에너지 산업 ... 251
- ESG 산업 / 탄소중립 산업 ... 252
- 바이오·보건안보 산업 / 의료·헬스케어 산업 ... 253
- 건설 산업 / 물류 산업 / 방위 산업 ... 254
- 우주 산업 / 미디어 산업 ... 255
- 엔터테인먼트 산업 / 관광 산업 ... 256
- 유통·소비재 산업 / 식품 산업 / 농업 산업 ... 257

19장 제21대 정부 출범 주요 정책 방향과 산업별 시사점
- 이재명 정부의 주요 정책 공약 요약 ... 263
- 산업별 시사점 ... 264
- 기업 환경 및 금융 시장 전망 ... 265
- 국정기획위원회의 출범과 역할 ... 265
- 지식재산 기반 국가 경쟁력 강화 과제 ... 267

PART 07
위기 관리와 레질리언스

20장 위기 관리와 기업 생존 전략
기업이 직면하는 위기의 유형과 IP 리스크 … 287
국가 위기 관리 체계와 기업 지원 제도 … 289
기업의 위기 대응 BCP와 IP 보호 전략 … 292

21장 레질리언스와 IP 전략
레질리언스의 정의와 발전 … 300
기업 경영에서의 회복 탄력성 … 302
지식재산(IP) 기반 리스크 관리 … 303
글로벌 공급망과 BCP 사례 … 306

22장 기업의 레질리언스와 지속 가능 경영
ESG와 레질리언스의 접점 … 309
산업별 적용 전략 … 311
지속 가능한 미래를 위한 IP 전략 … 314

부록
학위 논문은 과학이다

학사학위(Bachelor's Degree) … 316
석사학위(Master's degree) … 317
박사학위(Doctoral degree) … 318
연구모형의 통계 검증과 결론 … 319
표절과 저작권법 위반 … 320
AMOS의 요인 분석과 모형적합도 … 322

PART 01

과학기술과 연구의 의미

Next Innovation

오늘날 국가와 기업의 경쟁력은 과학기술 역량에서 비롯된다. 한국은 반세기 만에 세계적인 과학기술 강국으로 성장했으며, 이는 연구와 지식 창출에 대한 사회적 투자와 개인 연구자의 노력 덕분이다. 과학기술은 연구실 안에서만 의미가 있는 것이 아니라 산업과 사회 현장에서 문제를 해결할 때 비로소 가치를 지닌다.

연구와 창업은 서로 다른 길처럼 보이지만 실제로는 공통된 기반을 갖는다. 연구자는 문제를 정의하고 가설을 세워 검증하는 과정을 거치며, 창업가는 시장의 문제를 발견하고 끊임없이 실험을 반복한다. 두 과정 모두 논리적 사고와 창의적 발상 그리고 실험정신을 필요로 한다. 따라서 연구자는 창업가의 태도를 이해해야 하고, 창업가는 연구자의 사고방식을 배울 필요가 있다.

이 과정에서 중요한 출발점은 자기분석이다. 자신이 가진 강점과 약점, 활용할 수 있는 기회와 직면한 위협을 객관적으로 분석할 수 있어야 한다. 연구자에게는 연구 주제와 방법 선택의 나침반이 되고, 창업가에게는 시장 진입 전략의 토대가 된다. 더불어 불확실한 상황에서 새로운 길을 열어 가려면 용기 있는 창의적 행동이 필요하다. 이는 실패를 두려워하지 않고 시도하는 태도에서 비롯된다. 에디슨의 발명 과정이 대표적 사례다.

궁극적으로 연구와 창업의 공통된 힘은 과학적 논리에 있다. '문제 제기 → 가설 설정 → 실험과 자료 수집 → 분석 → 결론 도출의 흐름'은 논문 작성뿐 아니라 실제 사회 및 산업 문제 해결의 기본 절차이다. 이러한 논리적 사고는 4차 산업혁명 시대, 복잡하고 예측 불가능한 환경 속에서 더욱 중요한 역량이 된다.

PART 01에서는 한국 과학기술의 현주소와 연구의 의미, 연구자와 창업가가 공유해야 할 태도 그리고 과학적 연구가 지닌 논리적 기반을 살펴보고자 한다. 이는 향후 IP 기술사업화와 레질리언스(Resilience)를 이해하기 위한 출발점이 될 것이다.

1장

왜 지금 IP 전략인가?
Why IP Strategy Now?

뛰어난 기술력을 가진 기업이 특허 한 건 때문에 폐업한다. 수십억 원을 투자한 연구가 선행 특허 하나 때문에 무용지물이 된다. 이것이 오늘날 한국 연구자와 창업가가 직면한 냉혹한 현실이다.

∷ 기술은 있는데 수익은 없다: 한국 과학기술의 역설

글로벌 기술 패권 경쟁의 본질

21세기 국가 경쟁의 핵심은 더 이상 자본이나 자원이 아니다. 지식재산권으로 보호받는 기술이 국가와 기업의 운명을 결정한다. 미국과 중국의 무역전쟁은 표면적으로 관세 문제처럼 보이지만, 본질은 반도체·AI·바이오 분야의 기술 패권 다툼이다. 미국이 중국의 첨단 반도체 발전을 저지하기 위해 사용한 무기는 군사력이 아니라 특허와 기술 표준이었다. 네덜란드 ASML의 극자외선(EUV) 노광 장비 수출 금지, 엔비디아 AI 칩의 대중 수출 제한은 모두 지식재산 통제 전략이다.

유럽연합은 탄소국경조정제도(CBAM)를 통해 환경 기술 표준을 무역 장벽으로 활용하고, 일본은 소재·부품·장비 분야의 원천 특허로 글로벌 공급망을 장악한다. 오늘날 국가 간 경쟁은 '누가 더 많은 기술을 보유했는가'가 아니라 '누가 더 전략적으로 IP를 확보하고 활용하는가'로 귀결된다.

한국의 위치: 양적 성과와 질적 한계

한국은 수치상으로 세계 최고 수준의 과학기술 강국이다. 세계지식재산기구(WIPO)의 글로벌 혁신지수(GII) 10위권, GDP 대비 R&D 투자 4.8%로 세계 1위, 특허협력조약(PCT) 국제특허 출원 세계 4위이다. 또한 반도체 메모리 시장 1위, 배터리·조선·디스플레이 분야 세계 최강국이다.

그러나 이면의 현실은 다르다. 2023년 한국의 기술무역수지는 여전히 적자다. 반도체를 세계에서 가장 많이 만들면서도 핵심 장비와 소재 기술에는 막대한 로열티를 지불한다. 대학과 연구기관 특허의 사업화율은 5% 미만이고, 해외 로열티 지급액은 수취액을 크게 상회한다. 특허 출원은 세계 4위지만 원천 특허 비율은 낮고, 특허 무효율과 특허침해소송 패소율은 높다.

문제의 핵심은 명확하다. 한국은 '좋은 기술을 많이 만드는 나라'이지만, '기술을 전략적으로 보호하고 수익화하는 나라'는 아니다. 기술력은 1등인데, IP 전략은 3류인 것이다.

IP 전략 부재가 초래하는 위기

2022년 삼성전자 반도체 핵심 기술이 중국으로 유출된 사건은 국가적 충격이었다. 수십 년간 수조 원을 투자한 기술이 영업비밀 관리 시스템 부재로 경쟁국에 넘어갔다. 이는 대기업만의 문제가 아니다. 중소기업과 스타트업은 더욱 취약하다. 기술력으로 시장에 진입했다가 대기업의 모방 제품에 밀려나거나 해외 기업의 특허 공격으로 폐업하는 사례가 빈번하다.

대학 연구실에서 개발된 우수 기술들은 특허 전략 부재로 사장된다. 논문 발표 후 특허 출원 시기를 놓쳐 신규성을 상실하거나 권리 범위가 좁아 경쟁자의 회피 설계를 막지 못한다. 국민 세금으로 개발한 기술이 제대로 활용되지 못하고, 연구자는 성과를 인정받지 못하며, 투자자는 손실을 입는다.

글로벌 빅테크 기업들은 수만 건의 특허를 전략적으로 배치해 경쟁자의 시장 진입을 원천 봉쇄한다. 애플, 구글, 마이크로소프트와 경쟁하려면 좋은 제품만으로는 부족하다. 특허 포트폴리오, 라이선싱 전략, 분쟁 대응 역량을 모두 갖춰야 한다.

연구자와 창업가가 직면한 현실

한 바이오 스타트업이 혁신적인 항암 치료제 후보 물질을 개발했다. 전임상 결과는 놀라웠고 투자자들의 관심이 쏟아졌다. 그러나 임상시험을 앞두고 치명적 문제가 발견되었다. 핵심 기술의 선행 특허가 이미 다국적 제약사에 선점되어 있었다. 결국 막대한 로열티를 지불하거나 사업을 포기해야 했다.

대학 연구실에서 3년간 개발한 센서기술이 국제 학술지에 게재되어 주목받았다. 그러나 기업 기술이전 협상 과정에서 특허가 없다는 이유로 낮은 평가를 받았다. "논문만으로는 기술을 보호할 수 없다"라는 말을 듣고서야 연구자는 IP의 중요성을 깨달았다.

한 스타트업 창업자는 독창적인 IoT 기기를 출시했지만, 6개월 만에 중국 업체의 모방 제품이 절반 가격으로 시장에 나왔다. 특허 출원을 미뤘던 것이 치명적 실수였다. 법적 대응 수단이 없었고, 결국 사업을 접어야 했다.

이것이 오늘날 한국의 연구자와 창업가가 직면한 현실이다. 뛰어난 기술력에도 불구하고 IP 전략 부재로 시장에서 밀려나거나 막대한 손실을 입는다. "좋은 기술만 있으면 된다"라는 신화는 이미 무너졌다. 이제 IP 전략은 선택이 아니라 생존의 필수 조건이다.

역사가 증명하는 교훈: IP 없는 기술은 사라진다

조선시대 과학기술의 빛과 그림자

한국의 과학기술은 근대 산업화 이후에만 시작된 것이 아니다. 이미 고대와 중세에서 세계적으로 주목할 만한 성취가 나타났다. 조선 초기의 과학 문화재와 기록물은 한국 과학기술의 독창성과 창의성을 잘 보여준다.

먼저 용비어천가(보물 제1463호)는 한글 창제 직후 만들어진 문헌 중 하나로, 단순한 문학 작품이 아니라 과학적 의의도 지닌다. 훈민정음 창제는 문자학·언어학적 혁신이었으며, 음운학적 체계성을 바탕으로 누구나 쉽게 학습할 수 있는 문자를 창안했다는 점에서 세계 문자사에 유례가 없는 성과였다. 이는 이후 학문과 지식 보급을 가능하게 한 지식 전파 기술이라 할 수 있다.

※ 용비어천가(1~2장 구절)

해동의 육룡이 날으사 일마다 천복이시니 옛 성인들과 부절을 합친 듯 꼭 맞으시니 뿌리깊은 나무는 바람에 아니 흔들리고 꽃좋고 열매가 만나니 샘이 깊은 물은 가뭄에 아니 그치므로 내가되어 바다에 가는구나.

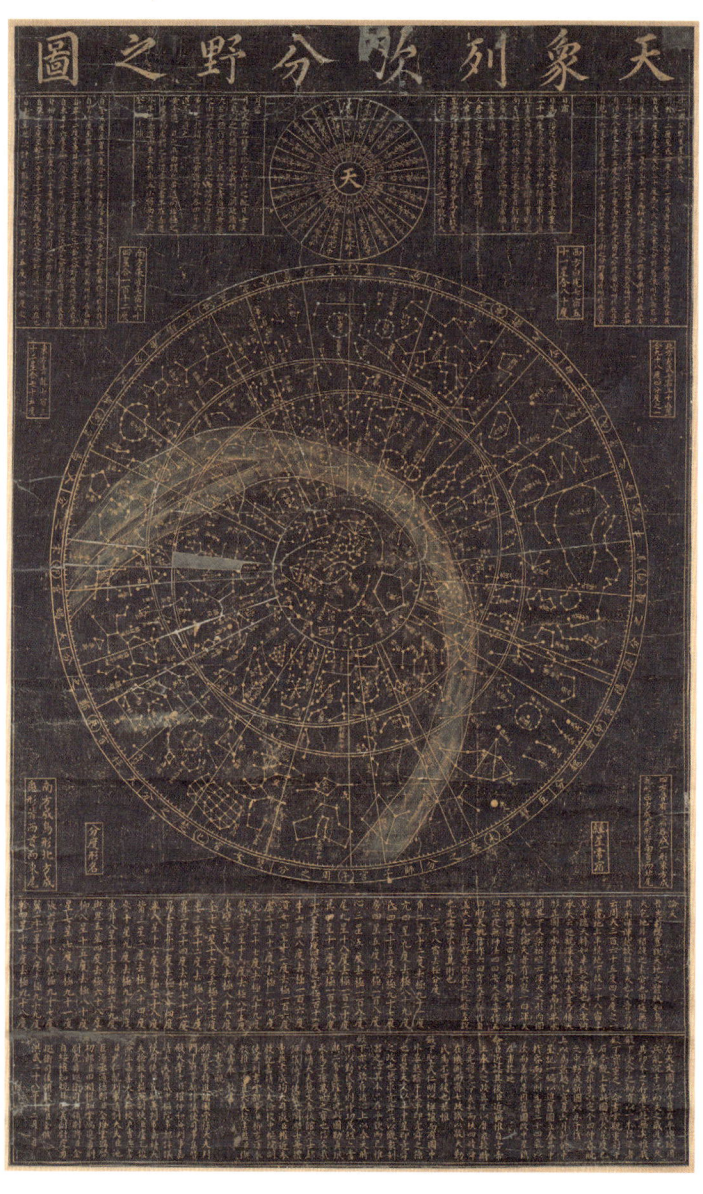

　천상열차분야지도(天象列次分野之圖, 국보 제228호)는 우리 민족이 수천 년 전부터 독자적인 방식으로 약 1,400여 개 별자리를 관찰하고 기록한 천문도이다. 이 천문도에 표시된 별들의 위치는 고구려 시대인 서기 1세기경을 기준으로 맞춰져 있다. 원래는 석판에 새겨져 있었으나 672년 당나라와의 전쟁 중에 분실되었고, 탁본으로만 전해지던 것을 1395년에 수정하여 다시 제작했다. 이는 우리 조상들의 천문 관측 역사와 과학기술 수준을 보여주는 귀중한 문화유산이자 현대 한국이 천문학과 우주항공 분야에서 경쟁력을 확보하는 데 중요한 문화적 자산이 되었다.

　일월오봉도는 왕의 어좌 뒤에 걸린 병풍으로, 단순한 장식물이 아니라 천문학적·자연학적 질서를 상징한다. 해와 달, 다섯 개의 봉우리를 통해 자연의 조화와 통치 철학을 표현하였는데, 당시 사회가 과학과 자연 질서를 국가 운영의 기본 토대로 인식했음을 보여준다.

　혼천의(국보 제230호)는 조선 1433년(세종 15년)에 만들어진 천체 관측 기구로, 천구의 운동을 기계적으로 구현한 장치였다. 이는 유럽의 아스트롤라베나 토르켈리우스 구와 비교할 수 있을 정도의 정밀성과 창의성을 지닌 발명품으로 평가된다. 만 원권 지폐에도 담긴 혼천의는 태양의 위치와 계절, 날짜, 시간을 알려주는 기구로, 1669년 송이영은 서양의 자명종 시계 원리를 도입하여 혼천의를 개량했다. 이를 통해 자동으로 작동하는 혁신적인 천문 기구로 재탄생시켰으며, 단순히 천체의 형상을 관측하는 것을 넘어 정확한 시간까지 측정할 수 있도록 제작했다. 이러한 혼천의는 우리 선조들의 우수한 과학기술을 보여주는 국보로, 조선시대 과학자들의 뛰어난 실험 정신과 관측 능력을 잘 입증하는 중요한 유산이다.

※ 세종대왕은 천문학, 수학, 수자원, 의학 등 다양한 분야의 연구에서 실용적인 발명품을 만들어 과학 기술에 발전에 크게 이바지하였으며, 대표적인 것은 아래와 같다.

- **혼천의**: 1433년(세종15년) 천체의 운행과 그 위치를 측정하던 천문 관측 기구이다.
- **소간의**: 1434년(세종 16년) 천체의 위치를 측정하는 동양의 전통적인 천문 관측 기구이다.
- **자격루**: 1434년(세종 16년) 물을 이용하여 시간은 물론 종을 쳐 알려주는 당시 최첨단기술이다.
- **천평일구**: 1437년(세종 19년) 해시계를 말하는데, 이뿐만 아니라 현주일구, 정남일구 등이 있다.
- **혼상, 혼의**: 1438년(세종 20년) 별과 해, 달의 움직임을 측정하던 관측 기구이다.
- **측우기**: 1441년(세종 23년) 세계 최초로 만들어진 강우량 측정 기구이다.
- **수표**: 1441년(세종 23년) 하천의 수위 변화를 측정하기 위해 제작된 측량 기구이다.

그러나 이러한 빛나는 유산에는 치명적 약점이 있었다. IP 제도와 사업화 시스템의 부재다. 조선의 과학기술은 국가 주도로 발전했지만, 민간으로 확산되거나 산업화로 이어지지 못했다. 기술은 왕실과 관청에 머물렀고, 개인의 발명은 보호받지 못했다. 결과적으로 세계적 수준의 기술력에도 불구하고 산업혁명 시대에 뒤처지게 되었다. 기술만으로는 부족했다. 그것을 보호하고 확산시키는 제도적 기반이 없었던 것이다.

산업화 시대의 추격과 역전

한국 과학기술의 현대적 발전은 1960년대부터 시작되었다. 당시 한국은 농업 중심의 저개발 국가였으나 정부 주도의 경제개발계획과 함께 과학기술 역량을 국가 성장의 핵심 동력으로 삼았다. 1966년 설립된 한국과학기술연구원(KIST)은 국내 최초의 종합 연구기관이며, 이후 각종 정부출연연구소의 모태가 되었다. 이는 연구개발을 국가 차원에서 제도화하고 과학기술 인프라를 체계적으로 구축하는 첫걸음이었다.

1970~80년대는 중화학공업화와 기술 자립이 주요 과제였다. 포항제철 건설, 울산석유화학단지 조성, 기계·자동차 산업 육성이 진행되면서 산업 전반에 필요한 기술 인력이 대거 양성되었다. 동시에 반도체와 통신기술 분야에서 정부와 민간의 투자가 집중되면서 1983년 삼성전자가 64K D램을 개발하는 성과를 거뒀다. 이 시기 한국은 선진국의 기술을 배우고 모방하는 단계였지만, 동시에 자체 특허 확보의 중요성을 깨닫기 시작했다.

1990년대 들어 한국은 'IT 강국'으로 자리매김했다. 초고속 인터넷 인프라의 세계적 보급, 휴대전화·반도체 산업의 급성장은 한국을 글로벌 정보통신기술의 중심지로 만들었다. 이 시기 벤처 붐과 함께 소프트웨어, 게임, 전자상거래 분야가 급속 성장했으며, 한국이 세계에서 가장 빠르게 디지털 전환을 이뤄낸 국가로 평가받는 배경이 되었다.

2000년대 이후 한국은 첨단 산업 분야에서 초격차 전략을 강화해 왔다. 반도체와 디스플레이 분야에서 글로벌 1위를 유지하며 세계 시장을 주도하고, 배터리 산업에서는 전기차 확산과 함께 세계 3대 강국으로 자리 잡았다. 바이오, 우주항공, 인공지능(AI) 등 미래 성장동력 확보에도 적극 나섰다. 특히 한국형 발사체 누리호 발사 성공은 우주과학기술 자립의 상징이 되었다.

이러한 발전 과정에서 한국 기업들은 IP 전략의 중요성을 뼈저리게 배웠다. 초기에는 선진국 특허를 회피하느라 막대한 비용을 지불했지만, 점차 자체 특허 포트폴리오를 구축하며 협상력을 확보했다. 정부 주도의 '전략적 투자 → 민간기업의 기술혁신 → 글로벌 시장 경쟁력 강화'라는 선순환 구조가 형성되었다.

성공과 실패 사례: IP 전략이 만든 차이

삼성전자의 메모리 반도체 역전극은 IP 전략의 교과서다. 1990년대 일본 기업들을 추격할 때 삼성은 단순히 기술 개발에만 집중하지 않았다. 핵심 기술에 대한 특허를 전략적으로 확보하고, 경쟁사 특허를 회피하는 설계 전략을 병행했다. 동시에 차세대 기술에 선제적으로 투자하며 원천 특허를 선점했다. 결과적으로 2000년대 초 일본 기업들을 제치고 세계 1위에 올랐으며, 지금까지 그 위치를 지키고 있다.

반면 한국 제약 산업의 부진은 IP 전략 부재의 대가를 보여준다. 한국은 우수한 연구 인력과 임상 역량을 보유했지만, 신약 개발 초기 단계에서 원천 특허 확보에 소극적이었다. 결과적으로 글로벌 제약사의 특허 장벽에 막혀 복제약 위주 산업에 머물렀다. 최근 들어 셀트리온 같은 기업이 바이오시밀러 분야에서 IP 전략을 강화하며 돌파구를 마련하고 있지만, 여전히 신약 분야에서는 선진국에 뒤처져 있다.

역사는 명확한 교훈을 준다. 뛰어난 기술도 IP 전략 없이는 지속될 수 없다. 조선시대의 과학 유산은 제도적 기반 부재로 산업화로 이어지지 못했다. 산업화 시대 한국은 기술 모방 단계를 넘어 IP 전략을 통해 글로벌 리더로 도약했다. 그리고 지금, 4차 산업혁명 시대를 맞아 다시 한번 IP 전략의 중요성이 커지고 있다.

우리는 어디로 가야 하는가: IP 강국으로의 도약

냉정한 현실 진단: 강점과 약점

한국 과학기술은 짧은 시간 안에 괄목할 만한 성과를 이루어냈다. 산업화 이후 정부와 민간이 협력해 대규모로 투자한 결과, 반도체·디스플레이·배터리·조선 등 여러 분야에서 세계 최고 수준의 경쟁력을 확보했다. 특히 연구개발(R&D) 투자 규모는 GDP 대비 세계 최고 수준을 기록, 과학기술이 국가 성장의 핵심 엔진으로 자리 잡았음을 보여준다.

한국 과학기술의 강점은 네 가지로 요약된다. 첫째, 압축적 성장 경험이다. 자원과 자본이 부족한 상황에서 인적 자원과 기술혁신에 집중해 산업화를 이뤄냈고, 이 과정에서 형성된 '단기간 추격형 성장 전략'은 오늘날에도 새로운 기술을 빠르게 흡수하고 응용하는 능력으로 이어진다. 둘째, 세계적 산업 경쟁력이다. 반도체·디스플레이·이차전지·조선 분야에서 글로벌 점유율 1~3위를 기록하며 국제 시장을 주도한다. 셋째, ICT 인프라와 디지털 역량이다. 초고속 인터넷, 모바일 기술, 온라인 플랫폼은 세계 최고 수준이며, AI·빅데이터·메타버스 같은 신산업의 성장 기반이 되고 있다. 넷째, 민관 협력과 정책적 지원이다. 정부의 R&D 투자와 민간기업의 대규모 투자가 선순환 구조를 이루며 과학기술 발전을 뒷받침한다.

그러나 약점도 분명하다. 무엇보다 기초과학 투자 부족이 가장 큰 문제로 지적된다. 응용과 상용화에서는 빠른 성과를 내지만, 원천기술이나 기초연구의 성과는 선진국에 비해 부족하다. 이는 장기적 혁신 역량을 약화시키는 요인이 된다. 둘째, 연구의 지속가능성 문제다. 단기 성과에 치중하는 평가 시스템, 연구 윤리 논란, 연구자 과로 문제는 과학기술 생태계의 건강성을 저해한다. 셋째, 국제 협력과 글로벌 리더십 부족이다. 국제 공동연구나 학문적 영향력에서 선진국에 비해 뒤처지며, 세계적 석학이나 노벨상 수상자 배출도 미흡하다. 넷째, 인재 유출과 양극화 문제다. 우수 인력이 해외로 빠져나가거나 대기업과 특정 분야에 집중되어 장기적으로 과학기술 인재 생태계의 다양성을 해칠 수 있다.

IP 관점에서 보면 약점은 더욱 명확하다. 특허 출원 건수는 많지만 원천 특허 비율은 낮고, 특허의 질적 가치는 상대적으로 떨어진다. 기술유출과 영업비밀 관리 체계가 취약하고, 특허 분쟁 대응 역량도 부족하다. 대학과 연구기관의 특허는 사업화율이 낮아 사장되는 경우가 많다. 종합하면, 한국 과학기술의 강점은 빠른 성장을 이끈 응용 기술력과 산업 경쟁력에 있지만, 약점은 기초연구와 IP 전략의 부족에 있다.

IP가 만드는 기회: 역전의 시나리오

그러나 절망할 필요는 없다. IP 전략은 위기이면서 동시에 기회다. 제대로 된 IP 전략을 구축하면 작은 기업도 거대 기업과 경쟁할 수 있고, 후발주자도 선도 기업을 추월할 수 있다.

삼성전자의 메모리 반도체 역전은 이미 앞에서 살펴봤다. 바이오 분야에서 셀트리온은 바이오시밀러 시장에서 IP 전략으로 글로벌 제약사들과 경쟁한다. 오리지널 의약품의 특허 만료 시점을 정확히 파악하고, 제조 공정에 대한 독자 특허를 확보하며, 각국의 규제와 특허 환경을 면밀히 분석해 시장에 진입했다. 이는 기술력만큼이나 IP 전략이 중요하다는 것을 보여준다.

스타트업 생태계에서도 변화가 일어난다. 최근 벤처캐피탈과 투자자들은 기업 평가 시 기술력뿐 아니라 IP 포트폴리오를 중요하게 본다. 특허를 보유한 스타트업은 투자 유치에 유리하고, M&A나 IPO 시 기업 가치를 높일 수 있다. IP 기반 기술가치평가를 통해 담보대출을 받거나 특허를 라이선싱해 초기 수익을 확보하는 스타트업이 늘고 있다.

IP 전략은 단순히 특허를 많이 출원하는 것이 아니다. 핵심 기술을 선별해 전략적으로 보호하고, 경쟁사의 특허 지형을 분석하며, 권리 범위를 넓게 확보하고, 라이선싱과 기술이전으로 수익을 창출하며, 분쟁 발생 시 효과적으로 대응하는 총체적 전략이다. 이러한 역량을 갖춘 기업과 연구자만이 글로벌 시장에서 생존하고 성장할 수 있다.

미래를 여는 세 가지 과제

한국이 과학기술 강국을 넘어 IP 강국으로 도약하기 위해서는 세 가지 과제를 해결해야 한다.

첫째, 기초과학과 원천 IP의 토대 강화다. 지금까지는 응용기술 분야에서 성과를 냈지만, 원천기술 확보와 기초연구 투자에는 소극적이었다. 기초연구는 장기적으로 국가 과학기술 역량을 지탱하는 뿌리이며, 새로운 패러다임을 여는 원천이다. 물리, 화학, 수학, 생명과학 등 기초분야에 대한 장기적 투자와 우수 인재 양성은 더 이상 미룰 수 없다. 동시에 이러한 기초연구 성과를 원천 특허로 보호하는 전략이 필요하다.

둘째, 연구 생태계의 혁신과 IP 전략의 내재화다. 단기 성과 위주 평가와 과도한 경쟁 구조는 연구자의 창의성을 위축시킨다. 안정적이고 지속 가능한 연구 환경을 마련해 장기 연구가 가능하도록 제도적 개선이 필요하다. 동시에 연구자와 창업가 교육 과정에 IP 전략을 필수로 포함시켜야 한다. 논문 쓰는 법만큼이나 특허 출원 전략, 영업비밀 관리, 라이선싱 협상을 가르쳐야 한다. 대학과 연구기관의 기술이전조직(TLO)을 강화하고, 전문 인력을 양성해야 한다.

셋째, 글로벌 IP 리더십과 전략적 협력 확대다. 한국은 양적 성과 면에서 세계적 수준에 올랐지만 질적 영향력은 제한적이다. 국제 공동연구, 글로벌 석학과의 협력, 세계적 연구 성과 창출을 통해 과학계에서 리더십을 확보해야 한다. 동시에 국제 특허 출원, 해외 시장 진출, 글로벌 표준 선점에도 적극 나서야 한다. 기후위기, 팬데믹, 고령화 같은 전 지구적 문제 해결에 기여하며 IP를 축적하는 전략이 필요하다.

결국 한국 과학기술의 미래는 기초와 응용의 균형, 기술력과 IP 전략의 결합, 국내 역량과 글로벌 리더십의 조화에 달려 있다. 이 세 가지 과제를 충실히 수행할 때 한국은 과학기술 추격국을 넘어 IP 강국으로, 나아가 인류의 미래를 선도하는 과학기술 리더국으로 자리매김할 수 있을 것이다. 그리고 이 여정의 주역은 바로 오늘날의 대한민국 연구자와 창업가들이다.

2장

연구자와 창업가의 태도: 연구와 창업 준비 마인드셋
Researcher and Entrepreneur Mindset: Preparing for Research and Startup Success

연구자와 창업가에게 가장 중요한 출발점은 자신의 태도와 마인드셋이다. 자기분석을 통해 강점과 약점을 인식하고, 도전정신과 창의적 직관을 발휘할 때 연구는 성과로 이어지고 창업은 새로운 기회를 만든다. 결국 태도는 단순한 마음가짐을 넘어 연구와 사업의 성공을 결정짓는 핵심 자산이다.

자기분석(Self-analysis)

나는 누구이고, 어떤 사람인가?(Who am I and what kind of person am I?)

연구자와 창업가에게 가장 중요한 출발점은 자기 이해다. 먼저 솔직하게 자신을 기록하고 성찰함으로써 "나는 누구이고, 어떤 사람인가?"를 명확히 인식해야 한다. 이는 외적인 조건이 아니라 내적인 자아를 발견하는 과정이다.

만약 내면의 또 다른 자신을 발견했다면, 이를 단순한 깨달음으로 끝내지 않고 훈련을 통해 직관(直觀, Intuition)으로 발전시켜야 한다. 직관은 불확실한 상황에서 올바른 결정을 내릴 수 있는 중요한 힘이며, 연구와 창업 과정 모두에서 창의적 사고와 실행력을 높여준다.

인간은 본래 주관적이고 개별적인 존재다. 따라서 정답만을 쫓기보다 자기 고유의 시각과 경험을 기반으로 사고하고 판단해야 한다. 이러한 과정에서 직관적 지능을 적극적으로 활용한다면 문제 해결과 혁신적 아이디어 창출에 있어 큰 강점이 된다.

자연의 법칙을 알고 순응하라(Know and obey the laws of nature)

연구자와 창업가 모두에게 중요한 것은 자연의 법칙을 이해하고 이에 순응하는 태도다. 먼저 타고난 장점을 소홀히 여기지 말고, 그것을 적극적으로 활용해 자신의 강점으로 살아 숨쉬게 해야 한다. 작은 강점 하나는 또 다른 강점으로 이어지는 징검다리가 되어 더 큰 성장을 이끌어낸다.

반대로 약점과 단점, 특히 잘못된 습관은 반드시 고쳐야 한다. 이를 방치하면 성장의 기회를 놓치고, 결국 스스로 발목을 잡히게 된다. 실패했을 때는 외부 환경만 탓하지 말고 그 원인을 자기 자신에게서 먼저 찾아야 한다. 이러한 자기 성찰은 약점을 보완하고 강점을 극대화하는 가장 확실한 방법이다.

결국 자연의 법칙에 순응한다는 것은 강점을 키우고 약점을 고치며, 실패를 자기 안에서 성찰하는 태도를 의미한다. 이는 연구와 창업 모두에서 지속 가능한 성장을 이끄는 핵심 원리다.

내 삶을 인도하는 우주의 질서를 알아야 한다
(I need to know the order of the universe that guides my life)

아래 표는 연구자와 창업가가 스스로 장점을 점검하고 실천할 수 있도록 돕는 기록표다. 각 항목은 개인의 태도와 역량을 우주의 질서처럼 삶을 이끄는 기준으로 삼을 수 있음을 보여준다.

<장점(長点, Advantages) - 선천적(Selected)>	O/X
• 언행일치(言行一致, Walk the talk)	
• 정의감(A sense of justice)	
• 도덕성(Morality)	
• 윤리관(Ethical beliefs)	
• 도전정신(Challenge spirit)	

- 성격-성실성(Personality-Faithfulness)
- 배려-협동심(Consideration-Cooperation)
- 환경 적응 능력(Environmental adaptability)
- 의지력-일관성(Willpower-Consistency)
- 준비성-절약성(Preparedness-Consciousness)
- 재치-끼(Wit-tiness)
- 건강-식성(Health-Eating)
- 표현과 발표력(Expressive and Presentative skills)
- 능동적-추진력(Active-Propulsion)
- 객관적 사고 판단력(Objective thinking judgment)
- 직관과 예지력(Intuition and Foresight)

IP 창출을 위한 창의적 사고방식

연구와 창업에서 성과를 이루는 사람들의 공통점은 용기 있는 창의적 행동이다. 지식만으로는 새로운 길을 열 수 없으며, 실제로 시도하고 도전하는 과정에서 진정한 성취가 쌓인다.

2011년 5월 한국도로공사 군포지사에서 근무하던 윤석덕 차장은 야간이나 악천후 시 교통사고가 빈번히 발생하는 문제를 주목했다. 그는 운전자가 차선을 쉽게 인식할 수 있도록 도로 위에 흰색, 노란색, 청색, 적색의 네 가지 색을 배열하는 주행 유도선 아이디어를 제안하였다. 이는 단순하지만 운전자의 시각적 인식을 크게 개선해 차선 이탈과 졸음운전 사고를 예방하는 효과를 거두었다.

이 과정에서 현장의 문제를 직접 경험하며 개선 필요성을 강하게 제기한 인물이 있었다. 당시 인천지방경찰청 11지구대에 근무하던 임용훈 경감(당시 경사)은 교통사고 다발 구역을 관리하면서 운전자들이 차선을 제대로 인식하지 못해 사고가 나는 사례를 수차례 접했다. 그는 이러한 현장 경험을 토대로 주행 유도선 도입의 필요성을 뒷받침했고, 교통 현장에 아이디어가 실제로 적용될 수 있도록 협력하였다.

결과적으로 주행 유도선은 도로교통 안전 개선에 기여했을 뿐만 아니라 작은 아이디어와 현장 경험이 결합해 사회적 혁신으로 이어질 수 있음을 보여주는 사례가 되었다. 이 사례는 연구자와 창업가 모두에게 중요한 교훈을 준다.

- **연구자적 관점**: 학위논문 역시 주행 유도선처럼 작은 관찰에서 시작된다. 문제를 명확히 정의하고, 기존 이론과 연구를 검토한 후에 창의적 해결책을 제시하는 것이 연구의 본질이다.
- **창업가적 관점**: 혁신은 반드시 거대한 기술에서만 나오지 않는다. 현장에서의 불편을 발견하고, 그것을 구체적인 제품과 서비스로 연결할 때 새로운 시장과 가치가 창출된다.

주행 유도선은 '용기 있는 창의적 행동이 어떻게 사회적 가치와 부를 축적할 수 있는가?'를 보여주는 대표적 사례라 할 수 있다.

창업 강국의 교훈: 이스라엘의 후츠파 정신

인류의 성장은 발명으로부터 시작되었으며, 발명이 없는 인류의 성장은 결코 없을 것이다. 4차 산업혁명(産業革命, Industrial Revolution)은 3차 산업을 기반으로 한 디지털과 바이오, 물리학 등의 경계를 융합하는 신기술의 혁명, 일명 쓰리고 시대라 한다. 그렇다면 제5차, 6차 산업에도 혁명이란 단어를 붙일 수 있을까?

누구도 단언할 수 없다. 산업의 혁명이란 새로운 발명으로 인하여 현재의 산업 전반이 완전히 뒤집힐 때 혁명이란 단어가 붙기 때문에 누구도 장담할 순 없다.

준비된 사람은 4차 산업혁명, 즉 융복합 시대를 맞아 성공하겠지만, 준비하지 않은 사람에겐 쓰라린 실패만이 기다리고 있을 뿐이다.

미국을 제외한 40%의 나스닥(NASDAQ) 상장사 보유국 이스라엘
(Israel with 40% Nasdaq Listed Owners Excluding U.S)

인구 비례상 세계에서 가장 많은 과학기술, 특히 IT 분야의 기업을 보유한 이스라엘은 대부분 군사기술을 기반으로 성장한 것으로 널리 알려져 있으나 스타트업을 통하여 경제 발전을 일으킨 대표적인 국가이다.

2019년 삼성전자가 첫 M&A로 1700억원에 인수해서 화제가 되었던 모바일용 광학줌 카메라 모듈 제조 스타트업인 코어포토닉스, 작곡하기 위해서는 절대 빼놓을 수 없는 사운드 플러그인(Mercury Bundle)을 개발한 웨이브스(Waves) 오디오도 대표적인 이스라엘 기업이다.

이렇게 이스라엘이 스타트업의 메카로 성장한 데에는 그들만의 독특한 군사 프로그램 탈피오트(Talpiot)와 후츠파(chutzpah) 정신이 있다.

탈피오트는 까다로운 선발 절차와 고도의 훈련을 제공하는 최정예 군인 육성 프로그램으로, 이스라엘의 창의적인 인재를 배출하는 국가적 인큐베이터 시스템으로 알려져 있다. 수많은 탈피오트 출신 인재들은 군 복무를 마친 뒤 훈련 기간 동안 쌓은 경험과 전문성을 바탕으로 창업 전선에 뛰어들어 강소기업으로 성장에 성장을 거듭하고 있다.

이스라엘은 우리나라 남한의 5분의 1에 불과한 면적이며, 전 세계 인구의 0.1%로 아주 작은 나라이다. 하지만 미국의 나스닥 상장기업이 세계에서 3번째로 많고, 800명당 1명이 창업을 하며, 노벨상 수상자의 22%를 배출하는 성공신화를 이룬 국가이다.

대표적인 디지털보안 솔루션업체인 나이스 시스템과 인터넷 방화벽 보호업체 체크포인트, 사용자 제작 콘텐츠(UCC) 사이트 메타카페 등이 창업을 주도함으로써 이스라엘의 혁신적 경제 성장에 이바지하고 있다.

후츠파(Chutzpah)

히브리어로 뻔뻔하고 당돌하며 도전적인 생각을 뜻하는 말이다. 일반 사람들의 정서와는 달리 이스라엘 사람들은 어려운 요구를 받으면 기쁜 마음으로 받아드리는 것이 특징이다. 대부분의 사람은 싫어하게 마련이지만, 그 사람들은 기쁜 마음으로 받고, 반드시 결과를 만들어 낸다. 언제나 긍정하는 태도의 바탕에는 후츠파의 정신이 자리하고 있기 때문이다.

후츠파는 삶을 대하는 확고한 자세로, 고민하지 않고 목표를 향해 앞만 보고 나아가는 것이다. 반대로 변화를 좋아하는 사람은 아마도 없을 것이라 생각한다.

그러나 분명한 것은 변화는 위협이 아닌 생존을 위한 고통일 뿐인데, 변화 자체가 스트레스로 작용하게 되는 것이다. 바꾸어 말해 건강한 스트레스는 더 긍정적인 효과를 가져다 준다는 것을 스스로 깨달아야 할 것이다. 그러기에 후츠파는 어디서나 빛을 발한다. 당당하고, 용감하며, 무엇이든지 할 수 있다는 낙관적인 태도가 진정한 후츠파의 정신이다. 후츠파 정신은 자원이 없으며 고립되고 분쟁 위험이 독버섯처럼 자라나고 있는 악조건 속에서 이스라엘을 지탱하고 있다. 후츠파의 7가지 정신의 구성 요소는 아래 그림과 같다.

〈이스라엘을 지탱하는 7가지 후츠파 정신의 구성 요소〉

이스라엘 사람들은 지위고하를 막론하고 당돌하게 질문하고, 담대하게 자신에 생각이 무엇인지 이야기하며, 형식에 얽매이지 않는다. 또한 끈질기게 도전하며, 순순히 예스라고 대답하기보다 언제나 "왜?"라고 묻는다. 실패는 창피한 것이 아니라 부족한 것을 배우고 다음 단계로 넘어가는 디딤돌로 생각하기 때문이다.

이스라엘이 탈피오트, 후츠파 정신을 발휘하여 벤처의 천국으로 성장하게 하는 원동력은 이스라엘 경제부 산하의 수석과학관실(OCS, Office of the Chief Scientist)로서, 혁신을 가장 최고의 경제 계획으로 삼고 있으며, 실제로 목표는 이스라엘을 세계적 혁신의 선두주자로 만드는 것이다.

> ※ 이스라엘 수석과학관 제도
>
> 이스라엘 행정부처 중 과학·기술과 관련된 대부분의 부처는 수석과학관실(Office of the Chief Scientist)를 두어 해당 부처의 연구개발 정책 및 이를 위한 예산 집행 등을 총괄토록 하고 있다.

> 현재 산업통상노동부, 농업부, 통신부, 건설부, 과학부, 환경부, 국가인프라부, 치안부, 교통부, 보건부, 교육부, 국방부 등에 수석과학관실이 존재한다.

:: 지방정부의 적극적인 행정 사례
(A Case of Active Administration of Local Governments)

선 준공 농가주택

농촌에서 집을 짓는 일은 주거 공간을 마련하는 문제를 넘어 삶의 기반을 다지는 중요한 과정이다. 그러나 현실에서는 행정 절차와 현장 상황의 괴리로 불편이 생기는 경우가 많았다. 특히 건축법상 모든 공정이 완료된 뒤 준공검사를 받아야만 입주가 가능하다는 규정은 농촌 주민들에게 큰 부담으로 작용했다.

이에 일부 지방정부는 현실적 어려움을 해결하기 위해 '선 준공 농가주택' 제도를 도입하였다. 이는 건축이 일정 수준 이상 마무리되어 안전성이 확보된 경우에는 정식 준공 절차가 완료되기 전이라도 거주를 허용하는 방식이다. 실제 현장에서는 농민들이 집을 완공하기 전에도 생활에 필요한 공간을 먼저 사용할 수 있도록 행정적 유연성을 발휘하였다.

이러한 적극적인 행정은 농촌 주민들의 생활 불편을 줄이고 조기 정착을 돕는 효과를 가져왔다. 더 나아가 젊은 세대의 귀농·귀촌을 장려하고, 농촌 공동체의 활력을 회복하는 데도 기여했다. 단순히 법규를 기계적으로 적용하는 것이 아니라 현장의 필요와 주민의 삶을 우선하는 행정 혁신의 사례라 할 수 있다.

'선 준공 농가주택'은 지방정부가 보여준 작은 변화였지만, 주민들에게는 큰 울림을 주었다. 이는 제도의 경직성을 넘어 적극적이고 유연한 행정이야말로 지역사회의 지속가능성을 높이는 열쇠임을 보여주는 중요한 사례이다.

3장

과학적 연구의 의미와 논리
The meaning and logic of scientific research

과학적 연구는 단순한 지식 축적이 아니라 문제 해결을 위한 체계적이고 논리적인 탐구 과정이다. 의문을 제기하고 가설을 세운 뒤 이를 관찰과 실험으로 검증하는 과정에서 지식은 끊임없이 수정 보완되며 진리에 가까워진다. 따라서 과학적 연구의 의미와 논리를 이해하는 것은 연구자와 창업가 모두에게 신뢰성 있는 성과와 혁신을 창출하기 위한 필수 조건이라 할 수 있다.

연구의 의미 (The meaning of a study)

우리가 흔히 말하는 연구란 단순히 새로운 지식을 찾아내는 일이 아니라 의문을 풀고 문제에 대한 해답을 얻는 과정이다. 학문적 주제든 실생활의 현안이든 연구는 늘 "왜 그럴까?"라는 질문에서 출발한다. 그런 뒤 잠정적인 해답을 세우고, 이를 검증하는 과정을 거쳐 조금 더 확실한 결론에 다다른다.

연구의 결과물은 보고서나 학술논문과 같은 형태로 정리되어 세상에 공개된다. 따라서 연구는 개인의 생각에 머무는 것이 아니라 다른 이들이 검토하고 토론할 수 있는 공개된 지식이 된다. 이러한 과정을 통해 지식은 확장되고, 오류는 수정되며, 사회 전체의 이해 수준이 한 단계씩 높아진다.

연구는 끝없는 반복과 점검의 과정이기도 하다. 같은 문제를 다시 살펴보고, 다른 관점에서 확인하는 탐구의 순환 속에서 새로운 아이디어가 나온다. 그래서 연구라는 단어 속에는 단순한 찾기가 아니라 '다시 찾고 또 확인한다'라는 의미가 담겨 있다.

대부분의 학술적 연구는 완전히 새로운 것에서 시작되지 않는다. 오히려 이미 다른 연구자가 개발한 아이디어나 성과를 다시 검토하는 데서 출발한다. 선행연구를 꼼꼼히 살펴보고, 그 속에서 미처 풀리지 않은 부분이나 새로운 관점을 찾아내는 것이 연구자의 첫걸음이다. 그리고 그 작은 차이가 쌓여 학문은 한 걸음씩 앞으로 나아간다.

지식 획득 방법의 유형(Types of knowledge acquisition methods)

❶ 권위적 방법(An authoritative method)
- 사회적, 정치적으로 지식 생산자의 자격을 인정받은 사람들의 권위에 의존하여 의문을 해결하고 지식을 얻는 방법이다.
- 일반인들은 사회적 또는 정치적으로 권위를 인정받은 지식 생산자에게 지식의 능력이 귀속되는 것으로 간주한다.
- 어떤 지식 생산자의 잘못에 관한 반론(refutation)이 누적되면 그 지식 생산자의 권위는 정당성을 잃고 권위의 주체가 바뀌게 된다.

❷ 전문가에게 의존하는 방법(An authoritative method)
- 전문가는 과학적 지식을 전달하는 역할을 담당하며, 그들의 의견은 과학적 지식에 근거한다.
- 권위적 방법과 전문가에 의존하는 방법의 차이는 지식의 근거가 아니라 이를 받아들이는 방법에 있어서 차이가 있다.
- 권위적 방법은 공인된 권위자가 선언(Decree)한 것을 무조건 받아들이지만, 전문가에게 의존할 경우 전문가의 판단을 무조건 수용하여야 하는 것은 아니다.
- 전문가의 의견은 맹목적으로 따르기보다 이해와 검증을 통해 합리적으로 판단한다.

❸ 신비적 방법(A mysterious method)
- 예언가, 신령, 신, 영매(靈媒) 등 지식을 보유한 것으로 생각되는 초자연적 권위에 의존하여 의문을 해결한다.
- 권위적 방법과 유사하나 권위적 방법이 근본적으로 지식 생산자의 사회적 권위에 의존하는데 반해, 신비적 방법에서는 지식 생산자의 초자연적 능력과 지식 소비자의 심리상태에 의존한다.
- 의식적이고 의례적인 절차에 의존한다.
- 지식에 대한 신뢰는 그에 대한 반론의 증가와 사회적 교육 수준이 향상됨에 따라 감소한다.

❹ 논리적-합리적인 방법(A logical and rational way)
- 여러 가지 형식(Forms)의 논리(Logic)와 규칙(Rules)을 엄격하게 지킬 때만 완전한 지식을 획득할 수 있음을 가정한다.
- 인간의 지성(Human mind)은 관찰할 수 있는 현상과는 독립적으로 세계를 이해할 수 있다.
- 지식의 형태는 현재 우리가 경험하기 이전에 이미 존재한다.
- 원칙적으로 참(眞)이어야 하는 것은 무엇인가와 논리적으로 가능하고 허용될 수 있는 것은 무엇인가에 관심(추상적 논리)을 갖는다.
- 합리적 방법에서는 논리적 규칙을 적용하여 제시된 정보를 토대로 수용할 만한 결론에 도달할 수 있도록 한다.

❺ 경험적 방법(An empirical method)
- 관찰(Observation), 즉 인간의 감각을 통한 경험을 통하여 지식을 획득하여야 한다.
- 내가 보지 않은 것은 믿지 않는다.
- 관찰이 정확하지 않을 경우 잘못된 결론이나 위험한 결론에 도달할 수 있다.
- 사실은 이론적 지성을 적용하고 조직화하며 그로부터 의미를 이끌어 내고 예측하는 데 활용할 때 유용성이 커진다.

❻ 과학적 방법(Scientific method)
- 논리적 절차를 거치는 한편 경험적 관찰을 통하여 각 단계를 점검함으로써 합리주의와 경험주의 요소를 결합시킨다.
- 관찰 결과를 중시한다.
- 관찰에 사용된 규칙화 절차의 객관성이 있어야 한다.

- 관찰에 의하여 공적으로 인정될 수 있는 객관적인 사실에 지식의 근거를 둔다.
- 의문의 대상에 대한 객관적인 관찰 결과를 중시한다.
- 관찰 과정에서 관찰자(지식생산자)의 편견, 가치관, 태도, 감정 등 개인적 특성을 신중하고 체계적으로 배제시켜야 한다.

과정 또는 절차의 중요성 강조
(Emphasis on the importance of processes or procedures)
- 관찰 결과로부터 산출된 정보가 참(Truth)인지의 여부가 문제가 되면, 그것은 정보를 산출한 관찰 과정의 객관성에 대한 판단에 따라 결정한다.
- 과학적 방법은 지식을 공적인 객관성에 준거하여 검토하고, 끊임없는 자기 스스로(self-correction) 수정을 가능하게 하는 과정이다.

과학적 지식 또는 과학적 이론의 특징
(A characteristic of scientific knowledge or scientific theory)
- 재생가능성(Reproducibility)
- 경험성(Empiricism)
- 객관성(Objectivity)
- 과학적 지식과 비과학적 지식의 구분은 그 결과보다 결과에 도달하기까지의 절차와 과정에 의해서 결정 → 보편적인 과학적 방법을 따라 했는가의 여부
- 과학적 지식은 검증과 수정을 거쳐 끊임없이 발전하는 열린 체계이다.

과학의 성격 (The nature of science)

자연과학과 사회과학(Natural and social sciences)
- 자연과학(경성과학)과 사회과학(연성과학)의 구분은 기본적으로 연구 대상에 따른 것이다.
- 자연과학은 자연 현상을 연구 대상으로 하며, 사회과학은 인간과 사회 문제를 연구 대상으로 한다.

- 인류학, 심리학, 정치학, 사회학 등 사회과학은 사람들의 신념, 행태, 상호작용, 제도 등을 연구한다.
- 자연과학이 연구하고 있는 자연 현상을 사회과학의 연구 대상인 인간과 사회 현상에 비교하면 대단히 규칙적이고 질서정연하다.
- 사회 현상은 다양한 개성과 생활방식을 가진 개인들이 모인 사회에서 발생하는 것으로 유동적이며 관찰하기가 매우 곤란하다.
- 연구 대상인 인간의 사회생활이 유동적이며, 관찰하기 어렵고, 실험(연구)실의 도구로는 정확하게 측정하기 쉽지 않다는 점에서 '연성과학'이라고 한다.
- 사회과학자들은 불규칙적이고 질서가 없어 보이는 사회 현상에서도 나름대로 질서와 규칙성을 찾고자 하는 시도이다.

과학의 기본 가정(The basic assumption of science)

자연에는 질서와 규칙이 있다(There is order and rules in nature)
- 현실 세계에서는 질서(Order)와 규칙성(Regularity)이 존재하고, 이를 인식할 수 있다.
- 사회과학자들은 사회 현상의 질서와 규칙성을 탐구하여야 하는데, 구체적으로 사회 현상을 관찰하고 측정하여 사회적 규칙성을 발견하고, 이를 토대로 사회 현상에 이론을 형성한다.

모든 사건에는 원인이 있다(Every incident has a cause)
- 사회적 사건이 우연히 발생하는 것이 아니라 어떤 원인이 있어서 발생하는 것이다.
- 결정론적 관점(Deterministic)
- 사회과학의 경험적 조사 연구는 인간 행태에 관한 결정론적 모형에 입각한다.
- 그러나 사회과학적 설명은 확률론적 인과모형(Probabilistic causal model)의 관점, 즉 개연성을 가지고 현상의 원인을 설명한다.
- 인간은 궁극적으로 모든 현상을 이해하고 설명할 수 있다고 가정한다.

자명한 지식은 없다(Have no self-evident knowledge)
- 과학적 지식은 자명하지 않고, 진실이라고 주장하려면 이를 객관적으로 증명해야 한다.
- 자명한 지식도 검증되어야 한다. 자기수정(Self-correction), 회의적인 태도
- 회의주의는 자연에 대한 지식을 얻을 수는 있지만, 그 가운데에는 오답이 있을 수 있다는 입장이다.
- 정답과 오답에 대한 판정은 결국 체계적이고 경험적인 증거에 의해서 결정된다.

진리는 상대적이다(The truth is relative)
- 궁극적이고 절대적인 진리는 존재하지 않음을 가정한다.
- 여러 가지 지식 체계 사이에 경합, 재평가, 재해석이 이루어질 수 있으며, 그러한 과정에서 새로운 지식 체계가 탄생한다.
- 현재 인정받고 있는 명제는 불완전한 진리 가운데 가장 불안전성이 적은 것으로 간주되는 것을 말한다.
- 개방성과 회의주의는 과학의 고유한 특징인 자기수정을 가능하게 하는 기초이다.
- 칼 포퍼(K-Popper, 정치철학자의 삶과 동시에 과학철학자로서의 삶을 산 인물)의 '반증가능성'

경험과 관찰은 지식의 원천이다
(Experience and observation are the sources of knowledge)
- 객관적 현상을 모은 이론적 추론의 타당성은 궁극적으로 관찰에 의하여 입증되어야 함을 강조 → 경험적 과학
- 경험과 관찰은 지식의 원천이며, 이론의 타당성은 관찰을 통해 검증되어야 한다.

과학적 연구 과정의 논리 체계
(A logical system of scientific research processes)

연역적 논리(Deductive logic)
- 연역적 논리는 일정한 이론적 전제에서 출발해 구체적 가설을 설정하고, 이를 조작화·관

찰·검증을 통해 확인하는 접근 방법이다. 즉 일반적 이론으로부터 특수한 사실을 도출하여 논리의 타당성을 실증적으로 점검하는 과정이다.

> 예) 모든 사람은 죽는다
> (가설) → (JH. K)도 사람이다 = (조작화) → (JH. K)도 죽는다 = (관찰, 검증)

연역법과 귀납법의 관계
(Relationship between deductive and inductive methods)
- 실제의 연구 과정에서는 연역법과 귀납법 중 어느 한 가지에만 의존하는 것이 아니라 연역, 귀납, 연역 등의 과정이 끊임없이 되풀이되면서 이론과 조사 연구가 순환적으로 연결되는 것이다.
- 이론에서 가설을 정립하고, 이러한 가설은 관찰을 가능하게 하며 관찰을 통하여 일반화가 이루어지고 일반화를 거쳐 이론이 수정된다.

연역법과 귀납법의 순환 관계
(Circular relationship between deductive and inductive methods)
- 일반화: 논리적 방법
- 이론 구성: 관찰된 결과의 이해(귀납적 방법)
- 이론의 적용: 관찰된 사실들에 대한 지식(연역적 방법)
- 이론의 세계: 수학, 논리의 세계
- 사실의 세계: 현실의 세계

> 경험적 일반화 → 이론 → 가설 → 관찰 → 경험적 일반화 → 이론 → 가설 → 관찰
> "즉 순환 논리인 것이다."

사회과학 연구의 목적과 접근 방법
(Purpose and Approach of Social Science Research)

사회과학 연구의 목적에 따른 접근 방법
(According to the purpose of social science research)
- 실증주의 관점과 해석적 접근 방법으로 대별
- 사회과학 연구의 목적을 가능한 한 자연과학과 동일시하려는 관점과 연구 주제의 독특성 및 인간을 대상으로 하는 사회과학의 특성과 제약점을 강조하는 관점으로 구별
- 표준 사회과학의 입장은 실증주의적 전통에 기반

실증주의적 관점: 기술과 설명
(Positivist Perspective Description and Explanation)
- 대표 학자: A. Comte, J. S. Mill, E. Durkheim
- 주류 사회과학의 관점
- 사회과학 연구의 목적은 사회 현상에 관하여 신뢰할 수 있는 체계적 지식 산출과 축적한다.
- 지식을 통하여 우리가 관심을 가지고 있는 특정의 사회 현상을 객관적이고 일관된 방식으로 기술하고 설명한다.
- 연구자들은 어떤 사건이 특정 시간과 장소에서 왜 일어나고 있는지 설명한다.
- 객관적인 관찰을 통하여 수집한 자료가 기초가 되어야 한다.
- 사건을 설명하기 위해서는 먼저 이에 관한 정확한 탐색과 기술(Description) 또는 묘사가 선행되어야 한다.
- 현상에 관한 체계적인 기술을 토대로 그와 같은 현상이 발생하게 된 원인을 규명한다.
- 인과적 법적에 따라 설명한다.
- 기술과 설명을 토대로 앞으로 발생하게 될 현상을 예측(Prediction)하고, 바람직한 방향으로 나아갈 수 있도록 통제(Control)한다.
- 이 접근은 사회를 질서 있는 체계로 보고 과학으로 문제를 해결하려는 믿음에 따른다.

현상의 기술(The description of the phenomenon)

현상의 기술(The description of the phenomenon)
- 기술(Description)은 관찰된 사실들을 일반적 수준에서 요약하여 기록함으로써 현상 그 자체의 속성을 있는 그대로 보여주는 것이다.
- 연구의 일차적인 목적은 관련된 현상을 정확하고 체계적으로 기술 또는 묘사하는 것이다. 이를 통해 유사점과 차이점 등을 정확하게 규명하고 현상을 분류한다.
- 현상에 관한 정확한 기술을 토대로 그 원인과 결과에 관한 설명이 이루어질 수 있다.

설명의 구조(The structure of an explanation)
- 연역적 설명(Deductive explanation)
- 어떤 사건 또는 현상을 알기 위하여 확립된 이론과 법칙(Laws)을 사용
- 우리가 알고 싶어 하는 사건이나 현상은 법칙을 전제로 하여 논리적으로 도출될 수 있다.

법칙적 모형(Nomological model)	포괄 법칙적 모형(Covering-law model)

- 연역적-법칙적 설명은 특수한 사실을 어떤 법칙 속에 포용함으로써 설명할 수 있다.

연역적 설명과 확률적 설명(Deductive and probabilistic explanations)
- 설명 법칙에는 보편적 법칙(University law)과 통계적 법칙(Statistical law)이 있다.
- 보편적 법칙은 어떤 선행조건 A를 충족시키는 모든 경우에 있어서 B와 같은 사건이 발생한다.
- 연역적 설명에서는 어떤 현상이 확립된 보편적 법칙으로부터 도출될 수 있다는 것을 보여줌으로써 그 현상을 설명한다.

과학적 설명(A scientific explanation)
- 설명(Explanation)은 어떤 것에 관한 궁금증을 풀어주는 것이다.
- "왜(Why)"라는 물음에 대답하는 것이다.
- 그와 같은 현상이 왜 발생했는지 밝히는 것이다.

- 현상에 대한 단순한 기술을 넘어서 그 현상이 일어나게 된 이유 또는 원인을 밝히고자 하는 것이다.
- 어떤 사건이나 사실에 관한 진술 또는 언명을 받아들일 수 있도록 논리적으로 타당한 객관적 근거를 제시하는 것이다.
- 구체적이고 특수한 사건을 '설명'한다는 것은 그것이 발생할 수 있는 조건을 기술하고 이러한 조건을 포함하는 '일반 법칙'을 제시하는 것이다.

해석적 관점 & 이해와 해석
(Interpretive Perspectives & Understanding and Interpretation)

- 대표학자: Dilthey, Wittgenstein
- 반실증주의적 입장
    - 해석적 연구(Interpretative research)
    - 비판적 연구(Critical research)와 대별
- 현상학(Phenomenology), 해석학(Hermeneutics), 문화 기술적 방법(Ethnographies) 등의 질적 연구 방법에 기반한다.
    - 사회적 세계가 의미를 담고 있는 세계라는 사실을 강조한다.
    - 사회적 탐구에서 해석(Interpretation)에 우선순위를 둔다.
    - 해석적 관점은 사회과학의 연구 대상인 인간 및 사회 세계가 자연과학의 연구 대상인 자연 현상 및 물리적 세계화는 다르다는 점을 강조한다.
    - 실증주의 사회과학에서는 사회 현상의 특수성이 과학적 연구의 목적인 기술과 설명을 추구하는 데 큰 장애가 되지 않는 것으로 보는 반면, 해석적 관점은 그 연구 대상인 인간과 사회 세계가 자연 현상과는 본질적으로 차이가 있음을 강조한다.
    - 통계적 법칙은 A라는 조건하에서 B가 발생할 가능성은 얼마이다.
    - 특정 사건 또는 현상을 설명하기 위해서 과거의 관찰을 토대로 한 확률적 법칙에 의존하는 설명을 확률적 설명 또는 귀납적 설명이라고 한다.
    - 사회과학 분야에서는 보편적으로 확립된 것이 거의 없음으로 설명은 대부분 통계적 법칙에 기반을 두고 이루어진다.
    - 보편적 법칙이든 통계적 법칙이든 양자를 사용하는 설명은 모두 어떤 사건 또는 현상

을 일반법칙 속에 포용시켜 설명하는 형태다.
- 미래 상태 예측(Future Status Forecast)
  - 예측(Prediction)은 관찰에 의해 입증될 수 있는 미래 사회적 행태의 특정한 측면에 관한 예상이나 기대의 진술이다.
  - 이미 알려진 사실로부터 미지의 사건을 연역하는 것이다.
  - 사건의 발생 순서에 기반을 두고 미래의 결과를 예상하는 것이다.
- 현상의 통제(Control of the status quo)
  - 통제(Control)는 현상을 결정하는 조건을 조작(Manipulation)하는 것이다.
  - 어떤 현상의 원인 또는 선행조건에 관한 지식을 전제로 이루어진다.

〈실증주의적 / 해석적 접근 방법〉

구분	실증주의적 접근 방법	해석적 접근 방법
연구 목적	자연법칙을 찾아내 사람들이 사건을 예측하고 통제할 수 있도록 한다.	의미 있는 사회적 행위를 이해하고 기술한다.
사회적 실재의 성격	안정적인 기존의 패턴 또는 질서가 존재하여 발견이 가능하다.	인간의 상호작용에 의하여 만들어지는 상황이므로 정의가 유동적이다.
인간의 본질	이기적이고 합리적인 인간으로 외부적인 힘에 의하여 모양이 결정된다.	사회적 인간으로 의미를 창조하며 자신이 속한 세계의 의미를 끊임없이 만들어간다.
상식의 역할	과학과 분명한 차이가 있으며 타당성이 부족하다.	보통 사람들이 사용하는 강력한 일상생활의 이론이다.

- 인과적 설명의 문제(A question of causal explanation): 해석적 입장에서는 인과적 설명을 위하여 사회적 형태의 관찰할 수 있는 측면들 사이의 관계에 관한 법칙적 진술을 사용하는 것을 거부한다.
- 예측 가능성의 문제(A matter of predictability): 사회 세계는 실질적으로 개방되어 있으며 끊임없이 변화하므로 일반 법칙을 미래에 적용하는 것이 불가능하다. 법칙보다는 '추세(Trends)'라는 개념이 더욱 적절하다.
- 사실적 담론과 평가적 담론의 분리 문제
  - 실증주의 패러다임에서는 사실의 문제와 가치의 문제를 엄격히 분리해야 한다.

- 사실의 문제는 경험적 과학의 영역을 구성하지만 가치의 문제는 여기서 벗어나야 한다.
- 그러나 해석적 입장에서는 이러한 구분 자체가 불가능함을 강조하고 있다.

〈주류 사회과학에 대한 비판〉

구분	내용
연구 대상의 문제	• 인간의 행동은 자연과학의 대상과는 다르다. • 인간의 행위가 객체가 아닌 주체로 파악되어야 한다. • 인간의 행위는 여러 가지 목적과 의도가 포함되기 때문에 일반적인 인과법칙에 의하여 설명이 불가하다.
중립적 관찰의 문제	• 실증주의 모형의 근거가 되는 중립적 또는 순수한 관찰을 통한 자료 수집이라는 이상은 실현되기에 어려움이 있다. • 사회과학적 연구의 자료 수집 과정에는 연구 수행 집단의 의미 체계와 준거 틀에 개입시킨다.
상식의 역할	• '행태(Behavior)'를 관찰하여 지식을 얻을 수 있다는 아이디어에 회의적이다. • 의도 목적을 고려하지 않고 사회의 현실과 변화를 기술한다는 사고방식의 오류이다. • 해석적 관점에서는 행위자의 의도와 목적이 사회적 현실의 구성 요소이다.

• 이해와 해석의 의미
  - 사회과학 연구의 궁극적 목적은 인간과 우리가 살고 있는 세계를 이해하고 해석하는 것이다.
  - 인간 행태(Behavior)의 인과관계를 논증하는 것이 아니라 인간의 행위(Action)의 의미를 이해하고 해석하는 것이다.
  - 사람들의 신념 체계와 생활양식을 배경으로 할 때 해석이 잘 이루어질 수 있으므로 해석적 관점에서는 행위가 이루어진 전체적인 배경이나 맥락을 강조한다.
  - 사람들의 말과 행위는 전체적 관점에서 해석(Holism of interpretation)해야 한다.
• 해석 절차의 4가지 규준(Canons)
  - 자율성
  - 결합성
  - 사전 이해
  - 타당성

〈실증주의적 / 해석적 접근 방법의 차이점〉

구분	실증주의적 접근 방법	해석적 접근 방법
이론의 형태	• 서로의 연결된 정의, 공리 그리고 법칙들의 논리적인 연역적 시스템	• 집단의 의미 체계가 어떻게 생성되고 유지되는지를 묘사하는 것이다.
진정한 설명	• 법칙에 논리적으로 연결되어 있고, 사실에 기반을 두어야 한다.	• 연구 대상인 사람들이 공감하고 옳다고 느껴야 한다.
좋은 증거	• 다른 사람들이 반복할 수 있도록 정확한 관찰에 기반을 두어야 한다.	• 유동적인 사회적 상호작용의 맥락에서 찾아야 한다.
가치의 지위	• 과학은 가치로부터 자유로우며, 주제를 선택할 때 외에는 개입되어서는 결코 안 된다.	• 가치는 사회생활의 필수요소의 하나이며, 어느 집단의 가치도 틀릴 수 없고 다를 뿐이다.

〈연구의 성격에 따른 분류〉

구분	순수연구(Research)	응용연구(Survey)	평가연구(Evaluation)
다른 명칭	기초연구	정책분석연구 / 행동연구	사정연구 / 정책평가연구
연구의 성격	사회 현상에 관한 새로운 지식을 추구하여 현상을 설명할 수 있는 일반 원칙의 확립	사회 문제를 이해하고, 정책 결정자의 문제 해결 행위에 필요한 지침을 제공	사회 문제를 해결하기 위한 정책 개입 및 처리 결과를 사정, 평가
연구의 목표	변수 간 관계 발견을 포함한 새로운 지식 산출 및 다양한 조건에서 결과를 예측할 수 있는 능력 배양	사회 문제 제거 또는 완화를 원하는 정책 결정자가 즉각 이용할 수 있는 필요 지식 제공	사회 문제의 해결에 응용된 정책 개입 및 처리로부터 발생한 결과에 대한 정확한 사회적 설명 제공
주도적 이론	가설 검증의 지침이 될 수 있는 이론의 선택	사회 체계의 동태를 탐색할 수 있는 이론, 지침 또는 직관적 예감의 선택	현재 평가 중인 프로그램에 대한 적합한 이론 선택, 연구 결과를 새로운 이론 또는 기존 이론에 연결할 수 있는 방법 모색
적합한 기법	이론 형성, 가설 검증, 표본 표출, 자료수집기법, 자료의 통계 처리, 가설의 수용 또는 기각	개별적 행위에 대한 접근 추구, 행위자가 어떻게 느끼고 생각하는지 탐구, 행위자의 자신, 타인 그리고 상황적 요소에 대한 평가의 도출	문제에 적합한 모든 전통적 기법을 사용

- 해석적 연구는 사람들이 그들의 상호작용을 규율하는 규범, 규칙 및 가치에 부여하는 의미에 관심을 둔다.
- 사회적 관습의 중요성

- 사회적 관습은 사회적 행위에 의미를 부여한다.

연구 목적에 따른 분류(Classification according to research purpose)

- 탐색적 조사 연구
  - 좀 더 정확한 조사를 위한 연구 문제를 형성하거나 가설을 개발하는 것이다.
  - 형성적 조사 연구(Formative study)라고도 한다.
  - 탐색적 조사 연구에서는 연구자의 연구 대상에 관한 지식이 아주 빈약하므로 어떤 자료를 수집해야 할지 구체적으로 가치가 있으려면, 설명적 연구에서 다루고 있는 연구 문제의 여러 가지 차원에 관한 사전 탐색이 충분하게 이루어져야 한다.
  - 사전 탐색이 충분히 이루어지지 않으면 연구 결과의 현실적합성이 문제이다.
  - 탐색적 조사 연구 방법의 특징: 유관 분야의 관련 문헌 조사, 연구 문제에 정통한 경험자를 대상으로 한 조사, 통찰력을 얻을 수 있는 소수 사례의 분석
- 기술적 조사 연구(A technical research study)
  - 현상을 정확하게 기술(Description)하는 것을 목적으로 한다.
  - 특정, 개인, 상황, 집단의 특성에 관하여 정확하게 묘사해야 한다.
  - 정확성(accuracy)이 가장 중요하다.
  - 오류를 극소화하고 수집된 증거의 신뢰성(Reliability)을 극대화할 수 있는 조사 설계 필요
  - 기술적 조사 연구 방법의 특징: 탐색적 조사 연구보다 더욱 엄격한 조사 설계가 필요하

〈탐색적, 기술적, 설명적 조사 연구의 목적〉

탐색적 조사 연구	기술적 조사 연구	설명적 조사 연구
• 기초적 사실, 배경 및 관심사에 친숙해진다. • 앞으로 연구 수행을 위한 연구 문제의 형성 • 새로운 아이디어와 가설의 설정 • 연구의 실행가능성 검토 • 미래의 자료측정기법 개발 및 소재 파악	• 상세하고 매우 정확한 그림 제공 • 과거 자료와 모순되는 새로운 자료를 찾아 분석 • 진행 단계의 순서를 분명하게 밝혀야 한다. • 인과적 과정 및 메커니즘의 기록 • 상황의 배경 또는 맥락의 보고 • 변수 간 상관관계 확인 분석	• 이론적 예측 또는 원칙의 검증 • 이론의 설명을 정교화하고 풍부하게 한다. • 이론을 새로운 이슈와 토픽에 확장시켜야 한다. • 설명 또는 토픽을 일반 이론과 연계시킨다. • 몇 가지 대립적 설들 중 최선의 설명을 결정한다.

고, 변수의 크기, 분포, 상호관계를 확인하는 것으로 관찰 단위가 많아야 한다.
- 설명적 조사 연구(An explanatory research study)
  - 사실과 사실과의 관계를 파악하고 인과관계 규명
  - 규명 결과를 토대로 미래를 예측하는 조사 의미
  - 인과성(Causality)에 관한 추론을 가능케 하는 절차 필요

과학적 조사 연구의 유형 (Types of scientific research)

과학적 조사 연구는 접근 방법에 따라 서로 다른 유형으로 분류된다. 연구자가 어떤 문제를 어떻게 바라보고, 어떤 자료를 수집·분석하느냐에 따라 질적 연구, 양적 연구, 혼합 연구로 나눌 수 있다. 각 유형은 장단점과 적용 분야가 다르며, 연구 목적에 맞는 방법을 선택하는 것이 연구의 성패를 좌우한다.

질적 연구(Qualitative research)
- 현상학과 해석학에 근거해 객관적 실재가 아닌 구성된 실재를 전제로 한다.
- 내부자적 관점으로 인간의 의도를 중시하며, 거시적 측면에서 귀납적 이론을 개발하거나 참여자의 관점을 이해하는 데 초점을 둔다.
- 소수를 대상으로 문화 기술적 면접과 참여관찰을 통해 자료를 수집 분석하고 결과를 해석해 이야기체로 보고하는 방식이다.
- 수량화된 자료의 한계를 지적해 자료를 숫자가 아닌 단어의 형태로 수집한다.
- 이렇게 수집된 자료를 주제와 범주로 구분해 분석하는 방법을 활용한다.
- 사례 연구, 현지 연구, 참여관찰 연구 등이 있다.
- 연구 과정과 연구 결과를 해석하는 과정에서 가치 함축성 긍정, 상호주관성의 가정을 통해 자칫 주관적으로 흐를 수 있는 연구 결과에 대해 객관성에 대한 약점을 보완할 수 있다.

양적 연구(Quantitative research)

- 수량화된 자료(통계, 설문조사, 계량분석 등)를 통해 연구 문제를 다룬다.
- 변수 간의 관계를 파악하고, 가설을 검증하며, 인과관계를 설명하는 데 초점을 둔다.
- 대규모 표본을 대상으로 데이터를 수집해 일반화할 수 있는 결론을 도출한다.
- 연구 절차와 분석 방법을 체계화하여 객관성·재현성을 중시한다.
- 수학적 모델이나 통계적 검증을 통해 결과를 도출하기 때문에 연구자의 주관 개입을 최소화할 수 있다.
- 사회조사, 계량경제학, 실험연구, 설문통계분석 등이 대표적 방법이다.
- 다만 인간 경험의 복잡성과 맥락을 충분히 반영하기 어렵다는 한계가 있다.

혼합 연구(Mixed methods research)

- 질적 연구와 양적 연구의 강점을 결합하여 상호 보완적으로 활용한다.
- 보통 질적 탐색을 통해 연구 문제와 가설을 도출한 후에 양적 분석으로 이를 검증하는 순환적 접근을 취한다.
- 특정 현상의 맥락적 의미와 수량화된 일반화 가능성을 동시에 확보할 수 있다.
- 연구 절차상 시간과 자원이 더 많이 요구되지만, 결과의 깊이와 설득력을 높인다.
- 사회과학, 교육학, 경영학 등에서 실제 문제 해결형 연구에 많이 활용된다.
  (예: 인터뷰를 통해 도출한 요인을 설문조사로 측정·분석하거나 통계 결과를 질적 사례 연구로 보강하는 방식)
- 연구자에게 다양한 방법론적 융합 능력을 요구하지만, 그만큼 복잡한 현상에 대한 다차원적 이해가 가능하다.

PART 02

지식재산과
특허 제도의 기초

Next Innovation

과학기술의 성과가 사회적 가치와 경제적 부로 연결되기 위해서는 단순한 아이디어나 발명만으로는 충분하지 않다. 그것을 제도적으로 보호하고 활용할 수 있는 장치가 필요하다. 바로 지식재산권(Intellectual Property Rights) 제도다. 지식재산권은 인간의 창의적 활동을 결과물로 인정하고, 이를 법적 권리로 보호함으로써 발명가와 창업가가 안심하고 연구와 사업을 이어 갈 수 있게 만든다.

오늘날 세계 각국은 지식재산을 개인의 권리 차원을 넘어 국가 경쟁력의 핵심으로 보고 있다. 특허, 상표, 디자인, 저작권 등은 산업과 문화의 혁신을 촉진하는 동시에, 기술을 기반으로 한 기업의 성장과 글로벌 시장 진출을 가능하게 한다. 따라서 지식재산을 이해하는 것은 연구자와 기업가 모두에게 선택이 아닌 필수 과제가 되었다.

특히 특허 제도는 발명이라는 창의적 성과를 제도권 안에서 보호하는 핵심 장치다. 발명이 사회적으로 인정받고 보상받을 수 있도록 규칙을 마련해 두었기에 새로운 기술을 개발하려는 동기가 강화되고, 그 결과 기술혁신이 선순환을 이루게 된다. 그러나 특허는 단순히 '권리를 확보하는 절차'에 그치지 않는다. 권리 설정 과정에서 법적 기준, 문화적 맥락 그리고 국가별 제도 차이가 복합적으로 작용한다.

PART 02에서는 지식재산권의 기본 개념, 문화입법의 맥락 그리고 특허 제도의 원칙을 살펴본다. 이를 통해 발명과 지식재산이 어떻게 맞물려 작동하며, 왜 지식재산권 이해가 연구자·창업가의 첫걸음이 되는지 확인할 것이다.

4장

지식재산권의 기본 개념
The basic concept of intellectual property rights

지식재산권은 인간의 창작적 활동이나 경험에서 비롯된 무형의 성과를 법적으로 보호하는 권리를 말한다. 발명, 디자인, 상표와 같은 산업재산권과 문학, 음악, 미술 등의 저작권 그리고 영업비밀과 신지식재산권 등이 모두 포함된다. 즉 지식재산권은 창작(발명)자의 노력과 성과를 보호하여 혁신을 장려하고 공정한 경제 활동을 보장하는 제도이다.

지식재산권(知識財産權, Intellectual property rights)

지식재산권은 인간의 창조적 활동이나 경험을 통해 창출되거나 발견된 지식, 정보, 무형의 자산을 말한다. 눈에 보이는 유형의 재산과 달리, 지식재산권은 아이디어와 창작물, 발명과 기술, 디자인, 상표, 저작물 등과 같은 무형의 성과물을 보호하고 활용하기 위한 개념이다.

즉 지식재산권은 개인의 창의적 결과물이자 동시에 사회 전체가 공유하고 발전시켜 나가야 할 지식 기반 자원이다. 법적으로는 이러한 무형의 성과에 일정한 권리를 부여하여 창작자나 발명자가 정당한 보상을 받을 수 있도록 하고, 새로운 연구와 발명을 장려하는 역할을 한다.

〈지식재산권의 유형〉

명칭	구분	분류	발명 창작의 범위
지식재산권 (知識財産權, Intellectual property right) 인간의 지적 창조물에 대해 법이 부여한 권리	산업재산권 (産業財産權, Industrial property right) 산업 제품 보호	특허권	특허법에 의하여 발명한 창작의 기술을 독점적으로 이용할 권리
		실용신안권	실용성 있는 개량 기술(소발명)
		디자인권	제품의 모양과 색채 등 심미감을 줄 수 있는 창작품
		상표권	타 상품과 식별할 수 있는 기호, 문자, 도형, 입체적 형상, 홀로그램 요소들의 결합
	문화입법 (文化立法, Cultural legislation)	콘텐츠산업 진흥법	부가가치를 창출하는 콘텐츠 또는 이를 제공하는 서비스의 제작 유통 이용 등 관련 산업
		저작권법	저작인격권과 저작재산권
	신지식재산권 (新知識財産權, New Intellectual property right) 신지식 보호	첨단산업재산권	반도체 직접회로 배치설계권, 생명공학 기술권
		산업저작권	컴퓨터 프로그램, 인공지능 등의 소프트웨어(SW)
		정보재산권	영업비밀보호권, 데이터 베이스(DB), 뉴미디어권
		기타	프랜차이징, 인터넷 도메인 네임, 색채 상표, 업체 상표, 맛·소리·냄새 상표 등

:: 상표권(Trademark rights)

상표권은 자신의 상품이나 서비스를 다른 사람의 것과 구별할 수 있도록 표시하는 권리이다. 상표는 문자, 도형, 기호, 색채, 입체적 형상, 심지어 소리나 냄새 등 다양한 형태로 표현될 수 있으며, 소비자가 특정 상품이나 서비스의 출처를 식별할 수 있게 한다.

상표권은 단순히 이름이나 로고를 보호하는 것이 아니라 기업의 신용과 브랜드 가치를 지켜주는 역할을 한다. 예를 들어 소비자는 '애플'이라는 상표를 통해 해당 제품이 애플사에서 제공하는 것임을 즉시 인식하고 그 품질과 이미지를 신뢰하게 된다. 따라서 상표는 기업 경쟁력의 핵심 자산으로 간주된다.

법적으로 상표권은 일정한 등록 절차를 거쳐 부여되며, 상표권자는 지정된 상품과 서비스 범위 내에서 상표를 독점적으로 사용할 권리를 가진다. 이는 타인이 동일하거나 유사한 상표를 무단으로 사용하는 것을 방지하여 공정한 시장 질서를 유지하고 소비자를 보호한다.

상표권은 공정한 경쟁을 촉진하고 소비자의 신뢰를 높이며, 기업의 철학과 책임을 드러내는 비물질적 자산이자 신뢰의 약속이다. 상표는 기업의 품질과 이미지를 상징하고, 브랜드의 가치와 신용을 사회와 공유함으로써 지속 가능한 기업의 핵심 요소로 작용한다.

〈로고 & 상표〉

명칭	상표
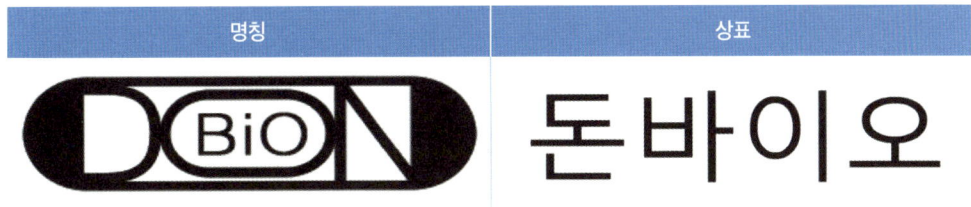	돈바이오

〈상표권〉

출원번호	40-2024-0225234	40-2024-0225235	40-2024-0225236
출원일자	2024.12.06.	2024.12.06.	2024.12.06.
출원인	김주회	김주회	김주회
상표 견본	KSN 국민안전뉴스	DSN 재난안전뉴스	WSN 월드안전뉴스
상품류	제 9/16/38/41류	제 9/16/38/41류	제 9/16/38/41류

〈상품류〉

구분	내용
제 9류	내려받기 가능한 전자신문 및 전자잡지, 잡지 형태의 내려받기 가능한 전자출판물
제 16류	신문, 일간신문, 잡지, 서적
제 38류	라디오 및 텔레비전 방송 서비스업, 교육 방송업, 데이터 방송업, 디지털 방송업, 무선 인터넷 방송업, 주문형 비디오(VOD) 방송업
제 41류	서적·신문·잡지 출판 및 편집업, 신문 출판업, 인터넷상의 서적·잡지·신문 출판업, 인터넷상의 전자서적 및 정기간행물 출판업
상표 유형	일반 상표

산업재산권 배타적 권리(존속) 기간
(Exclusive duration of industrial property rights)

산업재산권은 발명, 고안, 디자인, 상표 등과 같이 산업 활동에서 활용되는 지식재산을 보호하는 권리를 말한다. 이러한 권리는 창작자와 발명자에게 일정 기간 동안 배타적 독점권을 부여하여 해당 권리를 가진 자만이 그 발명이나 상표 등을 사용할 수 있도록 보장한다.

그러나 산업재산권은 무한정 보호되는 것이 아니라 법으로 정해진 존속 기간이 있다. 이는 창작자의 권리를 보호하는 동시에, 일정 기간이 지나면 해당 지식이나 기술을 사회 전체가 자유롭게 활용할 수 있도록 하기 위함이다.

- **특허권**: 출원일로부터 20년간 존속
- **실용신안권**: 출원일로부터 10년간 존속
- **디자인권**: 출원일로부터 20년간 존속
- **상표권**: 최초 10년간 존속하며, 갱신을 통해 10년 단위로 연장 가능(사실상 무기한 보호 가능)

즉 산업재산권의 배타적 권리 기간은 창작자에게는 정당한 보상을 보장하고, 사회적으로는 기술 확산과 공익 활용을 촉진하는 균형 장치라 할 수 있다.

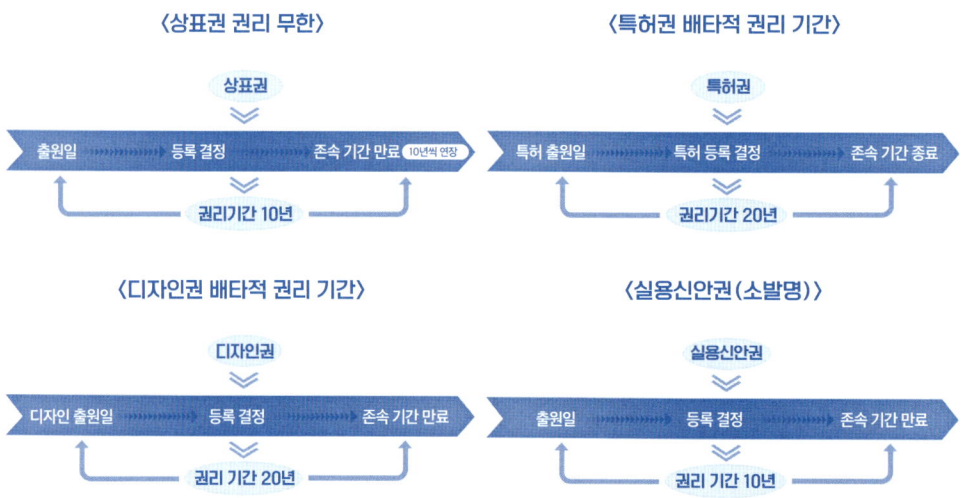

신지식재산권(New Intellectual Property Right)

　신지식재산권은 기존의 특허권, 상표권, 디자인권, 저작권과 같은 전통적 범주를 넘어 첨단 기술과 새로운 산업 환경에서 창출된 무형 자산을 보호하는 권리를 말한다. 대표적으로 컴퓨터 프로그램, 인공지능, 데이터베이스, 산업저작권, 첨단산업재산권, 반도체 집적회로 배치설계, 생명공학 기술, 유전자 조작 동식물, 영업비밀, 멀티미디어 정보재산권 등이 포함된다.

　문화·상업적 활용 영역에서도 캐릭터 산업, 독창적 색채와 형태를 가진 제품 용기(예: 독특한 음료병), 독특한 유형의 외관 디자인 이미지인 Trade Dress, 프랜차이즈 사업 모델 등이 신지식재산권의 범주에 들어간다. 특히 유전공학 기술의 경우 제조 방법까지 특허로 인정받으며, 이는 한국을 비롯한 다수 국가에서 법적으로 보호된다.

　신지식재산권은 첨단기술의 발전과 콘텐츠 산업의 확산에 따라 새롭게 등장한 권리로, 오늘날 지식 기반 사회에서 기업과 개인 모두에게 중요한 자산이 되고 있다. 또한 신지식재산권은 기존의 전통적인 산업재산권(특허권·상표권·디자인권 등)이나 저작권으로는 보호하기 어렵거나 적절하지 않은 새로운 유형의 창작물과 성과물을 보호하기 위해 마련된 지식재산권을 말하며, 아래와 같이 4가지로 분류하고 있다.

산업저작권(Industrial Copyright)
　컴퓨터 프로그램, 인공지능, 소프트웨어 등과 같이 특정한 결과를 얻기 위해 컴퓨터 등의 장치 안에서 직접 또는 간접적으로 사용되는 일련의 지시와 명령으로 표현된 창작물을 말한다. 현대 산업 환경에서 소프트웨어와 알고리즘은 핵심 자산이므로 이를 보호하는 산업저작권은 기업 경쟁력의 중요한 기반이 된다.

첨단산업재산권(High-tech Industrial Property Right)
　반도체 설계, 생명공학 기술, 식물 신품종 보호권 등이 대표적이다. 특히 식물 신품종 보호권은 종자산업법에 의해 보호되며, 등록일로부터 20년간 권리가 유지된다. 이는 새로운 식물 품종이나 자연적 변이가 안정적으로 발현되는 특성을 지닌 경우 해당 품종을 독점적으로 보호할 수 있도록 한다.

정보재산권(Information Property Right)

데이터베이스, 영업비밀, 뉴미디어 등이 포함된다. 영업비밀은 특허법·실용신안법·상표법·디자인법 등으로 보호하기 어려운 기술적 노하우, 영업 방법, 고객 리스트 등을 대상으로 한다. 이러한 영업비밀 침해는 부정경쟁방지법에 따라 보호된다.

기타 재산권(Other property rights)

기존의 특허권·상표권·디자인권으로는 충분히 보호하기 어려운 새로운 형태의 무형 자산을 대상으로 한다. 프랜차이징(Franchising), 지리적 표시, 캐릭터, 인터넷 도메인 네임, 색채·입체·소리·냄새 등 비전통적 상표가 대표적이며, 동식물 신품종과 유전자 조작 기술도 포함된다. 이는 변화하는 산업·문화 환경에서 창출된 자산을 보호하고 새로운 부가가치를 창출하기 위한 제도적 장치다.

5장

문화입법
Cultural legislation

문화입법은 문화와 예술 그리고 지식재산을 제도적으로 보호하고 육성하기 위한 법적 장치이다. 급속한 산업화와 디지털 전환 속에서 창작 활동과 문화 산업은 새로운 성장 동력으로 주목받고 있으며, 이를 뒷받침하기 위한 법적 기반이 필요하다.

문화입법은 창작자의 권리를 보장하고, 이용자의 접근성을 균형 있게 조정하며, 나아가 국가적 차원에서 문화 콘텐츠의 가치를 높이는 역할을 한다. 저작권법, 콘텐츠산업진흥법 등은 대표적인 문화입법 사례로서 창의적 활동을 보호하고 문화 산업 발전을 촉진하는 기능을 수행한다.

따라서 본 장에서는 문화입법의 개념과 의의, 주요 법률과 그 적용 사례를 살펴보고, 창의적 사회와 지식재산 시대에서 문화입법이 지니는 역할과 향후 과제를 논의한다.

콘텐츠산업 진흥법 (The Content Industry Promotion Act)

콘텐츠산업 진흥법은 부가가치를 창출하는 콘텐츠와 이를 제공하는 서비스의 제작·유통·이용 등과 관련된 산업 전반을 육성·지원하기 위한 법률이다.

이 법은 영화, 음악, 방송, 게임, 애니메이션, 출판, 캐릭터, 뉴미디어 등 다양한 콘텐츠 산업을 포괄하며, 국가 차원에서 콘텐츠 기업의 경쟁력 강화, 창작자의 권익 보호, 글로벌 시장 진출을 촉진하는 데 목적이 있다.

즉 콘텐츠산업 진흥법은 문화적 창의성과 기술적 혁신이 결합된 콘텐츠를 국가 성장 동력으로 발전시키기 위한 제도적 기반이라 할 수 있다.

저작권법(Copyright Law)

저작권법은 인간의 사상이나 감정을 창작적으로 표현한 저작물을 보호하는 법이다. 문학, 음악, 미술, 사진, 영화, 컴퓨터 프로그램 등 창작물 전반을 대상으로 하며, 창작자가 자신의 저작물에 대해 복제·배포·공연·전송·2차적 저작물 작성 권리 등을 독점적으로 행사할 수 있도록 보장한다.

이 법은 창작자의 권익을 보호하는 동시에, 저작물이 공정하게 이용될 수 있도록 균형을 유지한다. 따라서 저작권법은 창작 활동을 장려하고 문화와 지식의 건전한 발전을 도모하기 위한 핵심 제도라 할 수 있다.

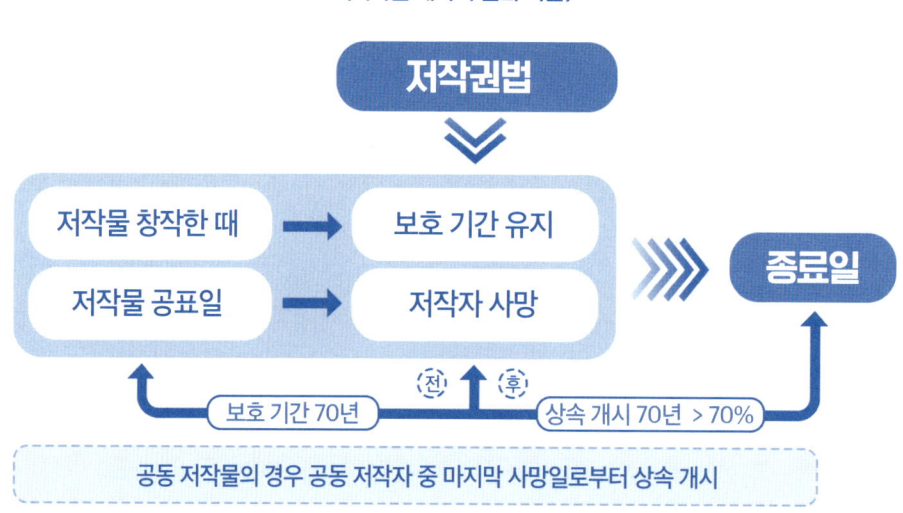

〈저작권 배타적 권리 기간〉

저작권의 종류(Types of copyrights)

저작인격권(Author's moral right)

❶ 공표권

창작자가 자신의 저작물을 공표할 것인지 여부 그리고 언제, 어떤 방법으로 공표할 것인지를 결정할 권리이다. 여기서 '공표'는 공연, 공중송신, 전시 또는 발행 등 대중에게 저작물을 공개하는 모든 행위를 포함한다.

❷ 성명표시권

저작자가 자신의 저작물에 대해 창작자로서의 성명을 표시하거나 익명과 필명으로 표시할 권리이다. 예를 들어 온라인 음악 서비스에서 작사가, 작곡가 또는 가수의 이름을 누락하는 행위는 성명표시권 침해에 해당한다.

❸ 동일성유지권

저작자가 자신의 저작물의 내용, 형식, 제목의 동일성을 유지할 권리이다. 제3자가 저작물을 무단으로 변경·삭제·수정할 수 없으며, 설령 수정된 내용이 원본보다 우수하더라도 이는 저작권자의 동일성유지권을 침해하는 행위가 된다.

❹ 복제권

저작자가 자신의 저작물을 복제할 수 있도록 허락하거나 이를 금지할 수 있는 권리이다. 책, 음반, 영상물 등의 형태로 원본을 복사·제작하는 모든 행위가 이에 해당한다.

❺ 공연권

저작자가 자신의 저작물이 공연되는 여부를 통제할 수 있는 권리이다. 예를 들어 가수가 만든 노래가 공연장에서 연주되거나 불릴 때 그 사용을 허락하거나 제한할 수 있다.

❻ 공중송신권

저작물을 무선 또는 유선 통신망을 통해 대중이 이용할 수 있도록 송신·제공할 권리이다. 음악 스트리밍, 인터넷 방송 및 케이블TV 송출 등이 대표적인 사례로, 디지털 시대에 가장 중요한 저작권 중 하나다.

❼ 전시권

저작자가 미술·건축·사진 저작물의 원작품이나 복제물을 전시할 수 있는 배타적 권리이다.

다만 음악 저작물에는 적용되지 않는다.

❽ 배포권
저작자가 저작물의 원본이나 복제물을 대가를 받거나 받지 않고 일반 공중에게 양도·대여할 권리이다. 도서관 대여, 음반 판매 등이 대표적 사례다.

❾ 2차적 저작물 작성권
저작자가 자신의 원 저작물을 번역, 편곡, 각색 등으로 변형하여 새로운 저작물(2차적 저작물)을 만들고 이를 이용할 권리이다. 영화화, 리메이크, 번역서 발간 등이 이에 해당한다.

❿ 법정이용허락 제도
법정이용허락 제도는 저작물을 사용하려는 사람이 일정 기간 동안 저작권자를 찾을 수 없을 경우에는 문화체육관광부 장관의 승인을 받아 일정 금액을 지급하거나 공탁함으로써 해당 저작물을 사용할 수 있도록 허용하는 제도이다. 이는 사회적 공익을 위한 장치로, 특허법상의 강제실시권 제도와 유사한 취지를 가진다.

저작재산권(Author's property right)

저작재산권이란 저작자가 자신의 저작물에 대해 가지는 재산적 권리로, 복제권·공연권·공중송신권·전시권·배포권·2차적 저작물 작성권 등으로 나뉜다. 이는 저작물을 활용해 경제적 이익을 얻을 수 있도록 보장하는 권리이며, 양도나 상속도 가능하다.

반면 저작인격권은 저작자의 정신적·인격적 이익을 보호하기 위한 권리이다. 저작물은 창작을 통해 세상에 공개되지만, 창작자의 이름은 일관되게 사용되어야 하며, 제3자에 의해 함부로 변경되거나 왜곡되어서는 안 된다. 이러한 이유로 저작인격권은 저작자 개인에게만 귀속되며, 타인에게 양도하거나 상속할 수 없다.

저작권 저작물 무방식주의(Copyright works defenselessism)

한국은 1973년부터 세계지적재산권기구(WIPO)에 옵서버로 참여하다가 1979년 정식 회원국으로 가입했고, 이후 물질특허권 제도를 도입하여 운영하고 있다.

1987년 10월 1일부터는 국제저작권조약 중 하나인 세계저작권협약(UCC, Universal Copyright Convention)의 적용을 받고 있으며, 이를 통해 국제 저작권 질서에 본격적으로 참여하게 되었다.

저작권법은 저작물이 창작되는 순간부터 권리가 발생하며, 별도의 등록이나 출판과 같은 형식적 절차를 요구하지 않는다(저작권법 제10조 제2항). 이러한 입장을 무방식주의라고 하며, 이는 특허권·실용신안권·상표권·디자인권 등 반드시 출원과 등록 절차를 거쳐야 권리가 발생하는 산업재산권과 구별되는 중요한 특징이다.

무방식주의는 베른협약의 원칙으로, 현재 대부분의 국가가 이 제도를 채택하고 있다. 베른협약은 내국민 대우, 법정지 원칙, 무방식주의, 소급효를 기본으로 하며, 2006년 기준 162개국이 가입했다. 반면 1952년에 성립된 세계저작권협약(UCC)은 등록 절차를 요구하는 영미법계 국가들이 베른협약에 가입할 수 있도록 가교 역할을 하기 위해 마련된 제도였다.

세계저작권협약(UCC)의 원칙

세계저작권협약(UCC, Universal Copyright Convention)의 기본 원칙은 내국민 대우, 불소급, ⓒ 표시를 통한 보호이다. 우리가 흔히 보는 ⓒ 기호는 Copyright의 첫 글자를 의미하는데, 과거 미국을 중심으로 한 방식주의 국가들에서 저작권 보호를 위해 사용되었다. 당시 협약 제3조 제1항에 따라 저작물 복제물에 ⓒ 기호, 저작권자 이름, 최초 발행연도를 표시하면 방식주의 국가가 요구하는 형식 요건을 충족한 것으로 인정되었다.

그러나 미국이 1989년 베른협약에 가입해 무방식주의를 채택하면서 ⓒ 표시의 실질적 효력은 거의 사라졌다. 오늘날에는 ⓒ 기호나 'All rights reserved(모든 권리 보유)' 문구를 쓰지 않아도 저작권법상 동일하게 보호를 받는다. 다만 실무적으로는 ⓒ 표시가 여전히 중요한 의미를 갖는다. 저작권자를 명확히 표시함으로써 제3자의 무단 사용을 예방하고, 분쟁 발생 시 고의성 여부를 판단하는 근거가 될 수 있기 때문이다. 특히 창업기업이나 기술사업화 과정에서 개발한 콘텐츠, 소프트웨어, 디자인 등에 저작권 표시를 명확히 하는 것은 IP 전략 차원에서 매우 중요하다. 또한 국제 거래나 라이선싱 계약 시 저작권 귀속을 명확히 하여 분쟁을 사전에 예방할 수 있으며, 투자 유치나 기술이전 과정에서도 지식재산권의 명확한 소유 관계를 증명하는 데 도움이 된다.

한편 한국의 지식재산권 관련 법률로는 특허법, 저작권법, 실용신안법, 디자인보호법, 상표법, 발명진흥법 등이 있으며, 국제적으로는 파리협약(공업소유권 보호), 한·일 상표권 상호보호 협정 등을 통해 권리가 보장된다. 현재 한국에서는 산업재산권은 지식재산처, 저작권은 문화체육관광부가 각각 관장한다.

저작권 등록의 종류(Types of copyright registration)

저작권 등록 방법(Copyright registration method)

⟨저작권 등록의 종류⟩

구분	내용
권리 등록	본인이 창작한 저작물, 저작권을 등록부에 등재하는 것
권리 등록 과정	저작물의 제호, 저작자 성명, 창작 연월일, 공표 연월일, 공표 매체 등을 등록하는 과정
권리 변동 등록	창작한 저작권, 저작물의 권리를 양도받은 경우 질권 설정 등과 같이 권리 변동을 함께 공시하는 것
권리 변동 과정	저작재산권의 변동 사실을 등록하는 것으로서 저작재산권, 질권의 설정, 이전 변경, 소멸, 압류, 가압류 등을 기록하는 것
등록 사항 변경 / 말소	기 등록된 등록 사항에 변을 가하는 것
등록 사항 변경 / 말소 등록 과정	기 사항의 경정, 제호, 개명, 주소 변경, 등록 사항 말소와 말소회복 등록으로 행하는 것

등록된 저작권이 고의성이 없이 침해된 경우 법정손해보상 청구 금액이 저작권자는 1천만 원, 영리를 목적으로 고의로 권리를 침해한 경우 5천만 원 이하의 범위에서 배상액을 청구할 수 있다.

저작권 등록 대상(Copyright Registration Targets)

저작권은 창작자가 만든 결과물이 세상에 공개되는 순간 자동으로 발생한다. 그러나 현실에서는 권리 침해나 표절, 유사 콘텐츠 논란이 빈번하게 발생하기 때문에 창작자의 권리를 명확히 입증하고 분쟁을 예방하기 위해 등록 제도가 운영되고 있다.

등록은 단순한 행정 절차를 넘어 창작의 독창성과 시점을 객관적으로 증명하는 수단이며, 저작권자의 권리를 법적으로 보호하고 문화 산업 전반의 신뢰를 강화하는 역할을 한다.

저작권 등록 대상은 크게 일반 저작물, 컴퓨터 프로그램 저작물, 2차적 저작물의 세 가지 유형으로 나뉜다.

일반 저작물(General Works)

소설, 시, 작사·작곡, 논문, 회화, 캐릭터, 건축물 및 설계도, 사진, 영화, 연극, 무용, 애니메이션, 지도 등 인간의 사상과 감정을 표현한 다양한 창작물이 포함된다.

최근에는 SNS 콘텐츠, 유튜브 영상, 웹툰 등 디지털 창작물도 이 범주에 포함되어 새로운 형태의 저작권 관리가 필요해지고 있다.

컴퓨터 프로그램 저작물(Computer Program Works)

교육·과학기술·기업관리·사무관리·오락·유틸리티·언어처리·데이터 통신(DB)·제어 프로그램 등 소프트웨어 전반이 저작권 보호의 대상이 된다. 특히 4차 산업혁명 시대에는 인공지능(AI) 알고리즘, 앱, 플랫폼 인터페이스 등 기술 기반 창작물이 폭넓게 포함되어 있으며, 이는 단순한 코드 보호를 넘어 지식 경제의 핵심 자산으로 평가된다.

2차적 저작물 (Secondary Works)

기존 저작물을 바탕으로 새롭게 창작한 각색·개작·번역·편곡·영상 제작물 등이 이에 해당한다. 즉 원저작물에 새로운 창의성을 부여하여 새로운 콘텐츠로 재탄생한 창작물이다.

최근에는 원작을 활용한 리메이크 영화, 패러디 영상, AI 학습 기반 콘텐츠도 2차적 저작물로서 법적 논의의 중심에 서 있다.

결국 저작권 제도는 단순히 창작자를 보호하는 장치를 넘어 지식의 순환과 문화 산업의 지속가능성을 보장하는 사회적 장치이다. 창작자가 자신의 권리를 존중받고, 이용자는 공정하게 접근할 수 있을 때 지식재산 생태계는 더욱 건강하고 풍요롭게 발전할 수 있다. 이는 창작자에게는 안정적인 창작 환경을, 이용자에게는 양질의 콘텐츠를 합리적으로 이용할 기회를 보장하여 궁극적으로 창작자와 이용자 그리고 사회 전체가 상생할 수 있는 선순환 구조를 만드는 데 그 진정한 가치가 있다.

6장

특허 제도의 원칙
The principles of the patent system

특허 제도는 발명자의 권리를 보호함과 동시에 사회 전체의 기술 발전을 촉진하기 위한 장치다. 이를 위해 선출원주의, 신규성과 진보성, 산업상 이용 가능성, 공개주의, 일사부재리 등 여러 원칙이 마련되어 있다. 이러한 원칙들은 특허가 단순한 권리 부여를 넘어 공정성과 혁신을 조화시키는 제도적 기반이 되도록 한다.

또한 특허는 국가 경쟁력의 핵심 요소로서 지식 기반 경제의 성장과 글로벌 기술 리더십을 뒷받침한다.

선원주의 (先願主義, First-to-File Principle)

특허 제도의 가장 중요한 원칙 중 하나는 선원주의(First-to-File Principle)이다. 이는 새로운 발명에 대해 둘 이상의 사람이 동일하거나 유사한 내용을 특허 출원했을 때 가장 먼저 지식재산처에 출원서를 제출한 사람에게만 특허를 부여하는 제도이다(특허법 제36조).

즉 발명의 창안자라 하더라도 출원이 늦으면 권리를 인정받지 못하며, 특허를 받기 위해서는 출원 시점이 절대적으로 중요하다. 이러한 제도는 권리 귀속에 관한 분쟁을 예방하고, 신속한 특허 출원을 유도하여 산업 발전을 촉진하는 목적을 가진다.

〈특허 이외의 재산권 법안〉

구분	실증주의적 접근 방법
의장법	제16조 1항
실용신안법	제7조 1항
상표법	제35조 1항
광업권	제21조 1항
기타	다만 같은 날에 둘 이상 출원이 경합하였을 때는 특허, 의장, 실용신안의 경우에는 출원인의 협의에 의하여 그중 하나의 출원만을 인정하고, 그 협의가 성립되지 아니한 때는 그 어느 출원도 인정하지 아니한다(특허법 제36조 2항, 의장법 제16조 2항, 실용신압법 제7조 2항).

확대된 선출원주의 (Expanded First-to-File Principle)

우리나라 특허법은 기본적으로 선출원주의를 채택하고 있으나 이를 보완한 제도로서 확대된 선출원주의가 있다(특허법 제29조 제3항). 이는 동일하거나 실질적으로 동일한 발명에 대해 출원일이 앞선 다른 특허 출원이나 실용신안등록출원의 명세서 또는 도면에 기재된 발명과 청구 범위가 겹치는 경우 후출원은 특허를 받을 수 없도록 하는 원칙이다.

특허 출원은 원칙적으로 출원 후 약 1.5년이 지나야 공개되므로 그 기간 동안 발명의 내용은 비밀 상태로 유지된다. 따라서 출원자는 반드시 지식재산처 KIPRIS 검색 등을 통해 선행 기술조사를 실시해야 하며, 이를 통해 동일하거나 유사한 발명이 이미 출원되어 있는지를 확인하는 것이 필수적이다.

그럼에도 불구하고 비공개 기간에 있는 출원은 제3자가 확인할 수 없기 때문에 동일한 발명이 중복 출원되는 사례가 발생할 수 있다. 이 경우 확대된 선출원주의 원칙이 적용되어 후출원은 특허 등록이 거절된다. 다만 최초 출원과 후출원의 발명자가 동일인인 경우에는 예외적으로 확대된 선출원주의가 적용되지 않는다.

확대된 선출원주의는 기술 경쟁의 공정성을 확보하고, 선행 발명자의 권리를 보호하기 위한 제도적 장치이다. 이를 통해 동일 발명에 대한 중복 권리 부여를 방지하고, 기술 정보의 공개를 촉진함으로써 사회 전체의 혁신 속도를 높인다. 이 원칙은 국제 특허 제도와도 맥을 같이하여 글로벌 시장에서 발명의 우선권을 명확히 하는 기준으로 작용한다.

신규성과 진보성 (Novelty and Inventive Step)

특허를 인정받기 위해서는 발명이 반드시 신규성과 진보성을 모두 충족해야 한다. 신규성은 출원 전에 이미 공개되었거나 사용된 사실이 없는 것을 의미하며, 기존 기술과 뚜렷하게 구별되는 새로운 발명이어야 한다는 원칙이다.

그러나 단순히 새롭다는 사실만으로는 충분하지 않으며, 해당 분야의 통상적인 기술자가 쉽게 고안할 수 없는 수준의 창의적 요소가 포함되어야 하는데, 이를 진보성이라고 한다. 따라서 특허를 받을 수 있는 발명은 단순한 개선이나 조합을 넘어 전문가에게도 자명하지 않은 독창적 발전을 보여주어야 한다.

산업상 이용 가능성의 원칙 (Principle of Industrial Applicability)

특허를 받기 위해서는 발명이 단순한 아이디어나 이론적 추상에 머물러서는 안 되며, 현실의 산업 현장에서 제조·생산·이용될 수 있어야 한다. 즉 발명이 실제로 구현 가능한 구체적 기술 형태를 갖추고, 그 결과가 사회적·경제적으로 유용한 효과를 가져올 수 있어야 한다는 뜻이다. 이 원칙은 발명이 단순히 생각의 산물이 아니라 산업적 응용 가능성을 지닌 기술적 해결 수단이어야 함을 강조한다.

예를 들어 새로운 합금 제조법, 에너지 효율을 높이는 장치 또는 의약품 합성 공정처럼 구체적 생산 과정에 적용될 수 있는 기술은 산업상 이용 가능성이 인정된다. 반면 순수한 수학 공식, 자연 법칙의 발견, 추상적 개념이나 단순한 아이디어는 아무리 이론적으로 의미가 크더라도 산업 현장에서 직접 활용할 수 없기 때문에 특허 보호의 대상이 되지 않는다.

이 원칙은 특허 제도가 학문적 발견 그 자체를 보호하기보다 기술의 실용적 가치와 사회적 기여를 중심으로 권리를 부여하는 제도임을 보여준다. 따라서 산업상 이용 가능성은 기술이 현실의 문제를 해결할 수 있는지를 가늠하는 특허 심사의 핵심 기준으로 작용한다. 또한 이러한 기준은 공정한 특허 남용 방지와 기술혁신 촉진이라는 두 가지 목적을 함께 달성하게 한다.

결국 산업상 이용 가능성의 원칙은 발명을 사회적 가치로 전환시키는 첫 관문이자 과학적 사고를 경제적 실천으로 연결하는 지식재산 제도의 근본 철학이라 할 수 있다.

공개주의 (Principle of Disclosure)

특허 제도는 발명자가 일정 기간 독점권을 갖는 대신 그 대가로 발명의 내용을 명확히 공개하도록 요구한다. 이 원칙은 개인의 권리와 사회적 이익을 균형 있게 조화시키기 위한 핵심 장치로, 발명이 사회 전체가 공유할 수 있는 지식으로 환원되도록 하는 제도적 기반이다.

공개주의는 단순히 발명의 존재를 알리는 것이 아니라 기술의 구조·작동 원리·핵심 구성요소 등을 구체적으로 명시해 다른 연구자나 기업이 이를 참고하여 새로운 기술을 개발할 수 있게 한다. 즉 한 개인의 발명이 사회적 자산으로 전환되는 지식 순환 메커니즘을 형성한다.

이 원칙에 따라 출원인은 명세서와 도면에 발명의 핵심 기술적 내용을 상세히 기재해야 하며, 그 내용은 일정 기간이 지나면 공개되어 누구나 열람할 수 있다. 이는 기술 독점을 통한 이익과 사회 전체의 기술 축적을 동시에 달성하기 위한 '권리의 대가로서의 공개'라는 특허 제도의 본질을 잘 보여준다.

결국 공개주의는 발명자의 독점이 영구적 특혜로 흐르지 않도록 견제하며, 지식이 축적되고 확산되는 열린 혁신(Open Innovation)의 출발점이 된다. 이로써 특허는 개인의 이익을 넘어 사회 전체의 발전을 견인하는 공공재적 성격을 갖게 된다.

일사부재리의 원칙 (Principle of Non-Duplication)

특허는 동일한 발명에 대해 한 번만 부여되는 권리이다. 이미 등록된 발명과 동일하거나 본질적으로 동일한 발명에 대해서는 다시 특허를 받을 수 없는데, 이를 일사부재리의 원칙이라 한다.

이 원칙은 권리의 중복을 방지하고 법적 안정성을 보장하며, 동일한 발명에 대해 무분별한 권리 부여가 발생하지 않도록 하는 기본 제도이다. 이 원칙이 없다면 동일 발명을 형태만 다르게 반복 출원해 시장 독점을 연장하려는 시도가 가능해지고, 이는 공정 경쟁과 기술 발전을 저해하는 결과를 초래할 수 있다. 따라서 일사부재리의 원칙은 특허 제도의 신뢰성과 투명성을 지키는 안전장치로 기능한다.

또한 이 원칙은 국내뿐 아니라 세계지식재산기구(WIPO)를 비롯한 국제 특허 제도에서도 공통적으로 채택되고 있다. 국가 간 기술이전이나 국제 공동연구가 활발해진 오늘날, 특허의 유효성과 범위를 명확히 유지하기 위해 중복된 권리 인정은 철저히 배제되어야 한다.

결국 일사부재리의 원칙은 발명가의 권리 보호와 함께 특허 제도의 공정성, 법적 일관성, 사회적 신뢰를 보장하는 핵심 원리라 할 수 있다.

PART 03

발명과 직무발명

Next Innovation

발명은 개인의 창의적 성과이자 사회와 국가 발전을 이끄는 핵심 동력이다. 그러나 오늘날 발명은 더 이상 개인적 차원에 머무르지 않고, 기업과 연구기관, 공공조직의 연구개발 활동 속에서 집단적으로 이루어지는 경우가 대부분이다. 이에 따라 발명의 권리 귀속과 보상 문제 그리고 이를 둘러싼 법적·제도적 장치가 중요한 논점으로 부각되고 있다.

직무발명은 종업원이나 임원, 공무원 등이 직무와 관련하여 창출한 발명을 의미하며, 기업의 기술경쟁력과 직결되는 요소이다. 기업은 연구 인프라와 자금을 제공하고, 종업원은 이를 바탕으로 새로운 발명을 창출함으로써 직무발명이 성립한다. 이러한 과정에서 발명자와 사용자 모두의 권리를 보호하고 공정한 보상 체계를 확립하기 위해 직무발명 제도가 운영되고 있다.

PART 03에서는 발명의 다양한 개념과 분류를 심화하여 살펴보고, 직무발명의 정의, 요건, 제도의 운영 원리와 보상 방식까지 구체적으로 다룬다. 또한 국내외 제도 비교와 실제 사례를 통해 직무발명이 어떻게 개인적 창의성과 조직적 자원을 연결하며, 국가 경쟁력 강화로 이어지는지를 분석한다. 이를 통해 발명과 직무발명의 심화된 이해와 실질적 의의를 조명하고자 한다.

7장

발명
Edison invented the light bulb

발명이란 단순한 아이디어가 아니라 기술적 문제를 해결하기 위한 창의적 산출물을 의미한다. 에디슨의 전구 발명처럼 기존 지식을 결합하고 새로운 가능성을 탐구하는 과정에서 인류의 삶은 크게 변화해 왔다. 따라서 발명의 개념을 이해하는 것은 지식재산 제도의 출발점이자 연구자와 창업가가 나아가야 할 혁신의 본질을 깨닫는 길이다.

발명의 정의와 기본 개념

발명의 법적 정의(특허법 제2조)

특허법 제2조는 발명을 "자연법칙을 이용한 기술적 사상이 창작으로 고도화된 것"이라고 정의한다. 이는 단순한 아이디어나 추상적 개념을 넘어 자연법칙을 바탕으로 한 구체적 기술적 사상이어야 한다는 것을 의미한다. 다시 말해 발명은 현실에서 구현 가능한 기술적 해결책이어야 하며, 이를 통해 산업적으로 활용 가능한 창작물로 인정받는다.

특허발명의 의미와 요건

특허발명이란 지식재산처의 심사를 거쳐 정식으로 등록된 발명을 말한다. 보호 대상이 되기 위해서는 네 가지 요건을 충족해야 한다.

- **자연법칙의 이용**: 자연법칙에 위배되는 기술은 발명에 해당하지 않으며, 단순한 규칙이나 추상적 방법도 해당되지 않는다.
- **기술적 사상**: 구체적인 기술적 해결 방안을 포함해야 한다.
- **창작성**: 기존 기술과 차별화된 새로운 아이디어여야 한다.
- **고도성**: 단순한 개선이나 조합이 아니라 통상의 기술자가 쉽게 고안할 수 없는 수준의 진보성을 갖추어야 한다.

이 네 가지 요건은 발명이 단순한 착상이 아니라 산업 발전에 기여할 수 있는 실질적 성과임을 보장한다.

발명에 해당하지 않는 사례

모든 아이디어가 발명으로 인정되는 것은 아니다. 특허법상 발명으로 보지 않는 사례에는 다음과 같은 것들이 있다.

- **자연법칙이 아닌 경우**: 게임 규칙, 암호 작성 방법, 보험 제도, 과세 방법 등
- **자연법칙에 반하는 경우**: 영구기관, 타임머신 등
- **자연법칙 그 자체인 경우**: 만유인력, 열역학 법칙 등
- **단순한 방법이나 관념**: 계산법, 최면술, 상품 진열이나 디스플레이 방법 등

이처럼 발명은 반드시 자연법칙에 기반하면서도 기술적 창작성을 수반해야 하며, 추상적 규칙이나 불가능한 개념은 법적 보호를 받을 수 없다. 이러한 기준은 과학적 타당성과 실용성을 갖춘 발명만이 사회적 가치를 창출하고 특허로서 인정받을 수 있다는 것을 의미한다.

발명의 명칭과 제목의 중요성

발명의 명칭, 즉 발명의 제목은 발명이 세상과 처음 만나는 관문이다. 제목을 어떻게 정하느냐에 따라 기술적 평가의 가치가 크게 달라질 수 있다. 실제로 뛰어난 아이디어라 할지라도

제목이 매력적이지 않다면 시장의 주목을 받지 못하거나 라이선스 기회를 얻기 어려울 수 있다. 따라서 발명자는 발명의 핵심을 간결하게 드러내면서도 호기심과 관심을 유발할 수 있는 명칭을 고민해야 한다. 이름이 곧 발명의 첫인상이며, 발명 자체의 경쟁력을 강화하는 요소이기 때문이다.

인류 역사 속의 발명과 발견

집단생활과 발명의 역할

인류 역사 약 300만 년 중, 약 1만 5천 년 전 집단생활이 형성되면서 발명은 집단의 생존과 세력 형성에 핵심적인 역할을 했다. 발명은 단순히 생활 도구의 발명이 아니라 집단의 경쟁력을 결정짓는 원동력이었다. 발명이 없었다면 인류의 무한한 성장은 불가능했을 것이며, 사회와 문화의 발전도 정체되었을 것이다. 따라서 발명은 인류가 더 다양하고 풍요로운 삶을 누릴 수 있게 한 근본 수단이었다.

산업혁명과 발명의 관계

영국의 산업혁명은 증기기관의 발명을 통해 본격적으로 꽃을 피웠다. 증기기관과 기계화는 생산 방식을 대량 생산 체제로 바꾸어 산업사회의 기틀을 마련했고, 경제와 사회 전반에 혁신을 가져왔다. 이처럼 산업의 발전은 발명의 진보와 항상 맞물려 있었으며, 새로운 발명이 등장할 때마다 산업은 한 단계 더 도약했다. 산업혁명은 발명이 생활 편의의 도구를 넘어 국가의 경제 구조를 변화시키는 강력한 동력이 될 수 있음을 보여준 대표적 사례다.

발명과 국가 경쟁력

수세기 동안 영국이 '해가 지지 않는 나라'로 불릴 수 있었던 배경에는 발명을 통한 산업의 성장과 기계화의 선진화가 있었다. 발명품은 곧 국가의 경제적·군사적 힘으로 연결되었으며, 새로운 발명을 바탕으로 한 산업 발전은 영국의 글로벌 패권을 뒷받침했다. 즉 발명은 국가의 경쟁력을 강화하고 국제 사회에서 주도적 위치를 확보하게 하는 전략적 자산이었다.

현대 사회에서 특허와 국가 경쟁력

오늘날 국가의 선진 여부를 판단하는 중요한 기준은 특허의 질과 양이다. 어떤 나라가 첨단기술과 발명을 얼마나 보유하고 있는지가 곧 국가 수준을 평가하는 핵심 잣대가 된다. 발명품을 기반으로 한 기술은 그 나라 기업의 경쟁력을 좌우하고, 국제 시장에서의 영향력으로 이어진다. 따라서 선진국들은 창의적인 발명 인재 발굴과 특허 확보에 국가 경쟁력을 집중하고 있으며, 우리나라 역시 한국발명진흥회와 한국대학발명협회 등을 중심으로 발명 교육과 국제경진대회를 통해 인재 양성에 주력하고 있다.

발명의 특성과 효과

발명의 일반적 특성

발명은 인간의 생활을 더 편리하게 하고, 생산을 효율적으로 만드는 창의적 수단이다. 이를 통해 개인과 기업은 경쟁력을 확보하고, 나아가 경제적 이익을 창출할 수 있다. 발명은 단순한 아이디어가 아니라 생활 개선과 산업 발전을 동시에 이끄는 동력이다.

발명의 3대 특성은 다음과 같다.

- **편리성**: 좀 더 편리한 것을 만든다.
- **다기능성**: 좀 더 다기능적인 것을 만든다.
- **생산성**: 좀 더 생산적인 것을 만든다.

이 세 가지 특성은 발명이 단순한 도구가 아닌 경제적·사회적 경쟁력을 창출하는 기반임을 보여준다.

발명의 효과

인류는 발명을 통해 기본적인 생활의 기반인 의식주 문제를 해결하며 문명을 발전시켜 왔다. 먼저 의(衣)의 발명은 단순히 신체를 보호하는 차원을 넘어 더운 날씨와 추운 날씨에 대응할 수 있는 수단이 되었고, 성별과 사회적 구분을 드러내는 역할까지 하였다. 이후 직물과 염

색기술의 발달은 의류를 기능성과 심미성을 갖춘 생활문화의 핵심으로 발전시켰다.

식(먹이)의 발명은 경작법과 재배법을 통해 식량을 직접 생산할 수 있게 하였으며, 저장과 조리기술을 통해 먹이를 안정적으로 확보할 수 있게 했다. 이는 단순한 생존을 넘어 공동체의 풍요를 가능하게 했고, 더 나아가 문화적 교류와 사회적 발달의 기반이 되었다.

마지막으로 주(집)의 발명은 인간을 동물이나 자연의 위협으로부터 보호하는 기본 수단이었고, 일과를 마친 후 휴식을 취하는 안정된 공간을 제공했다. 또한 집의 등장은 한곳에 정착할 수 있는 토대를 마련함으로써 공동체 생활과 문명 형성을 이끄는 결정적 계기가 되었다.

발명의 변화와 발전 단계

초기 발명: 생활 도구 중심(구석기·신석기 ~ 산업혁명 전)

초기 발명은 인간이 자연 속에서 생존하기 위해 만들어 낸 생활 도구가 중심이었다. 구석기 시대에는 돌을 깨뜨려 만든 돌도끼와 같은 원시적 도구가 사용되었고, 신석기 시대에는 불의 발견과 농경 도구의 개발이 이루어졌다. 이는 의식주 문제를 해결하는 가장 기초적인 수단이 되었으며, 인류가 수렵·채집에서 농경과 정착으로 나아가는 기반을 제공했다. 이러한 발명은 단순하지만 인간의 생존 가능성을 크게 확장시켰다.

중기 발명: 대량 생산 중심(산업혁명~19세기 초)

산업혁명 시기 발명은 생산 방식을 근본적으로 바꾸었다. 제임스 와트의 증기기관은 방직기, 철도, 증기선 등 다양한 기계와 결합해 대량 생산 체제를 가능하게 했다. 이는 생산 속도와 효율성을 획기적으로 높였고, 자본주의 경제와 산업사회의 출현을 촉발했다. 발명은 개인의 생활 편의를 넘어서 국가 경제와 사회 구조 전체를 변화시키는 원동력이 된다.

현대 발명: 다기능·융복합 발명(20세기 이후)

20세기 이후 발명은 다기능성과 융복합성을 특징으로 한다. 전자공학, 정보통신, 바이오, 신소재 등 서로 다른 기술이 결합하며 새로운 혁신을 만들어내고 있다. 대표적인 사례로 스마트폰은 통신, 인터넷, 카메라, 결제 기능까지 하나로 통합하며 생활 전반을 혁신시켰다. 또한 인공지능, 반도체, 배터리, 우주항공기술은 국가 경쟁력의 핵심 분야로 부각되고 있다. 현대 발명은 생활을 개선하는 수준을 넘어 사회와 경제의 패러다임을 바꾸는 결정적 역할을 수행하고 있다.

:: 발명과 경쟁력

개인의 경쟁력

발명은 개인에게 창의력과 문제 해결 능력을 발휘할 기회를 제공한다. 새로운 발명은 개인의 역량을 사회와 시장에서 인정받게 하고, 경제적 성취와 함께 자아실현을 가능하게 한다. 특히 현대 사회에서는 개인의 발명이 특허로 이어지며 직업적·경제적 지위를 강화하는 중요한 수단이 된다.

조직(기업)의 경쟁력

기업은 발명을 통해 새로운 제품과 서비스를 창출하고, 이를 통해 시장에서의 경쟁우위를 확보한다. 혁신적인 발명은 기업의 브랜드 가치를 높이고, 지속 가능한 성장을 가능하게 한다. 오늘날 글로벌 기업들이 연구개발(R&D)에 막대한 투자를 하는 이유는 발명이 곧 기업 생존과 성장의 핵심 자원이기 때문이다.

국가의 경쟁력

국가 차원에서 발명은 경제 발전과 산업 경쟁력을 좌우한다. 특허와 첨단기술을 많이 보유한 국가는 국제 사회에서 주도적 위치를 차지하며, 정치적·경제적으로도 강대국으로 평가받는다. 발명 인재의 육성과 첨단기술 확보는 국가 경쟁력의 핵심 전략으로 자리 잡았다.

발명과 정치력·군사력의 관계

발명은 단순히 경제적 이익을 넘어 정치적 안정과 군사적 힘을 강화하는 원천이었다. 로마 제국은 군사 장비와 토목기술의 발명으로 제국의 번영을 이끌었고, 칭기즈칸은 새로운 무기와 전략을 통해 광활한 영토를 정복할 수 있었다. 르네상스 시대의 유럽은 인쇄술, 건축, 예술과 과학의 발명으로 사회 전반에 혁신을 일으켰으며, 이는 문화적 르네상스뿐 아니라 정치적 영향력 확대에도 크게 기여했다. 이처럼 발명은 개인과 집단을 넘어 문명의 방향을 결정하는 정치적·군사적 자산이었다.

21세기 발명의 방향

신기술 개발

21세기의 발명은 첨단기술을 중심으로 전개되고 있다. 인공지능, 로봇공학, 우주항공, 바이오테크놀로지 등 새로운 기술 영역은 사회와 산업 구조 전반을 변화시키고 있다. 이러한 신기술 발명은 편리성을 넘어 국가의 경제 성장과 안보까지 좌우하는 핵심 자원이 된다.

융복합 혁신 개발

21세기 발명의 특징은 단일 기술이 아닌 여러 기술의 융합을 통해 새로운 가치를 창출한다는 점이다. AI와 의료의 결합(디지털 헬스케어), IoT와 제조업의 융합(스마트 팩토리), 바이오와 IT의 결합(바이오인포매틱스) 등 기술 간 경계를 허물며 혁신적인 발명이 탄생하고 있다. 융복합 발명은 기존 산업의 한계를 넘어 새로운 산업 영역을 개척하며, 창업과 기술사업화의 핵심 전략으로 자리 잡고 있다. 특히 융복합 기술은 단일 특허로는 확보하기 어려운 경쟁우위를 만들며, IP 포트폴리오 구축과 기술이전에서도 높은 가치를 인정받는다.

지속 가능 발명

기후변화와 환경 문제가 심화되면서 지속가능성을 중심으로 한 발명이 주목받고 있다. 탄소 저감 기술, 재생에너지 솔루션, 순환경제 기반 제품, 친환경 패키징 등은 단순한 환경보호를 넘어 ESG 경영과 국제 규제에 대응하는 필수 요소가 되었다. 지속 가능 발명은 환경적 가치와 경제적 가치를 동시에 추구하며, 투자 유치와 글로벌 시장 진출의 핵심 경쟁력으로 작용한다. 또한 정부의 녹색 인증과 지원 정책, 소비자의 친환경 제품 선호도 증가로 인해 지속 가능 발명은 창업 초기부터 시장 경쟁력을 확보할 수 있는 유리한 출발점을 제공한다.

발명과 생활

발명은 곧 생활
발명은 특별한 순간이나 특정한 사람만의 것이 아니라 일상생활 속에서 끊임없이 이루어진다. 우리가 먹고, 입고, 자고, 보고, 듣고, 말하는 모든 행위가 발명의 소재가 될 수 있다. 즉 발명은 삶을 더 편리하고 풍요롭게 만들기 위한 인간의 본능적인 활동이며, 생활과 분리될 수 없는 것이다.

발명가의 행동과 실천
발명은 생각만으로 완성되지 않는다. 발명가는 행동으로 실천하며 스스로 문제를 탐구하고 해결책을 만들어낸다. 남의 방식을 모방하는 데서 출발하더라도 점차 자신에게 맞는 방식으로 바꾸어 나가고, 새로운 도구를 고안하거나 기존의 도구를 개선함으로써 창의적 결과물을 만들어낸다. 실천적 행동이야말로 발명의 출발점이다.

생활 속 문제 해결과 발명의 시작
인류는 늘 생활 속 문제에 직면해 왔다. 구석기·신석기 시대 사람들은 추위, 굶주림, 외부의 위협을 극복하기 위해 옷을 만들고, 음식을 저장하며, 집을 지었다. 이처럼 문제를 해결하려는 필요성이 새로운 도구와 방법을 낳았고, 그것이 곧 발명이 되었다. 발명은 언제나 불편함의 문제에서 출발하며, 이를 해결하는 과정에서 발전한다.

발명 방법
발명의 과정은 크게 네 단계로 요약할 수 있다. 발명은 거창한 이론에서 시작되는 것이 아니라 생활 속 작은 불편을 해결하려는 시도에서 출발한다.

① 주변에서 활용할 수 있는 자원을 '관찰'하는 것부터 시작된다. 구석기·신석기 시대 사람들이 돌이나 나뭇가지를 도구로 사용했던 것처럼 일상에서 눈여겨보면 발명의 소재는 늘 가까이에 있다.
② 다양한 자원 중 가장 효과적이고 편리한 것을 선택해야 한다. 나뭇가지 하나를 집더라

도 반복된 사용을 통해 집기 쉽고, 손에 잘 맞으며, 원하는 목적을 달성할 수 있는 것을 고르는 과정이 필요하다. 발명의 출발은 바로 이런 '선택'이다.

③ 선택한 자원이 사용자에게 적합한지 검토하는 단계다. 같은 돌이라도 손 크기나 체격에 따라 쓰임새가 달라지듯, 발명은 사용자의 조건에 맞는 '적합성'을 찾아내는 과정이다.

④ 기존의 한계를 극복할 수 있는 새로운 방법이나 '원리 발견'이 발명의 핵심이다. 작은 돌로는 효과가 없을 때 더 무겁고 단단한 돌을 선택하거나 도구를 활용하는 방식이 새로운 원리를 만드는 과정이다. 이렇게 기존의 규칙을 깨고 새로운 규칙을 세우는 것이 바로 혁신이며 발명의 본질이다.

이러한 과정을 통해 단순한 생활 도구는 점차 발전하여 오늘날의 첨단기술과 산업혁신으로 이어졌다. 결국 발명은 일상에서 시작해 사회 전반의 변화를 이끄는 힘이 된다.

※ **새로운 생활 혁신 기술: 주방의 혁명, 플라즈마 전기 레인지**

상용화를 앞두고 있는 주방의 혁신 기술이 등장했다. 전기로 불꽃을 만들어내는 플라즈마 전기 레인지다. 이 기술의 핵심은 고주파 이온화 기술로, 가정용 220V 전원만 연결하면 대기 중 질소와 산소 분자가 이온화되어 섭씨 1,300도까지 달하는 불꽃이 만들어진다. 순수 전기로 생성된 불꽃의 열효율은 98%에 달하며, 이는 기존 가스 레인지보다 15% 이상 높은 수치다.

이 신기술은 기존 인덕션과는 비교 대상이 되지 않는다. 인덕션은 특정 금속 용기에만 반응하고 열전달 과정에서 효율 손실이 크게 발생하는 반면, 플라즈마 전기 레인지는 전기 불꽃을 직접 생성하기 때문에 용기의 재질에 제한이 없고 조리감도 가스와 동일하다. 탄소 배출은 제로이며, 가스 누출이나 폭발 위험이 없고 유해 가스 배출도 제로에 가깝다.

플라즈마 전기 레인지는 에너지 효율, 탄소 배출, 안전성 모두에서 기존 기술을 압도하는 차세대 주방 기술이다. 친환경과 편의성을 동시에 실현하는 이 혁신 기술은 2025년 우리 생활에 새로운 변화를 가져올 것으로 기대된다.

8장

발명의 종류
Types of invention

발명은 그 용도와 기능, 기술 구현 방식 그리고 발명 과정에 참여한 사람의 수에 따라 다양한 방식으로 분류될 수 있다. 기술 분야별로는 전기전자발명, 기계발명, 화학발명 등이 대표적이며, 구현 형태에 따라서는 물건발명과 방법발명으로 나눌 수 있다. 또한 발명의 관계에 따라 주(主) 발명과 이를 토대로 한 종속발명으로 구분되며, 발명자 수에 따라서는 단독발명과 공동발명으로 나뉜다. 특히 공동발명은 특허를 출원할 때 발명자와 권리자의 명단을 함께 기재해야 하며, 그중 발명을 주도한 발명자가 우선적으로 명시된다.

이처럼 발명은 매우 다양한 기준으로 나눌 수 있지만, 본 장에서는 그중에서도 법률적으로 중요한 의미를 지니는 발명 유형과 특별한 취급을 받는 발명들을 중심으로 살펴본다. 이는 각 발명이 지닌 법적 성격과 산업적 가치가 실제로 어떻게 평가되고 보호되는지를 이해하는 데 중요한 기초가 된다.

물건발명과 방법발명 (Invention of Objects and Methods)

물건발명과 방법발명의 개념

물건발명은 발명의 내용이 구체적인 물건이나 물질의 형태로 실현되는 경우를 말한다. 다시 말해 발명의 결과가 물리적 구조나 조성으로 표현되어 손에 잡히는 형태를 지닌 것이 특징이다.

이에 비해 방법발명은 발명의 내용이 일정한 목적을 달성하기 위해 시간적 순서에 따라 진행되는 행위나 절차로 구체화되는 경우를 의미한다. 즉 방법발명에서는 시간적 요소가 발명의 본질적 구성 요건으로 작용하며, 이러한 요소가 없는 경우는 물건발명으로 분류된다.

물건발명과 방법발명의 종류

물건발명에는 기계, 가구, 장치, 시설 등과 같은 구체적인 제품발명이 포함되며, 화학물질이나 특정한 조성물과 같은 재료발명도 이에 속한다. 또한 기존 물질의 새로운 성질을 활용하여 전혀 다른 용도로 사용하는 경우, 즉 용도발명도 물건발명에 해당한다.

반면 방법발명은 일정한 절차와 과정을 통해 목적을 달성하는 형태로 나타나며, 측정 방법, 포장 방법, 살충 방법, 분석 방법, 제어 방법, 통신 방법 등이 그 대표적인 예이다. 이와 더불어 물건이나 물질을 생산하기 위한 공정도 중요한 방법발명으로 다루어진다. 예를 들어 살충제를 제조하는 과정이나 식품과 동물을 가공하는 공정 등이 이에 해당한다.

결국 물건발명은 결과물로 구체화되는 발명을, 방법발명은 시간적 순서를 가진 과정 자체를 보호 대상으로 한다는 점에서 구분되지만, 실제 산업 현장에서는 두 형태가 상호 보완적으로 작용하면서 기술혁신을 이끌어 간다.

물건발명 vs 방법발명(용도발명 포함)

발명은 크게 물건발명과 방법발명으로 구분되며, 이와 더불어 중요한 개념으로 용도발명이 있다. 용도발명은 어떤 물질의 특정 성질을 발견하고, 이를 새로운 용도로 활용하는 발명을 말한다. 단순히 발견에 머무는 것이 아니라 그 결과를 특정한 용도와 연결시키는 과정에서 발명적 창의성이 요구된다는 점이 핵심이다. 이러한 용도발명은 기계나 장치와 같은 물리적 구조보다 화학물질이나 생물처럼 속성이 다양하게 활용될 수 있는 대상에서 주로 나타난다.

예를 들어 기존에는 단순 염료로만 알려졌던 화합물이 의약품의 유효 성분으로 새롭게 발견되는 경우가 이에 해당한다. 따라서 특허법은 용도발명도 독립적인 발명으로 인정하며, 이는 기존 지식을 새로운 방식으로 확장해 인류 생활에 실질적 기여를 할 수 있다는 점에서 큰 의미를 갖는다.

※ 유기염소 계열의 살충제 농약인 DDT(Dichloro Diphenyl Trichloroethane)에 강력한 살충 효과가 있다는 것을 1939년 스위스의 과학자 뮐러(P.H. Muller)에 의해 처음 밝혀졌고, 그 공적으로 1948년 노벨생리의학상을 받았으며, DDT를 유효성분으로 하는 살충제 또는 DDT를 벌레에 뿌려 살충하는 방법으로는 특허 출원할 수 있다.

기본발명 vs 개량발명

기본발명은 최초로 창출된 독창적인 아이디어를 바탕으로 한 원천적 발명을 의미한다. 이는 새로운 기술 분야를 열거나 기존의 문제를 근본적으로 해결하는 출발점이 되며, 후속 연구와 산업적 발전의 기초가 된다.

반면 개량발명은 이미 존재하는 기본발명을 토대로 일정 부분을 개선하거나 보완함으로써 성능을 향상시키고 새로운 활용 가치를 만들어내는 발명이다. 예를 들어 증기기관이라는 기본발명이 산업혁명의 문을 열었다면, 그 효율과 안전성을 높인 다양한 변형 기술들은 개량발명에 해당한다.

이처럼 기본발명과 개량발명은 대립되는 개념이 아니라 상호 보완적 관계를 이룬다. 기본발명이 없었다면 개량발명이 존재할 수 없고, 개량발명이 이어지지 않는 기본발명은 곧 한계에 봉착하게 된다. 따라서 기술 경쟁력이 강한 국가는 기본발명과 개량발명을 모두 장려하여 혁신의 토대를 넓히고 산업적 응용력을 높여 나가는 것이 중요하다.

독립발명 vs 종속발명(이용발명)

독립발명은 기존 기술이나 발명과 관계없이 독창적인 아이디어를 통해 완전히 새로운 결과물을 창출하는 발명을 말한다. 이러한 발명은 독립적으로 특허를 받을 수 있으며, 기술 발전의 큰 전환점이 되는 경우가 많다.

반면 종속발명(이용발명)은 이미 존재하는 발명을 기초로 하여 그 기술적 효과를 보다 향상시키거나 새로운 응용을 가능하게 하는 발명을 의미한다. 즉 선행 발명을 토대로 하되 이를 그대로 사용하는 것이 아니라 변형·응용·보완함으로써 새로운 효과를 창출하는 것이다. 예를 들어 기존 의약품의 제형을 개선하여 부작용을 줄이거나 복용 편의성을 높이는 기술은 종속발명에 해당한다.

이처럼 독립발명과 종속발명은 상호 대립적인 것이 아니라 기술 발전의 연속선상에 존재한다. 독립발명이 새로운 길을 개척한다면, 종속발명은 그 길을 다듬고 확장하여 산업적 활용도를 높이는 역할을 한다. 따라서 종속발명도 특허법상 중요한 지위를 인정받으며, 기술 경쟁력을 강화하는 필수 요소로 간주된다.

직무발명 vs 자유발명

직무발명은 종업원·임원·교원 등 특정한 직무 관계에 있는 사람이 그 직무 수행 과정에서 발명한 것을 의미한다. 예를 들어 기업 연구원이 회사의 연구 자원을 활용하여 새로운 기술을 개발한 경우가 여기에 해당한다. 직무발명은 발명자의 창의적 기여뿐 아니라 사용자의 지원과 투자도 함께 이루어진 결과물이므로 특허를 받을 권리와 그에 따른 이익 배분에서 발명자와 사용자 모두의 이해관계를 조율하는 제도가 마련되어 있다. 따라서 직무발명은 개인적 권리와 기업적 권리가 교차하는 지점에서 공정한 보상이 중요한 과제로 부각된다.

반면 자유발명은 직무와 무관하게 발명자가 독립적으로 수행한 발명을 말한다. 이는 기업이나 기관의 지시, 자원, 지원과는 무관하게 개인의 창의와 노력으로 이루어진 결과물로서, 권리는 전적으로 발명자 본인에게 귀속된다. 다만 실제 현장에서는 직무와 자유발명의 경계가 모호한 경우가 많아 법적 분쟁의 대상이 되기도 한다.

결국 직무발명과 자유발명은 발명의 귀속 주체와 권리 관계에서 차이가 있으며, 이를 명확히 구분하는 것은 발명자의 권리 보호와 동시에 조직의 연구개발 투자를 촉진하기 위한 핵심적 장치라 할 수 있다.

음식특허

음식물이나 기호품 자체에 대한 발명은 과거에는 특허 보호 대상에서 제외되었으나 1990년 물질특허 제도가 도입되면서부터 특허법상 등록이 가능하게 되었다. 또한 기존의 물질을 음식물이나 기호품으로 활용하는 용도발명은 1987년부터 특허 등록이 허용되었다. 이러한 변화는 식품 산업의 발전과 더불어 기술적 창의성을 반영한 새로운 조리법, 성분 조합, 가공 방식 등을 보호하기 위한 것이다.

다만 음식 특허를 인정받기 위해서는 다른 발명과 마찬가지로 신규성, 진보성, 산업상 이용 가능성의 요건을 충족해야 하며, 단순한 조리 습관이나 일반적 조합만으로는 특허 등록이 어렵다. 따라서 음식특허는 식품 산업에서 기술혁신과 시장 경쟁력을 동시에 담보할 수 있는 중요한 제도로 자리 잡고 있다.

자연법칙

발명이 성립하기 위해서는 반드시 자연법칙을 이용한 기술적 사상이어야 한다. 따라서 만유인력의 법칙이나 물체의 부력과 같은 과학적·경험적 법칙 그 자체는 발명의 대상이 될 수 없다. 자연법칙은 인간이 만들어낸 것이 아니라 이미 존재하는 질서이므로 이를 단순히 발견하거나 설명하는 것만으로는 특허 요건을 충족하지 못한다.

이와 같은 이유로 수학 공식, 게임 규칙, 영구기관, 알고리즘 그 자체 등은 특허법상 보호 대상에서 제외된다. 특히 자연법칙에 위배되는 것으로 알려진 영구기관은 발명으로 인정되지 않는다.

그러나 중요한 점은 알고리즘이나 수학적 원리를 구체적인 기술에 응용한 경우에는 특허로 보호받을 수 있다는 것이다. 예를 들어 알고리즘을 이용하여 특정 기계를 제어하는 방법은 단순한 이론이 아니라 기술적 효과를 창출하므로 특허법의 보호를 받을 수 있다.

알고리즘의 조건과 정의

알고리즘은 어떤 문제를 논리적으로 해결하기 위해 필요한 절차와 방법의 집합체를 의미한다. 이는 구체적으로 무엇을 어떻게 해야 할지에 대한 명확한 지침과 처리 순서를 포함해야 한다. 다시 말해 알고리즘은 실행 가능한 단계들을 체계적으로 제시함으로써 명령이 실제로 수행될 수 있도록 한다.

따라서 프로그램 개발 과정에서 알고리즘은 계획 단계에 해당한다. 알고리즘이 제대로 설계되지 않으면 프로그램은 올바르게 작동할 수 없으며, 반대로 알고리즘이 탄탄하다면 복잡한 문제도 효율적으로 해결할 수 있다. 결국 알고리즘은 컴퓨터 프로그램의 핵심 뼈대이자 문제 해결을 위한 논리적 청사진이라 할 수 있다.

- 사람의 손으로 해결하는 것이다.
- 컴퓨터로 해결하는 것이다.
- 수학적인 것이다.

- 비수학적인 것을 모두 포함한 것이다.
- **입력**(IN): 외부에서 제공되는 자료가 0개 이상 존재한다.
- **출력**(OUT): 적어도 1개 이상의 결과를 내어야 한다.
- **명확성**: 수행 과정은 명확하고 모호하지 않은 명령어로 구성되어야 한다.
- **유한성(종결성)**: 유한한 횟수의 명령어를 수행 후(유한 시간 내)에 종료한다.
- **효율성**: 모든 과정은 명백하게 실행 가능(검증 가능)한 것이어야 한다.

예컨대 컴퓨터 프로그램을 보면 과거에는 컴퓨터 프로그램 자체를 대상으로 특허 출원하는 경우 그 자체만으로는 특허 출원이 거절되었으나, 최근 지식재산처의 심사지침서가 개정되면서 컴퓨터 프로그램을 대상으로 특허 출원하였다는 이유만으로 특허 출원을 거절하지 않도록 하였다. 이러한 경우 컴퓨터 프로그램 특허에 맞는 특정 기재 요건은 반드시 갖추어야 한다.

기술적 사상

기술적 사상은 제3자에게 전달될 수 있는 객관적인 개념을 의미한다. 일정한 목적을 달성하기 위한 실제 이용 가능성을 갖추어야 한다. 구체성이 필요하지만 반드시 완전한 기술 수준일 필요는 없으며, 단순히 추상적 아이디어에 머물러서는 안 된다. 또한 특허 출원 시 자연법칙에 반하지 않는다는 점을 설명할 정도로 구체적·논리적 기술이 있으면 충분하며, 반드시 유형물이 존재해야 하는 것은 아니다.

예를 들어 교재 내용을 공간적·물리적으로 배치한 학습 교재는 특허 보호 대상이 되지만, 단순히 교재를 활용한 강의 방법은 보호 대상이 아니다. 실제로 법원은 만화 이미지를 활용해 한자 학습 효과를 높이는 교재 구성 방식을 특허발명으로 인정한 사례가 있다(특허법원 2009.10.16. 선고 2009허351). 그러나 악기 연주, 무용, 체육과 같이 개인의 능력에 의존하는 단순 기량은 발명으로 인정되지 않는다.

창작성(Creative originality)

지식재산처에서 인정하는 발명은 반드시 창작성을 갖추어야 한다. 발명은 단순한 '발견'과 구분되며, 새로운 창의적 결과물이어야 한다. 따라서 이미 공개된 기술은 특허 대상이 될 수 없다.

발명이 특허로 인정받으려면 발명자가 하기 전에 일반 대중이 알지 못했던 '신규성'을 갖추어야 한다. 고도한 것은 쉽게 말해 기술 수준이 높아야 한다는 것을 의미한다. 즉 당해 기술 분야에서 통상의 지식을 가진 자가 쉽게 발명할 수 없는 정도의 것을 뜻한다.

기존에 일반 대중에게 알려졌던 기술 내용으로부터 용이하게 발명할 수 있는 발명은 지식재산처에서 특허를 받을 수 없고, 특허를 받으려면 그 발명이 기존의 기술보다 진보한 것이어야 한다. 특허법상 발명의 이러한 정의는 '진보성'이라는 특허 요건과도 연관되어 있어야 한다.

한편 발명은 '고도한 것'이어야 하지만, 이에 획일적인 기준이 없으며 주관적인 판단이 개입될 수도 있다. 또한 선행기술조사를 통해 유사한 기능들이 어느 정도 존재하는지 검토하여 볼 수는 있으나 심사관의 주관이 반영되는 요건이므로 심사 결과를 받아보기 전에 객관적으로 판단하기가 어렵다. 심사관의 영향도 많이 받는다.

법 규정상으로는 '고도한 것'을 업계 평균 정도의 지식을 지닌 자의 눈으로 보아야 하는데, 심사관이 업계 평균 정도의 지식을 어느 정도로 판단하느냐에 따라서 특허로 인정할 수도, 인정하지 않을 수도 있다는 것이다.

'발명특허'는 특허 출원 전에 공개되어 있는 기술적 사상들로부터 '창작성'을 갖춘 '고도한' 것이어야 하는데, 여기서 '공개'는 사람들에게 알려진 것을 의미하는 것이 아니다. 또한 해당 기술적 사상이 '알려질 수 있는 상태'에 놓인 것을 의미하는 것이다. 알려질 수 있는 상태는 국내와 국외를 구분하지 않는다.

이 외에도 특허로 보호받기 위해서는 여러 요건이 종합적으로 고려된다. 판단하기가 모호한 경우도 많으므로 발명특허를 취득하기 위해서는 출원하는 것이 전부가 아니라 출원한 특허를 등록결정을 받아야 하므로 전략적으로 IP 전문가 또는 변리사와 상담하여 진행하는 것이 바람직하다.

의약발명(Medical Invention)

의약발명이란 의약품으로서의 용도가 구체적으로 기재된 발명을 의미한다. 일반적으로 의약품은 특정한 물질로 구성되며, 그 물질이 지닌 속성이 약리적 효과를 발휘할 수 있다는 것을 과학적으로 밝혀낼 경우에 해당 발명은 특허의 대상이 된다. 다시 말해 단순히 물질의 존재를 확인하는 수준을 넘어 그 물질이 인체에 미치는 작용과 효능을 구체적으로 제시하고, 이를 새로운 치료적 용도로 연결할 때 비로소 의약발명으로 인정받을 수 있다.

이처럼 의약발명은 단순한 물질 발견이 아니라 인류의 건강과 생명을 지키는 실질적 가치를 창출하는 연구 성과로서, 특허 제도 속에서 특별히 중요한 영역을 차지한다.

의약발명의 특징

의약발명은 용도발명의 일종으로서 물질의 특성을 새로운 특정 용도로 연결하는 과정 자체에 특허성이 있게 된다. 여기서 용도발명이란 현재 유통되고 있는 제품을 다른 용도로 사용하는 것에 대하여 특허로 인정하는 것이다. 특정의 물질 또는 화합물에 대하여 물질 자체가 지니는 특성(용도)을 발견하고 새로운 용도로 이용하는 과정에서 창작적 요소가 존재하는 것으로서, 원칙적으로는 발견이지만 창작적 요소가 인정됨으로 특허법상 보호해줄 가치가 있기 때문에 발명의 성립이 인정되는 것이다.

따라서 의약발명의 특허 명세서에는 약리 효과, 유효량 및 투여 방법 등이 기재되어야 하고, 그 특정 물질에 약리 효과가 있다는 점을 입증할 수 있도록 약리 데이터 등에 나타난 실험 결과가 기재되거나 이에 대신할 수 있을 정도로 구체적으로 기재되어야 한다. 새로운 의학물질을 발명한 자는 제법(방법)발명과 함께 물건발명으로 특허를 받을 수 있고, 이미 존재하는 물질을 의약품으로서 제조하는 방법에 기술적 특징이 있는 경우에는 제법발명으로만 특허를 받을 수 있다.

생명공학 분야의 발명 (Invention in the Field of Biotechnology)

미생물발명

미생물(Microorganisms)이란 곰팡이, 세균과 같이 육안으로는 관찰하기 어려운 미세한 크기의 생명체를 말한다. 이들은 현미경을 통해서만 확인할 수 있으며, 자연계 전반에 분포하면서 인간의 생활과 산업, 의학, 환경 분야에 중요한 역할을 한다. 미생물발명은 미생물 자체의 발명, 미생물을 생산하는 방법에 관한 발명, 미생물을 이용하는 발명 등을 총칭하는 것이다.

과거에는 미생물발명이 단순한 자연물의 발견에 불과하다고 보아 창작성을 인정하지 않았으며, 동일한 특성을 가진 개체를 반복적으로 생산하기 어렵다는 이유로 발명으로 보호받기 어려웠다. 그러나 유전공학의 발달로 DNA 구조가 명확히 밝혀지면서 미생물은 단순한 발견이 아니라 인위적 연구와 조작을 통해 새로운 가치를 창출할 수 있는 창작물임이 드러났다. 동시에 배양 및 재현 기술의 발달로 반복 생산 가능성 문제도 해결되면서 오늘날 미생물발명은 특허법상 보호 대상에 포함된다.

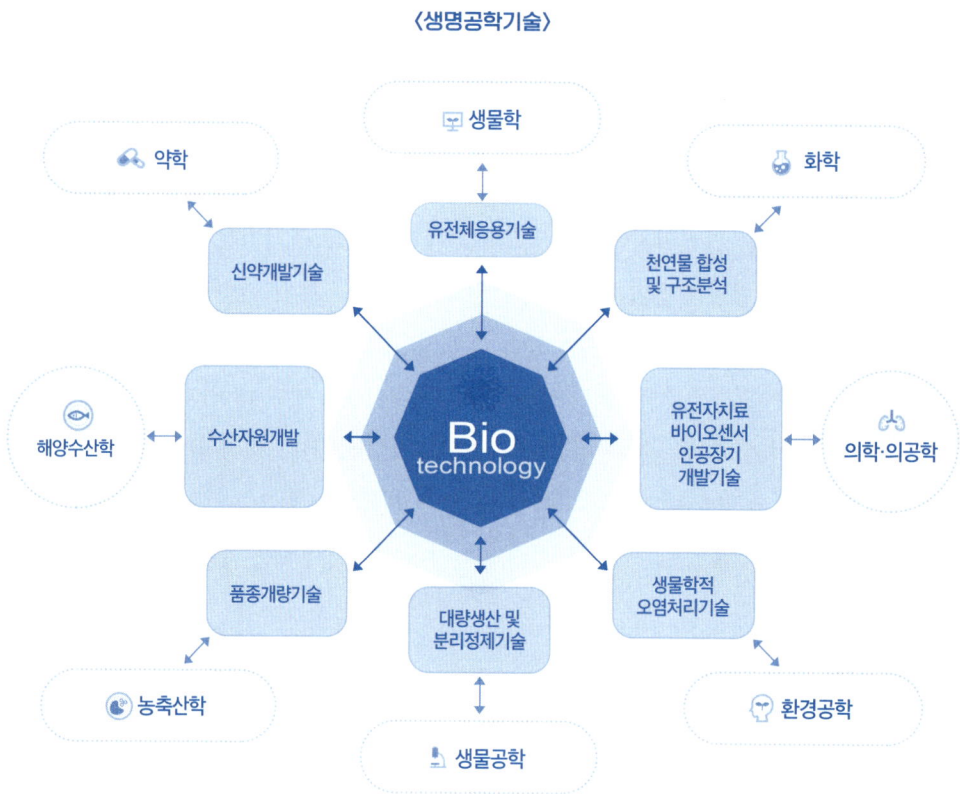

미생물발명에는 다른 발명과 구분되는 특수한 요건이 있다. 만약 발명에 사용되는 미생물이 일반적으로 용이하게 입수 가능한 것이라면 그 입수 방법을 명세서에 명확히 기재하는 것으로 충분하다. 그러나 그렇지 않은 경우에는 공인된 기탁기관에 해당 미생물을 기탁하고, 그 기관에서 부여한 기탁 번호를 명세서에 기재해야 한다.

새로운 미생물을 기재할 때에는 국제적으로 통용되는 명명법에 따른 종명(Species name), 혹은 종명을 바탕으로 한 균주명(Strain name)을 사용해야 한다. 여기에 더해 해당 미생물이 가진 균학적 성질(Mycological characteristics)을 함께 기재해야 발명의 구체성이 인정된다.

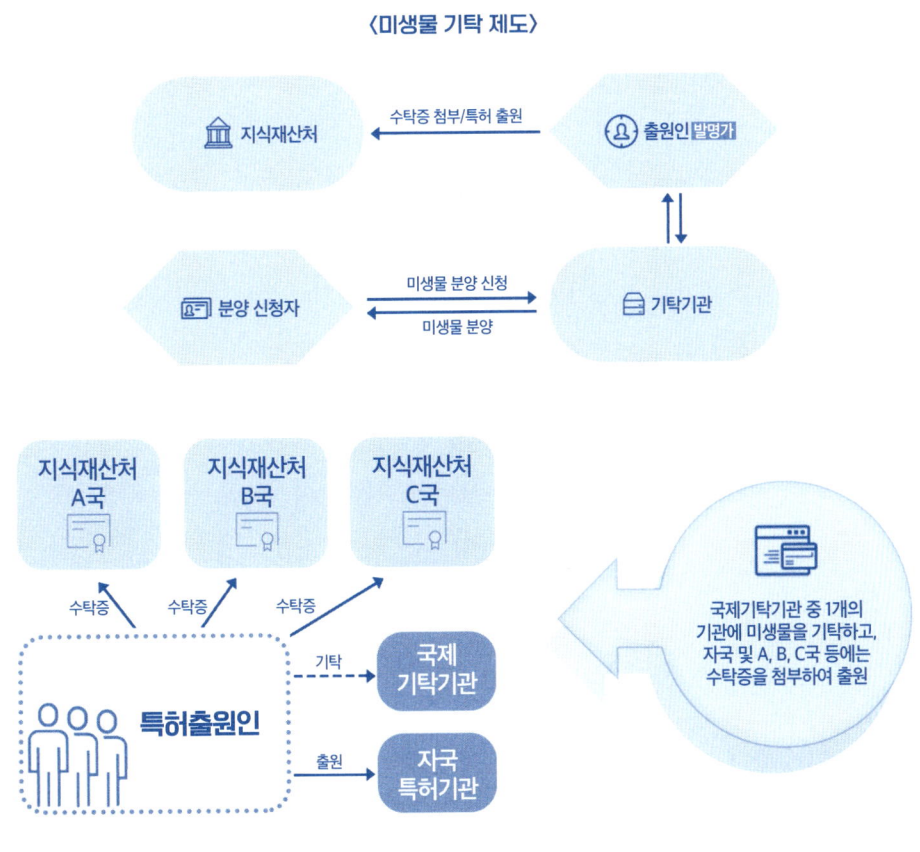

※ 미생물의 기탁기관은 지식재산처장이 지정하며, 미생물 기탁기관 지정 등에 관한 고시에서 규정하고 있고, 기탁기관으로는 한국생명공학연구원 유전자센터, (사)한국종균협회 부설 한국미생물보존센터, 한국세포주연구재단 등이 있다.

동물발명

동물특허란 인위적인 변이를 통해 새롭게 창출된 동물에 대해 부여되는 특허를 의미한다. 이는 단순히 동물 자체뿐 아니라 동물의 일부분, 동물을 만드는 방법, 동물을 활용한 기술까지 포함한다.

대표적인 사례로는 영국 로슬린 연구소의 복제양 '돌리(Dolly)'가 있다. 또한 1988년 미국 하버드대학교 연구팀은 암 발병을 연구하기 위해 암 유발 유전자를 주입한 수정란을 쥐의 자궁에 이식하여 유전자 변이 쥐, 즉 '하버드 마우스(Harvard Mouse)'를 개발하였다. 이 발명은 전 세계적으로 큰 논란을 불러일으켰으나 결국 1992년 하버드 마우스라는 명칭으로 특허 등록에 성공하였다.

우리나라 역시 1998년부터 동물특허를 인정하기 시작하였으며, 오늘날 대부분의 국가들은 다른 특허 요건을 충족하는 한 동물이라는 이유만으로 특허 대상에서 제외하지 않는다. 이러한 기조는 특히 복제기술, 유전자 변이 연구, 의학적 실험에 활용되는 동물 발명 분야에서 중요한 의미를 지닌다.

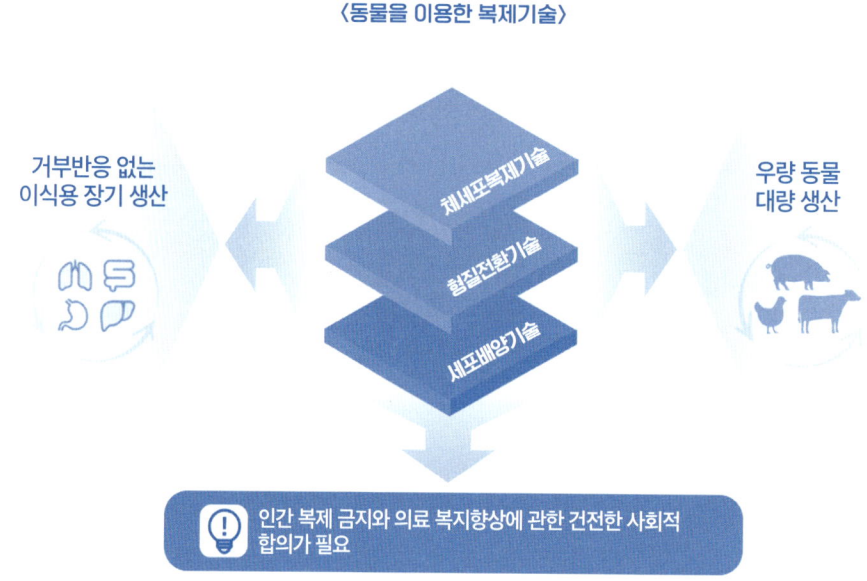

〈동물을 이용한 복제기술〉

식물발명

식물을 활용하여 새로운 기능이나 가치를 찾아내는 것도 발명의 한 형태이다. 과거에는 무성적으로 번식할 수 있는 변종 식물에 대해서만 특허를 인정했으나 2006년 10월 1일 이후부터는 이러한 제한이 삭제되었다. 이에 따라 유성적인 번식이 가능한 식물이라도 그 물질이나 효능을 활용하여 신규성과 창작성이 인정된다면 특허를 받을 수 있게 되었다.

예를 들어 연꽃, 부레옥잠, 갈대, 줄, 부들, 수련, 물억새 등 주변에서 흔히 볼 수 있는 식물을 이용해 친환경적으로 수질을 정화하는 것은 이미 잘 알려진 상식이다. 그러나 새로운 식물을 발견하거나 기존 식물을 개량하여 또 다른 기능을 구현할 수 있다면, 이는 발명으로 인정받아 개인의 무형 자산이 될 수 있으며 법적 권리로 보호받을 수 있다.

식물발명은 다양한 형태로 특허를 받을 수 있다. 대표적으로 신규 식물 자체 또는 그 일부분에 관한 발명, 새로운 육종 방법 그리고 번식 방법 등이 해당된다. 신규 식물 자체나 일부분에 관한 발명의 경우에는 해당 식물의 명칭이나 특정 유전자를 명확히 제시해야 하며, 육종 방법이나 번식 방법과 같은 구체적인 절차를 통해 식물을 특정할 수 있어야 한다.

특히 육종 방법에 관한 발명은 과정의 순서, 적용된 환경, 구체적인 방법 등이 반드시 명확히 기재되어야 특허로 인정받을 수 있다. 이러한 상세한 기술은 발명의 재현 가능성을 보장하고, 제3자가 해당 기술을 기반으로 동일한 결과를 얻을 수 있도록 하는 중요한 요건이 된다.

유전공학에 관련된 발명

유전공학 관련 발명이란 유전자, 단백질, 세포 등 생명과학적 요소를 인위적으로 변형·활용하여 새로운 기능이나 효과를 창출하는 것을 말한다. 과거에는 유전자가 단순히 생명체 내에 존재하는 물질에 불과하다고 보아 특허 대상으로 인정하지 않았으나 현대 분자생물학과 DNA 기술의 발달로 유전자를 분리·정제하고 새로운 기능을 부여할 수 있게 되면서 특허법상 발명으로 간주되고 있다. 따라서 특정 유전자, DNA 단편, 벡터, 재조합 벡터, 융합세포, 형질전환체, 모노클로날 항체, 단백질 및 재조합 단백질과 같은 발명은 모두 유전공학 분야에서 특허로 보호될 수 있다.

유전공학 발명을 이해하기 위한 기본 요소는 다음과 같다.

- 유전자(Gene): 생명체 세포 내에 존재하며 유전형질을 결정하는 기능적 단위
- DNA 단편(DNA Fragment): 긴 DNA를 제한효소로 잘라 얻은 짧은 조각
- 벡터(Vector); 유전자를 다른 세포로 운반하는 매개체
- 재조합 벡터(Recombinant Vector): 한 DNA 분자의 일부가 다른 DNA로 이동하여 새롭게 결합된 벡터
- 안티센스(Antisense): 특정 mRNA와 상보적 결합을 통해 유전자 발현을 억제하는 DNA 가닥

- **융합세포(Fusion Cell)**: 둘 이상의 세포가 융합하여 하나의 세포를 형성한 것
- **형질전환체(Transformant)**: 외부 유전자를 삽입해 인위적으로 만든 생명체
- **모노클로날 항체(Monoclonal Antibody)**: 단일 항원 결정기에만 반응하는 항체로, 항암제 등 치료에 활용
- **단백질(Protein)**: 아미노산이 결합해 형성된 고분자 화합물
- **재조합 단백질(Recombinant Protein)**: 유전공학적 방법으로 제조된 단백질로, 의약·바이오 분야에서 중요한 특허 대상

유전공학 관련 발명은 생명공학 산업의 핵심 자산으로, 의약품, 농업, 환경, 식품 등 광범위한 분야에서 혁신을 주도하고 있다. 그러나 유전공학 발명은 그 특성상 일반적인 기계나 화학 발명과 달리 생물학적 물질을 다루기 때문에 특허 요건이 더욱 엄격하게 적용된다.

유전공학 관련 발명은 기술 분야의 통상의 지식을 가진 자가 과도한 시행착오나 반복 실험 없이 재현할 수 있어야 특허로 인정된다. 이는 특허법의 핵심 요건인 '실시 가능 요건(enablement requirement)'을 충족하는 것으로, 명세서에 기재된 내용만으로 제3자가 발명을 실시할 수 있어야 한다는 원칙이다.

생물학적 물질은 그 복잡성과 특수성으로 인해 문서만으로는 충분히 설명하기 어려운 경우가 많다. 따라서 출발 물질을 쉽게 확보할 수 없는 경우에는 반드시 공인된 기탁기관(한국생명공학연구원 생물자원센터, KCTC 등)에 기탁하고, 그 기탁 번호를 명세서에 명시해야 한다. 기탁 제도는 생물학적 물질의 물리적 접근성을 보장함으로써 발명의 재현가능성을 담보하는 핵심 장치이며, 국제적으로는 부다페스트 조약(Budapest Treaty)에 따라 국제기탁기관에 기탁하면 모든 체약국에서 인정받을 수 있다.

또한 발명 내용이 구체적으로 이해될 수 있도록 10개 이상의 뉴클레오타이드 염기 서열이나 4개 이상의 L-아미노산으로 결합된 단백질·펩티드의 아미노산 서열을 정해진 방식에 따라 기재해야 한다. 이러한 서열 정보는 WIPO Standard ST.25 또는 ST.26 형식에 따라 전자파일로 제출되며, 서열 목록은 명세서의 필수 구성 요소로 심사 과정에서 발명의 신규성과 진보성을 판단하는 핵심 자료가 된다.

유전공학 발명은 특허 확보 후에도 기술이전, 라이선싱, 공동연구 등 기술사업화 과정에서 기탁 자료와 서열 정보가 계약의 핵심 요소로 작용하며, 바이오 스타트업의 경우 이러한 IP

포트폴리오가 투자 유치의 결정적 요인이 된다.

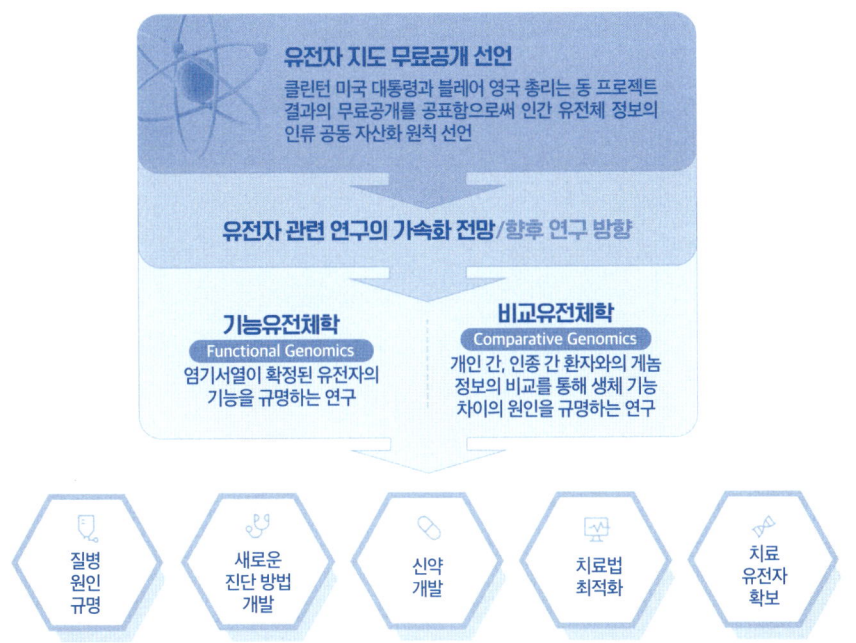

〈생명공학 분야 심사 기준에 따른 특허 보호 대상〉

구분	대상	특허 허용 여부	비고
물질	유전자	가능	유용성이 밝혀진 경우에만 가능, 관련 미생물 기탁 의무
	단백질	가능	
	단세포 생명체	가능	
	동물	공서양속을 위반하지 않을 시 가능	동물발명에 대한 심사 기준 신설
	사람 신체의 부분	불가	인간의 존엄성을 해치는 발명은 대상에서 제외
방법	수술 치료 방법	사람 불가 / 동물 가능	사람의 치료 진단 방법은 의료 행위에 해당함으로 산업상 이용 가능성이 없는 것으로 판단
	유전자 치료 방법	사람 불가 / 동물 가능	
	진단 방법	사람 불가 / 동물 가능	

9장

직무발명
Job Invention

직무발명은 기업이나 연구기관에 소속된 종업원, 교수, 연구원이 직무와 관련해 수행한 발명을 의미하며, 현대 지식 기반 사회에서 핵심적인 지식재산 창출 방식으로 자리 잡고 있다. 기업은 연구개발을 통해 경쟁력을 확보하고, 종업원은 창의적 활동을 통해 권리와 보상을 얻는다. 이러한 과정에서 발명의 권리 귀속과 정당한 보상 문제는 법적·제도적 장치에 의해 조율되며, 발명진흥법과 특허법은 직무발명의 정의, 권리 구조, 보상 제도를 명확히 규정하고 있다.

직무발명은 연구자의 창작 행위로 끝나는 것이 아니라 기업의 이익 창출과 국가 경쟁력 강화로 이어지며, 동시에 종업원의 창의성을 정당하게 보상하는 제도적 장치다. 따라서 직무발명을 둘러싼 법적 원리와 실무 운영은 발명가와 사용자 모두에게 중요한 과제가 된다.

직무발명의 정의와 성립 요건

직무발명의 정의(발명진흥법 제2조 제2호)

직무발명이란 사용자(기업)와 고용 관계에 있는 근로자, 법인의 임원, 공무원 등이 그 직무와 관련해 발명한 것으로, 성질상 사용자, 법인, 국가 또는 지방자치단체의 업무 범위에 속하고, 해당 발명이 근로자 등의 현재 또는 과거 직무에 포함되는 경우를 말한다.

이 개념은 단순히 특허법상의 발명에 국한되지 않고, 실용신안법상 '고안', 디자인보호법상 '창작'까지 포괄한다. 즉 발명진흥법상 직무발명은 지식재산 전반을 아우르는 개념이며, 발명의 추세가 개인 중심에서 기업 중심으로 이동한 현실을 반영하고 있다. 실제로 기업 명의로 출원되는 발명의 대부분은 직무발명이다.

기업은 종업원에게 연구 여건, 시설, 자금 등을 제공하고, 종업원은 이러한 환경 속에서 발명을 완성한다. 따라서 발명진흥법은 직무발명 제도를 통해 종업원에게 정당한 보상을 부여하여 연구 의욕을 고취하고, 우수 발명의 창출을 촉진하며, 기업은 그 성과로 이익을 증대시킨다. 나아가 직무발명에서 창출된 재원을 다시 R&D 투자와 보상 확대에 활용하는 선순환 구조를 확립하는 것이 제도의 궁극적인 취지이다.

〈직무발명 R&D 선순환 시스템〉

직무발명의 요건(Requirements for a Job Invention)

직무발명이 성립하기 위해서는 다음과 같은 요건을 충족해야 한다.

❶ 근로직원(종업원) 등의 직무에 관한 발명일 것

여기서 종업원이란 고용계약에 따라 사용자에게 종사하는 자를 의미하며, 법인의 임원과 공무원도 포함된다. 근무형태가 상근인지 비상근인지는 관계없고, 정규직뿐 아니라 촉탁직원이나 임시직원도 포함된다. 직무란 종업원이 사용자 등의 요구에 따라 업무의 일부를 수행해야 하는 책임을 의미한다.

❷ 사용자 등의 업무 범위에 속하는 발명일 것

사용자란 타인을 고용하는 개인이나 법인을 뜻하며, 국가와 지방자치단체도 포함된다. 업무 범위는 사용자가 수행하는 사업의 범위를 의미하며, 법인은 정관을 기준으로, 개인은 실제 사업 내용을 기준으로 판단한다. 다만 종업원의 발명이 사용자의 업무 범위에는 속하더라도 직무에 속하지 않는 경우 또는 사용자의 업무 범위 자체에 속하지 않는 경우에는 직무발명이 아니라 '자유발명'으로서 종업원에게 귀속된다.

〈근로직원(종업원) 발명의 구분〉

권리 귀속과 법적 구조

직무발명의 법적 취급(Legal treatment of employee invention)

직무발명은 사용자등이 제공한 설비, 자재, 비용 등 발명 완성까지 공헌한 요소와 종업원 등이 발명을 완성하기까지 들인 노력 등을 고려하여 아래와 같이 권리관계가 조정된다.

사용자 등의 권리 및 의무(Rights and obligations of users, etc)

❶ 통상실시권 취득(Acquisition of non-exclusive license)

직무발명에 대하여 종업원 등이 특허를 받았거나 종업원 등으로부터 특허를 받을 수 있는 권리를 승계한 자가 특허를 받았을 때에는 사용자 등은 그 특허권에 대하여 무상으로 사용할 수 있는 권리를 가진다.

❷ 예약승계(Reservation succession)

사용자 등은 종업원 등이 한 직무발명에 대하여 특허를 받을 수 있는 권리 또는 특허권을 승계시키거나 사용자 등을 위하여 전용실시권을 설정하는 취지의 계약이나 근무 규정의 조항을 둘 수 있다.

❸ 승계 여부 통지 의무(Obligations to notify succession status)

사용자 등은 종업원 등으로부터 직무발명 완성의 통지를 받은 날로부터 4개월 이내에 그 권리를 승계할지 여부에 대하여 종업원 등에 문서(서면)로 통지해야 한다. 만약 4개월 이내에 권리 불승계를 통지한 경우에는 예약승계에 의한 권리승계를 포기한 것으로 간주되고 단지 통상실시권만 가질 수 있을 뿐이다. 4개월 이내에 권리승계 여부를 통지하지 경우에는 발명을 한 종업원의 동의 없이 통상실시권을 가질 수 없다.

권리승계 여부 통지에 따른 권리 관계는 아래와 같다.

〈권리승계 여부 통지에 따른 권리 관계〉

예약승계 규정 有			예약승계 규정 無	
종업원 등 직무발명 완성	**승계 의사 통지** (대통령령이 정한 기간 이내)	사용자: 직무발명에 대한 권리 승계 종업원: 정당한 보상청구권 취득	**종업원 등이 양도 의사 有**	사용자: 무상의 통상실시권 취득 종업원: 직무발명에 대한 권리 귀속
종업원 등 직무발명 완성 사실의 통지	**不승계 의사 통지** (대통령령이 정한 기간 이내)	사용자: 무상의 통상실시권 취득 종업원: 직무발명에 대한 권리 귀속	사전 예약승계 규정이 없는 경우에는 사용자 등의 승계 여부 통지 절차가 적용되지 않고, 종업원 등과 사용자 등 간의 개별 계약에 따라 처리	
	승계 의사 미통지 (대통령령이 정한 기간 이내)	사용자: 종업원 동의하의 통상실시권 취득 종업원: 직무발명에 대한 권리 귀속	**종업원 등이 양도 의사 有**	사용자: 직무발명 권리 승계 종업원: 정당한 보상청구권 취득

근로직원의 직무(The duties of an employee)

발명의 의도 여부와 관계없이 직무발명의 성립은 인정되나 발명을 하는 것이 근로직원의 직무가 아닌 경우에는 직무발명이 아니다.

현재 또는 과거의 직무(Present or past duties)

근로직원의 직무는 현재의 직무뿐만 아니라 해당 기업 내에서 과거에 수행한 직무도 포함한다.

종업원 등의 권리와 의무(Rights and Duties of Employees, etc)

종업원 등의 권리

❶ 특허를 받을 수 있는 권리

특허를 받을 수 있는 권리는 원시적으로 발명자에게 귀속되므로 직무발명에 대하여도 특허를 받을 수 있는 권리는 원칙적으로 종업원 등이 가진다. 이 권리는 사용자 등과의 예약 승계등의 약정을 통해서 사용자 등에게 이전된다.

❷ 보상을 받을 권리

종업원 등은 직무발명에 대한 특허를 받을 수 있는 권리 또는 직무발명에 대한 특허권을 사용자 등에게 승계하였거나 전용실시권을 설정한 경우에는 사용자 등으로부터 정당한 보상을 받을 권리를 가진다.

종업원 등의 의무

❶ 발명 완성 사실 통지 의무

종업원 등이 직무발명을 완성한 경우에는 지체 없이 그 사실을 사용자 등에게 통지해야 한다. 2인 이상의 종업원 등이 공동으로 직무발명을 완성한 경우에는 공동으로 통지하여야 한다. 최근 대다수 기업 및 연구기관이 온라인 결재 시스템을 활용하여 문서를 유통하고 있는 사실을 반영하여 전자문서에 의한 통지도 인정된다.

❷ 비밀유지 의무

종업원 등은 사용자 등이 직무발명을 출원할 때까지 그 발명의 내용에 관한 비밀을 유지해야 한다. 다만 사용자등이 승계하지 아니하기로 확정된 때에는 비밀유지 의무가 없다. 그러나 직무발명의 내용이 회사의 기밀에 속하는 경우에는 회사의 별도 정책에 의해 비밀유지를 하여야 할 수 있다.

※ 보상액 미정 시 결정 기준 방식

- 처분보상금 = 수익 × 발명자들의 기여율 × 발명자들 중 원고의 기여율
- 수익 = 로열티 수입 + 크로스 라이센싱의 경제적 이익
- 실시보상금 = 매출액 × 1/2(독점권 기여율) × 실시료율 × 발명자들의 기여율

직무발명보상 제도와 보상의 종류

직무발명보상 제도(Job invention compensation system)

고용계약에 의해 대표이사를 포함한 직원 등이 직무 중에 개발한 발명(특허 등 산업재산권)을 기업이 승계·소유하도록 하고, 그 대가로 발명자에게 정당한 보상금을 지급하는 제도이다. 기업의 핵심 인력과 신기술은 급여나 복지로만 관리할 수 없는 만큼 인재 유출을 방지하고 기술 경쟁력을 강화하기 위해 직무발명보상 제도가 큰 주목을 받고 있다.

이 제도는 직무 중 개발된 발명을 기업의 고정자산으로 축적하여 새로운 기술을 확보하고, 발명자에게는 정당한 보상을 제공함으로써 애사심과 연구 의욕을 높인다. 동시에 기업은 이윤 창출을 통해 지속 가능한 성장을 이루며, 정부 또한 이를 적극 권장하고 있다.

특히 직무발명자 보상금에는 세제 혜택이 부여되어 발명자는 소득세 비과세 혜택을 받을 수 있고, 기업은 손금산입과 세액공제를 통해 재정적 부담을 완화할 수 있다. 따라서 직무발명보상 제도는 발명자 개인과 기업 모두의 동기를 높이고, 국가 경쟁력 강화를 뒷받침하는 중

요한 장치이다.

❶ 발명진흥법 제15조 1항

근로직원(종업원) 등은 직무 과정에서 공정 개선 등 발명에 대하여 특허 등을 받을 수 있는 권리나 특허권 등을 계약이나 근무 규정에 따라 사용자 등에게 승계하게 하거나 전용실시권을 설정한 경우에는 정당한 보상을 받을 권리를 가진다.

❷ 직무발명에 대한 보상

근로직원(종업원) 등이 직무발명에 대하여 특허 등을 받을 수 있는 권리나 특허권 등을 계약이나 근무 규정에 따라 사용자등에게 승계하게 하거나 전용실시권을 설정한 경우에는 정당한 보상을 받을 권리를 가진다(발명진흥법 제15조 1항). 또한 사용자 등이 직무발명에 대한 권리를 승계한 후 출원하지 아니하거나 출원을 포기 또는 취하하는 경우에도 발명자인 근로직원 등은 정당한 보상을 받을 권리가 있다(발명진흥법 제 16조).

보상의 종류

일반적으로 기업체에서 실시하고 있는 직무발명에 대한 보상으로는 금전적 보상과 비금전적 보상이 있다. 직무발명에 대한 보상은 주로 금전적 보상이 일반적이지만 각 기업 등이 내부 실정과 근로직원 등의 보상 선호 등을 종합적으로 고려하여 금전적 또는 비금전적 보상으로(해외연수, 유학, 학위 과정 지원, 희망 직무 선택권 부여 등) 다양한 보상 형태를 자율적으로 결정하여 시행하는 기업도 증가하는 추세다.

일반적으로 기업에서 실시하는 직무발명에 대한 보상의 종류는 7가지로 발명(제안)보상, 출원보상, 등록보상, 실시(실적)보상. 처분보상, 출원유보보상과 기타보상으로 구분하고 있다.

❶ 발명(제안)보상(Compensation for Invention)

근로직원이 고안한 발명을 지식재산처에 출원하기 전에 받는 보상으로 출원 유무에 관계없이 종업원의 아이디어와 발명적 노력에 대한 일종의 장려금적 성질을 가진 보상을 말한다.

❷ 출원보상(Compensation for application)

근로직원이 한 발명을 사용자가 특허받을 수 있는 권리를 승계하여 지식재산처에 출원함으로써 발생하는 보상으로, 미확정 권리에 대한 대가이기 때문에 특허성과 경제성이 있다고 판단해서 출원한 것이고, 일단 출원 후에는 후원배제의 효과와 출원 공개 시 확대된 선원의 지위를 가질 수 있기 때문에 지급하는 보상이다.

❸ 등록보상(Compensation for registration)

사용자가 승계받은 발명이 등록 결정되어 특허 등록되었을 때 지급하는 보상을 말한다.

❹ 실시(실적)보상(Compensation for performance)

사용자가 출원 중인 발명 또는 특허 등록된 발명을 실시하여 금전적 이익을 얻었을 경우 지급하는 보상금으로 사용자가 얻은 이익의 금액에 따라 차등 지급하는 보상을 말한다.

❺ 처분보상(Disposition for compensation)

사용자가 근로직원이 직무발명에 대하여 특허받을 수 있는 권리 내지 특허권을 양도하거나 실시를 허여했을 경우 지급하는 보상으로 처분 금액의 일정 비율로 지급한다.

❻ 출원유보보상(Compensation for reservation of application)

근로직원의 직무발명(아이디어) 노하우(Know-How)를 사용자가 보존하는 경우 또는 공개 시 중대한 손해가 발생할 우려가 있다고 판단되어 출원을 유보하는 경우에 지급하는 보상이다. 이 경우 보상액을 결정할 때에는 그 발명이 산업재산권으로 등록되었더라면 근로직원 등이 받을 수 있었던 경제적 이익을 고려하여야 하여 정한다(발명진흥법 제16조).

❼ 기타보상(Other compensation)

출원 발명의 심사청구 시에 보상하는 '심사청구보상 제도'로 자사의 업종과 관련 있는 타인의 출원 발명에 대하여 이의신청 또는 심판에 참여하여 무효로 하였을 경우와 자사가 보유한 특허가 타인으로부터 침해당한 것을 적발하여 방어했을 경우 방어보상 제도에 따라 받는 보상은 기타보상에 속한다.

직무발명보상 규정 유무에 따른 보상액 산정 기준
(Criteria for calculating the amount of compensation according to the presence or absence of job invention compensation regulations)

보상 규정 관련

❶ 기업에 직무발명보상 규정이 있는 경우(If a company has a job invention compensation regulation)

규정에 의한 보상이 합리적인 보상 기준인 경우 법률상의 정당한 보상으로 간주한다.

❷ 합리적인 보상 기준의 상황 판단 기준(Criteria for judging the situation of reasonable compensation criteria)

- 보상 형태와 보상액을 결정하기 위한 기준을 정할 때는 사용자(직무발명자)와 근로직원 사이에 행하여진 협의 내용을 중심으로 기준을 갖는다.
- 책정된 보상 기준의 공표, 게시 등 근로직원 등에 대한 보상 기준의 제시 상황
- 보상 형태와 보상액을 결정할 때 근로직원 등으로부터의 의견 청취 상황

❸ 기업에 직무발명보상 규정이 없는 경우(If the company does not have a job invention compensation regulation)

기업에 대하여 계약이나 근무 규정에서 정하고 있지 아니하거나 정당한 보상으로 볼 수 없는 경우 그 보상액을 결정할 때에는 그 발명에 의하여 사용자 등이 얻을 이익과 그 발명의 완성도에 따라 사용자와 근로직원 등이 공헌한 정도를 고려하여야 하며 보상액을 산정해야 한다.

❹ 직무발명보상 규정의 필요성(Necessity of job invention compensation regulations)

직무발명보상 규정이란 근로직원과 사용자 간 계약이나 근무 규정, 기타 약정을 통하여 그 명칭 여하에 관계없이 종업원의 직무발명에 대하여 사전에 그 권리승계나 보상, 절차, 직무발명 평가 등에 관하여 합의하고 이를 서면화한 것을 말한다. 직무발명 제도가 없는 기업은 향후 직무발명 보상금 지급 문제로 불거질 불필요한 혼란을 미연에 방지하고, 직무발명자 등과 사용자 모두 상생할 수 있는 기본적 조건을 내용으로 법인 정관을 수정하는 것이 바람직하다.

❺ 직무발명에 대한 권리 및 자동승계(Rights and automatic succession to employee invention)

직무발명 관련 '발명진흥법'의 개정안에 대하여 직무발명에 대한 기업의 통상실시권 확보 및 직무발명 승계 절차 개선 방안의 경우 신중한 접근이 필요하다. 현행 직무발명에 관한 절차는 미리 사용자에게 특허 등을 받을 수 있는 권리를 승계시키는 계약이나 근무 규정이 있는 경우 사용자들은 직무발명이 완성된 때에 계약 또는 근무 규정의 대상이 된 권리를 승계한 것으로 간주한다.

발명진흥법 제13조 4항에 따라 직무발명 완성 사실 통지 후 4개월 이내에 포기 의사를 통지하지 아니하면 직무발명의 완성 시점에 그 권리를 승계한 것으로 확정하는 것은 직무발명

이 완성된 시점에 권리를 승계하는 것으로 간주하고 4개월 후에 권리승계가 확정되는 것으로 타당성이 부족하다는 문제점이 있다.

또한 당사자의 사적 영역을 축소시키는 현행 개정 방향에 대하여 수긍하기 어려운 면이 있으며, 승계 의사에 따른 승계 및 불승계 의사에 따른 불승계로 규정하는 것이 타당하고 혼란을 줄이는 방법이라고 판단된다.

❻ 직무발명에의 사용자가 얻을 이익(Profits that users will gain from job inventions)

출원보상이나 등록보상과 달리 실시처분보상의 경우 일정 기준을 정하고 있고, 그에 관한 절차적 정당성이 갖춰진 경우라 하더라도 이를 실제 적용함에 있어서는 직무발명에 의하여 사용자 등이 얻을 이익과 그 발명의 완성에 사용자 등과 종업원 등이 공헌한 정도를 고려하여야 하므로 일정한 수준으로 보편화된 산정 원칙 및 기준이 제시될 필요가 있다.

자기실시의 경우 사용자 등이 직무발명에 대한 권리를 승계하지 아니하더라도 그 특허권에 대하여 무상의 통상실시권을 가지므로 사용자 이익액은 결국 그러한 통상실시권을 넘어 직무발명을 배타적 독점적으로 실시할 수 있는 지위를 취득함으로써 얻을 이익을 뜻한다. 결국 이러한 이익은 직무발명으로 인한 독점이익 또는 초과이익으로서 통상실시권을 통하여 얻을 이익을 공제한 이익을 의미한다. 자기실시에 있어 독점권 기여도는 1%부터 60%까지 다양하게 분포되어 있는데, 지나치게 낮거나 또는 과대한 경우의 특수성을 제거하면 대부분 25%에서 50% 사이에서 인정되고 있으며, 분석 대상 사건의 평균은 38.7%로 파악되었다.

직무발명의 가치 등 개별적이고 구체적인 사정에 따라 초과 매출에 기여한 정도는 다를 수밖에 없으므로 독점권 기여도를 인정한 범위가 넓은 것 자체는 오히려 정상적이라 할 수 있다. 그러나 대부분 그 구체적 산정 근거를 밝히지 아니하고 독점권기여도를 정하고 있다는 문제가 존재하므로 직무발명을 자기실시하는 경우, 특히 산업별로 관행처럼 굳어진 실시료율이 있거나 평균치가 공개되어 있는 경우라면 다툼의 여지가 상당히 줄어들 수 있을 것으로 예상되며, 독일처럼 가이드라인으로 산업별 실시료율을 제시할 필요가 있다.

발생된 비용을 연구개발비로 비용처리 할 경우 절세와 인건비 세액공제도 가능하기 때문에 가지급금 해결하는 데 매우 효과적이라 할 수 있다.

업종 특성이나 영업 활동 등 기업을 경영하다 보면 일정 금액의 가지급금이 발생하는 것은 불가피하기 때문에 이러한 실정을 반영해 지식재산처에서는 직무발명보상 제도를 도입하는 중소기업에 세금 및 수수료 감면과 정부 사업 가점 부여와 같은 혜택을 통해 '직무발명보상제도' 활성화를 적극 권장하고 있다고 발표한 바 있다.

직무발명 심의위원회(Job Invention Review Committee)

❶ 직무발명 심의위원회의 의의

직무발명에 대한 권리 및 보상 등에 관하여 종업원과 사용자 간에 이견이 있으면 양측의 이견을 조정하기 위한 방법으로 사용자는 직무발명 심의위원회를 설치, 운영할 수 있다(발명진흥법 제17조). 여기서 사용자는 직무발명의 권리승계 및 보상 내용 제공 등 직무발명 관련 절차를 진행하는 과정에서 종업원에게 이의 절차 방법을 구체적으로 안내할 수 있다.

종업원은 사용자에게 직무발명 심의위원회를 구성하여 심의하도록 요구할 수 있다(발명진흥법제18조). 이 경우 사용자는 종업원의 요구를 받은 날로부터 60일 이내에 심의위원회를 구성하여 심의하도록 하여야 한다.

직무발명 심의위원회와 관련한 사항은 발명진흥법 제17조 및 제18조, 발명진흥법 시행령 제7조의 4 및 5를 근거로 직무발명 규정을 통하여 구체적인 사항을 정하여 운영할 수 있다.

❷ 직무발명 심의위원회의 구성(Composition of the Job Invention Review Committee)

직무발명 심의위원회는 사용자 측 위원(사용자 법인의 대표자가 위촉하는 사람) 및 종업원위원(종업원 등이 직접, 비밀, 무기명 투표로 선출한 사람)으로 구성되고 각각 3명 이상으로 하여야 한다(발명진흥법 시행령 제7조의 4). 다만 상시 근무하는 종업원의 수가 30명 미만인 기업의 경우에는 사용자위원과 종업원위원을 각각 1명 이상으로 할 수 있다.

❸ 직무발명 심의위원회의 운영(Article 7-4 of the Enforcement Decree of the Invention Promotion Act on the Operation of the Job Invention Review Committee)

직무발명 심의위원회는 위원장을 두며, 위원장은 사용자 위원과 종업원위원 중에서 호선한다. 이 경우 사용자 위원과 종업원 위원 각각 1명을 공동위원장으로 할 수도 있다.

심의위원회는 사용자 등과 종업원 등(법인의 임원은 제외)을 각각 대표하는 같은 수의 위원으로 구성하되 필요한 경우 관련 분야의 전문가를 자문위원으로 위촉할 수 있다(발명진흥법 시행령 제7조의4).

❹ 직무발명보상 규정 작성의 필요성(The need to write regulations)

사용자는 직무발명의 보상 형태와 보상액의 신청 기준과 지급 방법 등이 명시된 보상 규정을 마련하고 직무발명에 대한 권리를 승계한 종업원에게 정당한 보상금을 지급하여야 한다(발명진흥법 제15조 제1항). 다만 기업은 매출이익, 업종, 문화, 급여 수준 등을 고려하여 직무발명 규정을 마련할 수 있으며 종업원과 협의를 거쳐야 한다.

직무발명 규정을 통하여 직무발명보상 기준을 정한 경우라도 발명의 가치는 발명마다 차이가 있으므로 기술 가치평가나 지식재산(IP) 가치평가를 실시하는 이유는 기업이 보유하는 기술과 발명마다 그 가치가 상이하기 때문에 직무발명은 그 내용에 따라 보상금을 차등 지급하는 경우도 발생할 수 있다. 이에 세부 내용을 종업원에게 구체적으로 통지하는 것이 바람직하다.

❺ 사용자와 종업원의 협의(User-employee consultation)

사용자는 규정 작성 또는 변경에 관하여 종업원과 협의하여야 한다(발명진흥법 제15조 제3항 및 시행령 제7조의2). 여기서 협의란 구두, 서면, 이메일 등 형식을 불문하고 사용자의 종업원이 상호 의견을 교환하는 일체의 행위를 의미한다. 다만 사용자와 종업원 사이에 협의가 존재한다는 것에 대한 입증을 위해서는 구두의 합의보다는 서면이나 이메일 등 전자문서를 포함한 서면 협의가 효과적이다.

❻ 협의의 방식(A manner of consultation)

사용자와 종업원의 협의 방식에 특별한 제한은 없다. 사용자는 규정 작성 또는 변경에 관하여 종업원과 협의 시 반드시 한 장소에서 협의할 필요는 없다. 기구별 또는 부서별 단위로 모이거나 SNS, 사내 인트라넷(조직 내구 구성원만 접근이 가능한 네트워크) 등을 통해 종업원 상호간 충분한 의견 교환을 거쳐 찬반 의견을 전체적으로 취합하는 방식 등도 가능하다. 사용자는 대리인을 통해 협의하는 것도 하나의 방법이다.

다음은 발명과 관련된 서식 자료(제1호 ~ 제7호 서식)이다.

〈발명 신고서〉

[제1호 서식]

<table>
<tr><td colspan="5" align="center">발명신고서</td></tr>
<tr><td>발명의 명칭
(가제)</td><td colspan="4">한글:
영문:</td></tr>
<tr><td rowspan="5">발명자</td><td>성명:</td><td>지분(%)</td><td>소속부서</td><td>전화번호</td></tr>
<tr><td>한글:
영문:</td><td>(인)</td><td></td><td></td></tr>
<tr><td>한글:
영문:</td><td>(인)</td><td></td><td></td></tr>
<tr><td>한글:
영문:</td><td>(인)</td><td></td><td></td></tr>
<tr><td>한글:
영문:</td><td>(인)</td><td></td><td></td></tr>
<tr><td>관련 연구과제 및
자금 지원</td><td colspan="2" align="center">연구과제명</td><td align="center">지원기관</td><td align="center">연구기관</td></tr>
<tr><td>출원 희망국</td><td colspan="4"></td></tr>
<tr><td>발명의 공개 여부
및 계획</td><td colspan="4">□논문발표 □학술지 게재 □연구보고서 □박람회 □기타
발표일: 년 월 일[첨부·발표내용(발표일, 학술지명 등)사본]</td></tr>
<tr><td>발명의 종류</td><td colspan="4" align="center">□직무발명 □개인발명</td></tr>
<tr><td>발명의 현 단계</td><td colspan="4" align="center">①아이디어 단계 ②연구개발 진행 중 ③연구개발 완료
④시제품 제작 중 ⑤시제품 테스트 결과(기술 실효성 입증)</td></tr>
<tr><td colspan="2">사업화를 위한 추가 연구의 필요성 여부</td><td colspan="2">□ YES</td><td>□ NO</td></tr>
<tr><td colspan="2">사업화 가능 분야(구체적으로)</td><td colspan="3"></td></tr>
<tr><td colspan="2">관심을 가질 것으로 예상되는 기업</td><td colspan="3"></td></tr>
<tr><td colspan="2">연구 노트의 관리 여부 및 소재</td><td colspan="2">□ YES</td><td>□ NO</td></tr>
<tr><td colspan="2">본 발명과 관련된 특허</td><td colspan="3"></td></tr>
<tr><td colspan="2">(특허, 논문, 시장정보)키워드</td><td colspan="3"></td></tr>
<tr><td colspan="5" align="center">○○ 단체명 기입 직무발명보상 규정 제5조 제1항에 따라
위 발명의 완성 사실을 신고합니다.

년 월 일

신고(발명 대표)자 : (인)

(○○ 단체명 기입) 특허관리 전담부서장 귀중</td></tr>
</table>

〈발명 설명서〉

[제2호 서식]

발명 설명서	
1. 발명의 명칭 (가제)	한글: 영문:
2. 도면의 간단 설명	(도면이 있을 경우에만 기재)
3. 발명(고안)의 상세한 설명	[발명의 목적] 3.1. 기술 분야 3.2. 발명의 배경이 되는 기술 3.3. 발명의 내용 　가) 해결하고자 하는 과제 　나) 과제의 해결수단 　다) 발명의 효과 3.4. 발명을 실시하기 위한 구체적인 내용 　가) 실시 예 　나) 비교 예
4. 청구 범위	4.1. 청구항 1 4.2. 청구항 2 4.3. 청구항 3 4.4. 청구항 4
5. 도면	5.1. 도면 1 5.2. 도면 2

〈불승계 & 결정사항〉

[제3호 서식]

불승계 & 결정사항		
접수번호		
수신(발명자)		
발명의 명칭		
단체명 기제 직무발명보상 규정 제6조 제2항에 따라 귀하의 발명에 대한 승계 결과를 아래와 같이 통지합니다.		
결정사항		
1. 직무발명 여부	□개인발명　　　□직무발명	
	결정 이유	
2. 회사의 승계 여부	결정 이유	
3. 기타	결정 이유 ★ 불승계 결정 시 접수일 기준 4개월 이내에 근로직원(종업원)에게 통지 필요	
20 년 월 일 (○○ 단체명 기입) 특허관리 전담부서장　　　(인)		

〈양도증〉

[제4호 서식]

양도증				
발명의 명칭 (가제)				지분율 (%)
양도인	성명	(인)	생년월일/사번	/	
	주소				
	성명	(인)	생년월일/사번	/	
	주소				
	성명	(인)	생년월일/사번	/	
	주소				
	성명	(인)	생년월일/사번	/	
	주소				
	성명	(인)	생년월일/사번	/	
	주소				
	기타				
양수인	성명	(인)	생년월일/사번	/	
	주소				

양도인은 위 발명에 대한 특허 등록 받을 수 있는 권리를 ○○법인 또는 단체에 직무발명보상 규정 제5조 제1항에 따라 (○○법인 또는 단체)에게 양도합니다.

년   월   일

○○법인/단체명   (인)

〈출원 통지서〉

[제5호 서식]

출원 통지서			
문서번호			
수 신			
발명의 명칭			
발명자			
(○○법인 또는 단체명 기입) 직무발명보상규정 제8조에 따라 귀하의 발명에 대하여 아래와 같이 출원 여부 등을 통지합니다.			
권리 내용			
출원 여부			
출원 일자		출원번호	
미출원 이유			
20 년 월 일			
(○○ 법인 또는 단체명)특허관리 전담부서장 (인)			

<심의 요구서>

[제6호 서식]

심의 요구서			
신청인	성명		사번
	소속			
	주소			
접수일자 (접수번호)		20 년 월 일( )	
발명의 명칭		★ 해당 사항이 있는 경우에만 기제	
사유발생일자		20 년 월 일 ★ 제18조 각호의 해당 사유가 발생한 일자를 기재 다만, 제6호의 경우 법인이나 단체가 보상액 등 보상의 구체적 사항을 기재한 날을 기재	

1. 심의 요구 및 취지

2. 심의 요구의 이유

상기 본인은 (○○ 법인 또는 단체 기입)직무발명보상 규정 제18조 및 제19조 제1항에 따라 심의를 요구하오니 직무발명 심위위원회에서 심의하여 주시기 바랍니다.

20   년   월   일

신청인: (인)

(○○ 법인 또는 단체 기입) 직무발명 심의위원회 위원장 귀하

〈심의 결과 통지서〉

[제7호 서식]

심의 결과 통지서	
문서번호	
수신	
발명의 명칭	★ 해당 사항이 있는 경우에만 기재
제목	직무발명 심의위원회 심의 결과 통지

(○○법인 또는 단체 기입) 직무발명보상 규정 제19조 제4항에 따라
귀하의 심의 요구에 대한 심의 결과를 아래와 같이 통지합니다.

결정사항

1. 심의 요구 취지와 이유

2. 결정 취지와 이유

20   년   월   일

(○○ 법인 또는 단체 기입) 직무발명 심의위원회 위원장   (인)

대학 및 연구기관의 직무발명 운영

대학교수의 발명(The invention of a university professor)

❶ 대학교수의 발명에 관한 기본 입장

대학교수는 임용된 대학의 교원 또는 직원이고, 이공계 교수 등의 직무 범위에는 임용(채용) 조건에 부수 업무로서 연구실험도 포함되는 것으로 볼 수 있기 때문에 대학교수의 발명은 직무발명으로 볼 수 있다.

다른 한편으로 대학교수는 대학을 위하여 연구하는 것이 아니고 인류의 지식 축적에 기여하기 위하여 연구하고, 일상적인 연구 활동에는 연구 과제가 정해지지 않으며, 연구비도 제공되지 않으므로 대학교수의 발명은 자유발명으로 보아야 한다는 견해가 지배적이기도 하다.

그런데 최근 대학 환경과 관련 법제의 변화에 따라 사정이 달라지고 있다. 기술의 이전 및 사업화 촉진에 관한 법률(제11조 제1항, 제24조 제1항) 발명진흥법(제10조 제2항), 산학협력 증진 및 산학협력 촉진에 관한 법률(제24조 제1항, 제24조 제3항 2호, 제27조 제1항과 제5호, 제35조)을 종합하고 대학의 발전 규정을 포함한 근무 규칙과 실무 관행을 덧붙여 보면, 특히 국가R&D사업을 포함한 대다수 연구 성과는 계약에 따라 국공립대학과 사립대학 등 참여 연구기관인 대학(산학협력단)으로 귀속될 수 있도록 하고 있다. 즉 대학교수의 연구발명이 더 이상 자유발명으로 취급될 수 없는 것이 오늘의 현실이며 숙제이다.

❷ 대학교수의 발명이 직무발명에 해당하는지에 대한 판단

대학교수의 발명이 직무발명으로서 성립하기 위해서는 그가 발명한 결과물이 대학의 업무 범위에 속하고, 발명을 하게 된 연구 행위가 교수의 직무에 속해야 한다. 그런데 대학의 업무 범위는 대단히 넓고 교수의 직무는 연구뿐 아니라 교육도 포함됨으로 교수발명이 직무발명에 속하는지를 판단하기는 쉬운 일은 아니다. 대학교수가 자신의 전공과 관련하여 완성한 발명은 다음 표와 같이 나누어 판단할 수 있다.

〈대학교수의 전공과 관련된 발명 판단 기준〉

교수가 대학으로부터 특정 연구비를 지원받았거나 연구 목적을 위해 설치된 특수한 연구 설비를 이용하여 행한 발명은?

일반적인 직무발명에 대한 원칙이 적용되어 특허권은 발명자인 교수에게 귀속되고, 대학은 무상의 통상실시권을 가진다. 단 국립대학 교수의 경우에는 전담 조직이 승계하고, 일반 사립대학의 경우에는 계약에 의해 특허권을 예약승계 되도록 할 수 있다. 예약승계한 경우는 교수에게 보상금을 지급해야 한다.

특정한 연구 과제의 지정과 연구비의 지원이 없이 대학에서 자신의 전공과 관련하여 완성된 발명은?

교수가 자신의 전공과 관련하여 발명을 완성했다 하더라도 자유발명에 해당한다. 단 교수가 대학의 설비나 시설, 인력을 활용하였다면 직무발명으로 볼 수 있다.

대학교수가 외부 기업체의 연구개발 의뢰에 의하여 연구 과제와 연구비를 지급받고 연구하여 완성한 발명은?

대학교수와 외부 기업체와의 계약서에 의하여 처리될 자유발명에 해당한다.

대학교수가 외부 기업체와의 기술고문으로 재직하면서 그 기술 분야에서 이룩한 발명은?

대학교수가 기술고문, 즉 종업원의 지위에서 완성한 발명이므로 해당 기업에 대한 직무발명이 된다.

교수가 대학으로부터 연구비를 지원받지 않고 대학의 연구 시설도 이용하지 않고 자신의 전공과 관련 없이 완성된 발명은?

순수한 자유발명으로서 발명에 관한 모든 권리는 교수에게 귀속된다.

〈보상액 관련 미국의 사례〉

업체명	보상 내용

미국의 경우 직무발명보상 제도를 법으로 규정하진 않았지만, 판례법인 보통법Common law) 또는 사용자와 종업원(근로직원) 간의 계약에 의한 보상으로 한다. 직무발명의 보상은 직급 승(특)진과 특별 혜택 부여, 보너스 또는 상여금 지급, 별도의 다양한 금전과 비금전 방식으로 지급하는 것으로 정하고 있다.

업체명	보상 내용
• 록히드마틴	우수 직무발명자에게 회사 공로상 NOVA상 수여
• Lucent사	특허 출원 시 1,000달러, 등록 시 2,000달러, 금전적 보상
• Monsanto사	직무발명으로 완성한 경우 50,000달러 금전적 보상
• 머크사	휴가 또는 헬스클럽 연간 회원권 지급, 감사장 수여 등 비금전적 보상
• IBM사	사내 보상 시스템을 통해 5,000~25,000달러 금전적 보상

<보상액 관련 일본의 사례>

일본의 경우 특허법 제35조 제4항에 따라 종업원(근로직원)에게 상당한 금전적 보상 외 경제상의 이익을 받을 권리를 부여하고 있다. 2015년 개정안에서 상당한 대가의 보상에서 금전적 보상 외 경제상의 이익으로 변경함에 따라 금전적 보상뿐만 아니라 특진은 기본이고 연구비 지급 등 이에 상응하는 것들로 대체 가능한 방향으로 개정되었다.

- 사용자의 부담으로 유학의 기회를 부여
- 스톡옵션 부여
- 승(특)진의 기회 부여
- 취업 규칙으로 규정하는 기간을 초과하는 유급휴가 부여
- 직무발명 특허권에 대한 전용실시권 설정하거나 통상실시권 허여

종업원(근로직원)의 공헌도를 2~65%로 다양하게 정하고 있다.

산정식: 보상금 = 사용자가 얻을 이익 × 사용자의 공헌도

판결(례) 중 사용자 공헌도를 판결한 범위로 35~98% 등 다양하지만 90% 이상 산정하는 경우가 다수를 이룬다. 도쿄 가스의 경우 발명에 의한 로열티 등 5% 지급하고 있으며, 도요타는 연간 80만 대 이상 판매하는 자동차에 채택되는 경우 보상 상한선이 215만 엔으로 20% 상향하고 특허 등록 시 보상금 10만 엔을 지급하고 있다. 해당 직무발명 적용 제품이 성공으로 이어질 경우에는 추가 장려금을 지급한다.

<보상액 실시 세칙 관련 중국의 사례>

중국의 특허법은 사용자와 종업원(근로직원) 간의 내부 규정에 따라 체결한 것을 원칙으로 하고, 별도의 약정이 없다면 특허법 제77조 및 제78조에 따른다.

중국 특허법 제77조	직무발명보상금은 특허권의 공고일로부터 3개월 내에 발명자 또는 설계자에게 특허는 3,000위안, 실용신안(소발명)과 디자인은 1,000위안 이상 지급한다.
중국 특허법 제78조	특허, 실용신안(소발명), 디자인은 존속 기간 내에 취득한 영업 이익을 기준으로 특허는 2% 이상, 실용신안(소발명), 디자인은 0.2% 이상의 금액을 보수로 매년 지급한다.

보상 기한은 특허권의 공고일로부터 3개월 내에 지급한다(중국 특허법 제77조 제1항).

〈보상 외 소송 - 판례에 대한 영국의 사례〉

보상금 신청 시 보상 규정을 통해 지급한 기 보상 내역 외 추가적인 보상금의 산정 기준에 종업원(근로직원)의 공헌도로 각각 33%와 5%로 결정한 판례이다.

추가적 소송 건	종업원 공헌도(%)	판시 내용
Kelly 소송(2009년)	33	연구 프로젝트 설계, 연구비, 공동연구자들의 업무 등을 살펴 판시
Shanks 소송 (Unilever2019년)	5	직무발명 관련 특허 상업화 정도 고려 판시

제약사(사용자)는 직무발명한 당뇨병 진단 기술을 바탕으로 약 2,400만 달러(약 400억 원) 수익을 얻었음에도 직무발명자에게 200만 파운드(약 33억 원)을 보상한 것을 문제 삼아 소송으로 추가적 보상을 받은 판례이다.

〈독일의 산정 기준〉

독일은 종업원 등의 직무발명법을 1957년 제정하여 시행하고 있으며, 직무발명보상 지침을 추가로 준비하여 종업원의 지분율을 산정하고 있다.

산정식	직무발명 보상금 = 발명의 가치 × 직무발명가의 지분율
발명의 가치	직무발명 기술의 경제적 이용 가능성(종업원 발명법 제9조제2항) 발명의 가치를 측정하는 방법과 라이선스 유추 방법, 사용자 이익을 고려한 방법 및 발명의 가치 추정 방법 등
직무발명가의 지분율	기업 내에서의 종업원의 직무와 직위 직무발명 완성에서 사용자가 기여한 정도
보상기한	보상은 늦어도 지식재산권 허여 후 4개월의 기간이 만료할 때까지 확정되어야 한다(종업원 발명법 제12조).

PART 04

지식재산
보호와 사업화

Next Innovation

지식재산은 개인의 창의적 성과이자 기업의 미래 경쟁력을 담보하는 가장 중요한 무형자산이다. 하지만 아무리 뛰어난 발명이나 기술, 창작물이라도 체계적인 보호 장치가 마련되지 않으면 순식간에 모방되거나 불법 유출되어 가치를 잃게 된다. 실제로 국내외에서는 연구개발에 수년간 투자한 성과가 경쟁사나 해외 기업에 유출되어 막대한 손실을 입은 사례가 반복적으로 발생하고 있으며, 이는 단순한 재산상의 피해를 넘어 국가적 차원의 산업 경쟁력 저하로 이어진다.

따라서 지식재산의 보호와 관리는 연구개발 못지않게 중요한 과제이다. 발명과 특허가 지식재산의 시작이라면, 영업비밀 관리와 기술유출 방지는 그 성과를 지켜내는 최소한의 방패라 할 수 있다. 또한 특허경영지도사(PMC)와 같은 전문 인력 제도를 활용해 기업의 연구개발 전략을 특허 포트폴리오와 연계하고, 지식재산을 자산화하여 기업 경영에 접목시키는 과정 역시 필수적이다. 아울러 분쟁 상황에서는 특허무효소송과 같은 법적 대응이 불가피하게 제기되며, 이는 기술 보호와 권리 분쟁 해결의 중요한 수단으로 작동한다.

PART 04에서는 지식재산을 효과적으로 보호하고 관리하기 위한 핵심 주제를 다룬다. 먼저 영업비밀과 기술유출의 문제를 통해 보호 체계의 필요성을 짚어보고, 이어 특허경영지도사의 역할과 제도적 기반을 소개한다. 마지막으로 특허무효소송을 중심으로 권리 분쟁 시 대응 방법을 살펴봄으로써 연구자와 기업 모두가 지식재산을 지키고 활용할 수 있는 실질적 가이드를 제시하고자 한다.

10장

영업비밀과 기술유출
Trade secrets and technology leaks

특허는 유출되어도 법으로 보호받지만, 영업비밀은 한 번 새어 나가면 되돌릴 수 없다. 퇴사하는 핵심 연구원의 USB 하나에 회사의 10년 기술이 담겨 경쟁사로 넘어간다. 법정 다툼에서 이긴다 해도 이미 유출된 기술은 회수할 수 없고, 기업은 무너진다. 영업비밀 보호는 선택이 아니라 생존의 문제다.

영업비밀(Trade secrets)의 정의와 보호 요건

보호 대상(Subject to protection)

부정경쟁방지 및 영업비밀 보호에 관한 법률(이하 부경법)은 영업비밀을 공연히 알려져 있지 아니하고 독립된 경제적 가치를 가지는 것으로, 상당한 노력에 의하여 비밀로 유지된 생산 방법 및 판매 방법, 기타 영업 활동에 유용한 기술상 또는 경영상의 정보라고 정의하고 있다.

영업비밀은 특허 요건을 갖추지 아니한 모든 기술, 설계도면, 연구 리포트, 심지어는 기업의 고객 명부 등 보호의 대상이 매우 넓다. 단 아래 표와 같은 조건을 만족해야 한다.

〈영업비밀 보호에 관한 조건〉

구분	조건 내용
비공지성 (Non-publicity)	공연히 알려져 있지 않은 상태를 말한다. 상대적 개념으로 보호자 이외의 타인이 당해 정보를 알고 있다 하더라도 보유자와의 사이에 비밀 준수의 의무가 형성된 경우라면 비공지 상태라고 할 수 있으며, 보유자와 무관한 제3자가 독자개발 등에 의해 동일한 정보를 보유하고 있어도 그 제3자가 당해 정보를 비밀로서 유지하고 있는 경우 역시 비공지 상태의 정보라 할 수 있다.
독립된 경제적 가치	영업비밀 보호자가 시장에서 특정한 정보의 사용을 통해 경업자에 대한 경제상의 이익을 얻을 수 있거나 정보의 취득 또는 개발을 위해 상당한 비용이나 노력이 필요한 경우를 의미한다. 현재 사용 중인 정보뿐 아니라 장래에 있어서 경제적 가치를 발휘할 가능성이 있는 정보와 과거에 실패한 연구 데이터와 같은 정보도 경제적 가치를 가지고 있다고 볼 수 있기 때문이다.
비밀관리성 (Confidentiality)	영업비밀은 그 보유자에게 주관적으로 비밀을 유지하려는 관리 의사와 객관적으로 관리 노력이 있어야 성립된다. 즉 비공지인 특정 정보가 영업비밀로서 보호받기 위해서는 단순히 당해 정보가 공연히 알려져 있지 않다는 것 이외에 보유자가 당해 정보를 비밀로서 관리하고 있어야 한다. 왜냐하면 영업비밀이라고 인정할 수 있는 객관적 상태를 요구하지 않고 단순히 모든 비공개 정보는 영업비밀로 인정한다면 기업 활동이 크게 불안정하게 될 우려가 있기 때문이다. 따라서 그 정보가 비밀로 유지되고 있을 뿐만 아니라 제3자가 영업비밀임을 객관적으로 알 수 있는 상태에 있을 것을 요건으로 한다. 이와 같은 비밀 관리 판단 요소의 예는 정보접근자의 제한 조치(2중의 보안 장치를 둔 금고에 보관하는 경우 등), 정보접근자의 당해 정보의 비공개의무 부과 조치, 정보접근자에게 그 정보가 영업비밀인 것을 알 수 있도록 하는 조치(서류에 대외비 표시를 하거나 특정 장소에 보관하는 경우 등) 등이 있다. ※ TIP 영업비밀로 인정받기 위해서는 가장 중요한 요소는 비밀관리성이라 할 수 있다. 비밀관리를 위해서는 기본적으로 제도적 장치를 갖추고 통제구역 설정, 컴퓨터 및 서류 관리, 통신보안 등 물리적인 조치를 취해야 한다. 비밀관리성은 당해 정보가 비공지성과 경제적 유용성이 있다는 증거가 될 수 있어 실무에 있어 매우 중요하다.
정보성	영업비밀은 영업 활동에 유용한 기술상 또는 경영상의 정보이어야 한다.

〈특허 제도와 영업비밀 보호 제도의 비교〉

구분	특허	영업비밀 보호 제도
목적	발명을 보호 장려하고 그 이용을 도모함으로써 기술의 발전을 촉진하여 산업 발전에 이바지한다.	타인의 영업비밀을 침해하는 행위를 방지하여 건전한 거래 질서를 유지할 수 있다.
보호 조건	신규성, 진보성, 산업성 이용 가능성	비공지성, 경제적 유용성, 비밀 유지

보호 대상	기술적 발명은 자연법칙을 이용해 새로운 방법, 기술, 물질, 기구 등을 창조하는 것	• 기술 정보: 특허 요건을 갖추지 아니한 기술로서, 설계도면, 실험 데이터, 제조기술, 제조 방법, 제조 공정, 연구 리포트 등 • 경영 정보: 고객 명부, 거래선 명부, 판매 계획, 입찰 계획
등록 유무 및 권리성	특허 요건에 관한 심사 후 특허 등록에 의하여 배타적 권리 확보	등록 절차가 없으며 일정한 요건이 충족되면 영업비밀로서 인정받고, 침해를 받았을 경우 이에 대한 구제를 청구할 수 있다.
	특허권자는 등록된 발명에 대하여 배타적 권리 기간 동안 독점 사용	배타적 권리를 부여하는 것이 아니며, 비밀로 유지 관리되고 있는 사실 상태 그 자체를 보호
	제3자가 특허된 기술과 동일한 기술을 독자적으로 개발하였다 하더라도 특허권자의 실시 허락을 받지 않고 사용하게 되면 특허권 침해에 해당한다.	제3자가 동일한 내용의 영업비밀을 독자적으로 개발하여 사용한다 하더라도 그것만을 이유로 침해 주장을 할 수 없다.
보호 기간	등록 결정되면 출원일로부터 20년	비밀로 관리되는 한 무한
공개	공개 전제	비공개 전제
이전성	실시권 설정 가능	비밀 유지를 전제로 실시 계약 가능

침해 행위에 대한 구제 수단(A remedy for infringement)

영업비밀 침해 금지 가처분
(Provisional injunction against infringement of trade secrets)

영업비밀의 보유자는 영업비밀 침해 행위를 하거나 하고자 하는 자에 대하여 그 행위에 의하여 영업상의 이익이 침해되거나 침해될 우려가 있는 때에는 법원에 그 행위의 금지 또는 예방을 청구할 수 있다.

영업비밀 보유자가 금지 또는 예방 청구를 할 때는 침해 행위를 조성한 물건의 폐기. 침해 행위에 제공된 설비의 제거 기타 침해 행위의 금지 또는 예방을 위하여 필요한 조치를 함께 청구할 수 있다.

청구권의 내용은 영업비밀의 부정 취득, 사용, 공개 행위 등을 금지하는 것으로 구체적으로 특정한 제품의 생산을 일정 기간 중지시키거나 완성 제품의 배포 및 판매를 금지하는 것과 침해 행위를 조성한 물건의 폐기 또는 침해 행위에 제공된 설비의 제거 등을 그 내용으로 한다.

침해 행위를 조성한 물건이 존재하는 한 침해 행위를 일으키는, 즉 당해 물건이 없다면 침해 행위도 없는 물건(영업비밀이 확정된 도면, 사양서, 설명서, 메모 노트, 설계도, 고객 리스트 등으로 침해 행위에 의하여 생산한 물건)을 부정 취득한 영업비밀을 이용하여 생산한 제품도 포함된다.

침해 행위에 제공된 설비는 영업비밀을 침해하는 데 제공된 도청 장비 또는 부정 사용 행위에 쓰이는 금형, 제조기계 및 생산설비 등을 말한다.

이와 같은 물건이나 설비에 대하여 폐기, 제거를 청구하기 위해서는 그것이 현존하는 사실에 대하여 입증하여야 할 뿐만 아니라 상대방이 그 물건, 설비에 대하여 소유권 등의 처분권한을 가지고 있음을 입증하여야 한다. 기타 필요한 조치는 장래에 침해 행위를 금지 또는 예방하기 위한 조치로서 이를 보장하기 위한 담보 제공 또는 공탁 등을 말한다.

금지 및 예방청구권(Prohibition and Prevention Claims)

영업비밀의 보유자는 영업비밀 침해 행위를 하거나 하고자 하는 자에 대하여 그 행위에 의하여 영업상의 이익이 침해될 우려가 있는 때에는 법원에 그 행위의 금지 또는 예방을 청구할 수 있다. 영업비밀 보유자가 금지 또는 예방 청구를 할 때에는 침해 행위를 조성한 물건의 폐기, 침해 행위에 제공된 설비 제거 및 기타 침해 행위의 금지 또는 예방을 위하여 필요한 조치를 함께 청구할 수 있다.

손해배상청구권(A claim for damages)

고의 또는 과실에 의하여 영업비밀 침해 행위로 영업비밀 보유자의 영업상 이익을 침해하여 손해를 가한 자는 그 손해를 배상할 책임을 진다.

신용회복청구권(A claim for credit recovery)

법원은 고의 또는 과실에 의한 영업비밀 침해 행위로 영업비밀 보유자의 영업상의 신용을 실추하게 한 자에 대하여는 영업비밀 보유자의 청구에 의하여 제11조의 규정에 의한 손해배상에 갈음하거나 손해배상과 함께 영업상의 신용회복을 위하여 조치를 명할 수 있다.

형사상의 제재(Criminal sanctions)

부정한 이익을 얻거나 영업비밀 보유자에게 손해를 입힐 목적으로 그 영업비밀을 외국에서 사용하거나 외국에서 사용될 것임을 알면서 취득, 사용 또는 제3자에게 누설한 자는 10년 이하의 징역 또는 1억 원 이하의 벌금에 처한다.

다만 벌금형의 경우 위반 행위로 인한 재산상 이득액의 10배에 해당하는 금액이 1억 원을 초과하면 그 재산상 이득액의 2배 이상 10배 이하의 벌금에 처한다(부경법 제18조 제1항). 위의 영업비밀를 외국이 아닌 국내에서 취득, 사용 또는 제3자에게 누설한 경우에는 5년 이하의 징역 또는 5천만 원 이하의 벌금에 처하며, 벌금형에 처하는 경우 위반 행위로 인한 재산상 이득액의 10배에 해당하는 금액이 5천만 원을 초과하면 그 재산상 이득액의 2배 이상 10배 이하의 벌금에 처한다(부경법 제18조 제2항). 한편 징역과 벌금형은 함께 부과할 수 있다(부경법 제18조 제5항).

영업비밀 누설행위에 대해서는 미수범도 처벌되며(부경법 제18조의2) 영업비밀 누설 행위를 예비 음모한 자에 대해서도 외국에서의 경우에는 3년 이하의 징역 또는 2천만 원 이하의 벌금을 국내에서의 경우는 2년 이하의 징역 또는 1천만원 이하의 벌금에 처한다(부경법 제18조의3).

법인의 대표자 또는 법인이나 개인의 대리인, 사용인 그 밖의 종업원이 그 법인 또는 개인의 업무에 관하여 영업비밀을 누설한 경우에는 행위자를 벌하는 외에 그 법인 또는 개인에 대하여도 같은 규정에 의한 벌금형을 과한다(부경법 제19조). 타사의 직원도 자사의 직원과 같은 징역 및 벌금에 처해질 수 있으며 타사는 벌금형에 처해질 수 있다.

> **※ 영어비밀의 효과적인 법적 구제 TIP**
>
> 영업비밀 존속 기간보다 장시간이 걸리면 민사소송으로는 침해자가 영업비밀을 사용하는 것을 금지하려는 목적을 달성할 수 없다. 따라서 영업비밀 보호 사건에서 침해 금지는 가처분으로, 손해배상은 본안 소송으로 법적 구제를 모색하는 것이 바람직하다.

기술유출 방지를 위한 실무 체크리스트

기술유출은 한 번 발생하면 되돌릴 수 없다. 특허는 공개된 정보이므로 침해 시 법적 구제가 가능하지만, 영업비밀은 유출되는 순간 비밀성을 상실해 보호받을 수 없다. 따라서 사전 예방이 무엇보다 중요하다. 이 절에서는 기업이 실무에서 즉시 적용할 수 있는 기술유출 방지 체크리스트를 단계별로 제시한다.

1단계 영업비밀 식별 및 등급 분류

기술유출 방지의 첫걸음은 무엇이 보호해야 할 영업비밀인지 명확히 하는 것이다.

체크리스트

- ☐ 영업비밀 목록 작성: 회사가 보유한 모든 기술 정보, 제조 공정, 설계 도면, 원료 배합비, 고객 명단, 영업 전략 등을 문서화했는가?
- ☐ 등급 분류 시스템 구축: 영업비밀을 중요도에 따라 등급화(예: 최고기밀, 대외비, 내부용)했는가?
- ☐ 비밀 표시: 문서, 파일, 도면에 '대외비', '기밀', 'Confidential' 같은 표시를 명확히 했는가?
- ☐ 정기적 업데이트: 신규 개발 기술, 폐기된 정보를 반영해 영업비밀 목록을 최소 연 1회 이상 업데이트하는가?
- ☐ 책임자 지정: 영업비밀 관리 총괄 책임자와 부서별 담당자를 지정했는가?

2단계 물리적 보안 체계 구축

영업비밀이 담긴 문서, 시제품, 서버 등에 대한 물리적 접근을 통제해야 한다. 출입 기록 관리와 CCTV 모니터링 등 보안 절차를 정기적으로 점검해 위험을 최소화해야 한다.

체크리스트

- ☐ 출입 통제: 연구실, 생산 현장, 서버실 등 핵심 공간에 출입카드, 생체인증(지문, 홍채) 시스템을 설치했는가?
- ☐ 방문자 관리: 외부 방문자 출입 시 신원 확인, 동행 원칙, 사진 촬영 금지 등 규정을 운영하는가?
- ☐ CCTV 설치: 핵심 구역에 CCTV를 설치하고, 녹화 영상을 최소 6개월 이상 보관하는가?

- ☐ 문서 보관: 중요 문서는 잠금 장치가 있는 캐비닛이나 금고에 보관하는가?
- ☐ 폐기 관리: 기밀 문서는 파쇄기로 완전 파쇄하고, 폐기 기록을 남기는가?
- ☐ 시제품 관리: 시제품, 샘플, 금형 등을 별도 보관 공간에서 관리하고 반출입을 기록하는가?
- ☐ 퇴근 후 점검: 퇴근 시 문서 정리, 컴퓨터 잠금, 서류 보관 상태를 점검하는 체계가 있는가?

3단계 전자적·정보 보안 체계 강화

디지털 시대에 기술유출의 대부분은 전자 파일 형태로 발생한다.

체크리스트

- ☐ 접근 권한 관리: 영업비밀 파일에 대한 접근 권한을 직무별, 직급별로 차등 부여했는가?
- ☐ 암호화: 중요 파일은 암호화해 저장하고, 전송 시에도 암호화 채널을 사용하는가?
- ☐ 이메일 보안: 기밀 정보를 외부로 발송할 때 승인 절차를 거치는가? 자동 차단 시스템이 작동하는가?
- ☐ USB·외장하드 통제: USB 포트를 차단하거나 승인된 장치만 사용하도록 제한했는가?
- ☐ 클라우드 관리: 업무용 클라우드는 회사가 관리하는 보안 시스템을 사용하는가? 개인 클라우드 사용을 금지하는가?
- ☐ 로그 모니터링: 파일 접근, 다운로드, 출력, 메일 발송 등의 로그를 자동 기록하고 주기적으로 점검하는가?
- ☐ 백업 시스템: 중요 데이터는 안전한 원격지에 백업하되 백업 파일도 암호화하고 접근을 제한하는가?
- ☐ 모바일 기기 관리: 업무용 스마트폰, 태블릿에 MDM(Mobile Device Management) 솔루션을 적용해 분실 시 원격 삭제가 가능한가?
- ☐ 화상회의 보안: 온라인 회의 시 화면 공유 범위를 제한하고 녹화를 통제하는가?

4단계 인적 보안 관리

기술유출의 80% 이상은 내부자에 의해 발생한다. 직원, 협력사 직원, 퇴직자 관리가 핵심이다.

체크리스트

- ☐ 입사 시 서약: 모든 직원에게 비밀유지서약서(NDA, Non-Disclosure Agreement)를 받았는가?

- ☐ 정기 교육: 영업비밀 보호의 중요성, 유출 시 법적 책임, 보안 수칙 등에 대한 교육을 연 2회 이상 실시하는가?
- ☐ 직무 분리: 핵심 기술 정보를 한 사람이 전부 알지 못하도록 직무를 분리했는가?
- ☐ 이직 예정자 모니터링: 퇴사 의사를 밝힌 직원의 파일 접근, 자료 출력, 메일 발송 등을 면밀히 모니터링하는가?
- ☐ 퇴직 절차: 퇴직 시 보유 자료(문서, 파일, USB) 전부 반납 확인, 계정 즉시 삭제, 퇴직 면담에서 비밀유지 의무 재확인하는가?
- ☐ 경업금지약정: 핵심 인력에게 퇴직 후 일정 기간 동종 업계 취업을 제한하는 경업금지약정을 체결했는가? (단 과도한 제한은 무효될 수 있으므로 합리적 범위 설정)
- ☐ 협력사 관리: 외주, 공동연구, 기술 자문 등으로 협력하는 외부 인력에게도 비밀유지계약을 체결했는가?
- ☐ 내부 신고 제도: 기술유출 징후를 익명으로 신고할 수 있는 내부 제보 채널을 운영하는가?

5단계 법적·계약적 보호 장치

기술적 통제와 함께 법적 장치를 마련해야 기술유출 발생 시 구제받을 수 있다. 근로계약서, 비밀유지계약(NDA), 영업비밀 보호 서약서 등을 체계적으로 관리하고, 퇴직자 및 외부 협력업체와의 계약에도 동일한 비밀유지 조항을 포함해야 한다.

체크리스트

- ☐ 취업 규칙 명시: 취업 규칙에 영업비밀 보호 의무, 위반 시 징계 및 손해배상 책임을 명확히 규정했는가?
- ☐ 비밀유지계약(NDA): 직원, 협력사, 투자자, 잠재 파트너 등 영업비밀에 접근하는 모든 이에게 NDA를 체결했는가?
- ☐ 기술이전계약 주의: 기술 라이선싱, 공동 연구 계약 시 영업비밀 범위, 사용 제한, 반환 의무를 명확히 했는가?
- ☐ 경쟁사 이직 금지: 핵심 인력에 대해 합리적 범위의 경업금지약정을 체결했는가?
- ☐ 손해배상 예정 조항: 고의적 유출 시 손해배상액을 예정하는 조항을 계약에 포함했는가?

- □ 분쟁 해결 조항: 유출 발생 시 준거법, 관할 법원, 중재 절차를 사전에 정했는가?
- □ 특허 출원 검토: 영업비밀로 유지할지, 특허로 공개하고 법적 보호를 받을지 전략적으로 판단했는가?

6단계 사고 대응 및 복구 체계

기술유출 사고가 발생하면 신속한 대응이 피해를 최소화한다.

체크리스트

- □ 사고 대응 매뉴얼: 기술유출 발생 시 누가, 무엇을, 어떻게 대응할지 명시한 매뉴얼이 있는가?
- □ 즉시 보고 체계: 유출 징후 발견 시 즉시 보고할 수 있는 핫라인이나 담당 부서가 있는가?
- □ 증거 보전: 유출 경로, 유출자, 유출된 정보를 특정할 수 있는 증거(로그, CCTV, 이메일, 문서)를 즉시 확보하는가?
- □ 법률 자문: 유출 사고 발생 시 즉시 변호사, 변리사의 자문을 받을 수 있는 체계가 있는가?
- □ 형사 고소: 부정경쟁방지 및 영업비밀보호에 관한 법률 위반으로 형사 고소할 준비가 되어 있는가?
- □ 민사 소송: 손해배상 청구, 금지명령 신청 등 민사적 구제 절차를 신속히 진행할 수 있는가?
- □ 재발 방지: 사고 원인을 분석하고, 보안 체계를 개선하는 사후 조치를 취하는가?
- □ 피해 최소화: 유출된 정보의 확산을 막기 위해 긴급 조치(거래처 통보, 시장 모니터링)를 취하는가?

7단계 정기 점검 및 개선

보안은 일회성이 아니라 지속적 관리가 필요하다.

체크리스트

- □ 정기 보안 점검: 최소 연 2회 이상 물리적, 전자적, 인적 보안 상태를 점검하는가?
- □ 취약점 분석: 모의 해킹, 모의 침입 테스트를 통해 보안 취약점을 찾아내는가?
- □ 직원 설문: 직원들에게 보안 수칙 이행 여부, 개선 의견을 정기적으로 조사하는가?
- □ 보안 예산 확보: 보안 시스템 구축, 유지, 교육에 충분한 예산을 배정하는가?

☐ 외부 인증 취득: ISO 27001(정보보호경영시스템), 개인정보 보호 인증 등 외부 인증을 통해 객관적 검증을 받는가?

☐ 보안 문화 조성: 보안을 귀찮은 규제가 아니라 회사와 직원을 지키는 필수 활동으로 인식하는 조직 문화가 형성되어 있는가?

※ 실무 적용 가이드

위 체크리스트는 기업 규모와 업종에 따라 유연하게 적용해야 한다.

- 스타트업·소규모 기업: 예산과 인력이 제한적이므로 핵심 영업비밀에 집중한다. 고가의 보안 시스템보다 비밀유지계약, 접근 권한 관리, 직원 교육 같은 기본 조치부터 철저히 한다. 클라우드 서비스는 보안 수준이 검증된 유료 서비스를 사용한다.
- 중견·대기업: 전담 보안 조직을 구축하고, 물리적·전자적·인적 보안을 종합적으로 관리한다. 정기적인 보안 감사, 외부 전문가 자문, 최신 보안 기술 도입에 투자한다. 협력사, 해외 법인 등 확장된 조직의 보안 관리도 포함한다.
- 제조업: 제조 공정, 금형, 원료 배합 정보가 핵심이므로 생산 현장의 물리적 보안과 퇴직자 관리가 특히 중요하다. 협력업체와의 기술 거래 시 영업비밀 범위를 명확히 하고, 납품 후 잔여 정보 삭제를 확인한다.
- IT·소프트웨어: 소스 코드, 알고리즘, 데이터가 핵심이므로 전자적 보안이 최우선이다. 개발자의 코드 접근을 버전 관리 시스템으로 통제하고, 퇴사 시 코드 복사 여부를 철저히 확인한다. 오픈소스 사용 시 라이선스 충돌 여부도 점검한다.
- 연구 중심 기관: 논문 발표 전 특허 출원, 공동 연구자 간 비밀유지계약, 실험 데이터 백업이 중요하다. 학생 연구원, 포닥 등 단기 인력의 관리도 소홀히 해서는 안 된다.

기술유출 방지는 완벽한 시스템이 아니라 끊임없는 관심과 개선이다. 이 체크리스트를 정기적으로 점검하고, 새로운 위협에 맞춰 업데이트하는 것이 중요하다. 기술이 기업의 생명이라면, 그 기술을 지키는 것은 생존의 문제다.

⁝⁝ V.A.M.X. 4R의 현실 세계

VR / AR / MR / XR은 가상과 현실의 영상 기술로 개념과 체험 방법에서 조금씩 차이가 있다.

〈VR / AR / MR / XR〉

구분	내용
VR(가상현실, Virtual Reality)	VR은 가상현실로 컴퓨터를 통해서 가상을 현실처럼 체험하게 해주는 첨단영상기술을 말한다. HDM(Head Mounted Display) 기기를 머리에 쓰고 체험할 수 있는데, 가상의 현실 공간에서 사용자가 실시간으로 스스로 판단하여 원하는 방향대로 제어하면서·게임뿐만 아니라 의료실습, 건축, 교육 등 다양한 콘텐츠가 있다. 하지만 머리에 쓰고 벗어야 하는 번거로움이 있어 개선해야 할 과제로 남아 있다.
AR(증강현실, Augmented Reality)	AR은 증강현실로 가상현실은 현실이 아닌 가상의 이미지를 사용하지만, 증강현실은 현실의 이미지나 배경에 3차원의 가상의 이미지를 겹쳐서 하나의 영상으로 보여주는 기술이다. AR과 VR은 서로 비슷하지만 말 그대로 VR은 가상, 즉 허상이고, 증강현실은 실상이라고 할 수 있다. 마이크로소프트 홀로렌즈 등의 기기를 이용한다.
MR(혼합현실, Mixed Reality)	MR은 혼합현실로 VR과 AR의 장점만을 합친 영상기술을 말한다. 가상과 현실 정보를 결합해 융합시키는 공간을 만드는 기술이라고 할 수 있다. 컴퓨터 그래픽, 냄새, 소리 등의 정보를 실시간으로 혼합하여 사용자와 상호 양방향으로 작용하는 것으로, 정보의 효율성을 극대화한 차세대 첨단정보기술이다.
XR(확장현실, EXpended Reality)	XR은 확장현실로 VR/AR/MR.을 아우르는 기술을 말한다. 현재의 가상, 증강, 혼합현실 영상 기술 외에도 미래에 나타날 새로운 기술로 포괄하는 의미로 해석된다.

4R이란 가상현실(VR, Virtual Reality)로 컴퓨터를 통해서 가상을 현실처럼 체험하게 해주는 첨단영상기술을 말하는 것이다.

우리나라는 한국판 뉴딜 정책을 통한 디지털 대전환을 시작했다. 하루 1천만 명 이상이 이용하는 위치 기반 증강현실(AR, Augmented Reality) 모바일 게임 포켓몬고 열풍은 포케코노미, 포세권 등 신조어를 탄생시키며 지자체와 관광 명소들이 앞다투어 포켓몬 성지임을 알리며 마케팅에 열을 올리는 새로운 풍속도를 만들었다.

특히 가상현실과 증강현실 등을 포괄하는 XR 기술은 현실과 가상 세계를 연결하는 매개 기술로, 디지털 전환을 촉발하는 한국판 뉴딜의 중요한 부분을 차지할 것으로 보인다.

4차 산업혁명은 융복합의 쓰리고(Three Go) 시대

〈융복합 Three GO 시대〉

COVID-19로 비대면 전환이 가속화되면서 가상융합기술 XR(eXpended Reality)이 일상의 변화와 산업구조의 혁신을 이끌고 있다. 특히 디지털 뉴딜 정책을 통한 제조, 의료, 교육, 유통 등 전 산업에 걸쳐 확산하면서 경제 성장의 새로운 동력으로 부상 중이다.

세계 최대 온라인 유통업체인 아마존이 계산원과 대기 줄이 없는 아마존고 매장을 오픈하여 이제 세계는 4차 산업혁명의 상징처럼 떠오른 융복합의 쓰리고(Three Go) 시대라 한다.

❶ 알파고(Alpha Go)

구글딥마인드(Google Deep Mind)가 개발한 대표적인 인공지능(AI, Artificial Intelligence) 바둑 프로그램이다. 인간의 개입 없이 목적을 위해 AI 스스로 컴퓨터 프로그램이 반복 학습에서 축적한 데이터와 처리 경험을 이용한 시행착오를 데이터 속 패턴을 학습해 지능화하는 ML(Muchine Learning) 기계학습 기술이라 하는데, 반복 학습을 통해 스스로 습득하고 응용하는 기술까지 왔다.

❷ 포켓몬고(Pokemon Go)

구글 사내 벤처인 나이앤틱은 닌텐도 등으로부터 투자를 받아 곧바로 포켓몬고를 만들었다. 자회사인 포켓몬 컴퍼니와 미국의 증강현실 AR(Augmented Reality) 소프트웨어 개발사인 나이앤틱이 공동 제작한 증강현실로 접목된 것이 바로 포켓몬고이다.

포켓몬스터 콘텐츠에 AR 등의 기술이 더해져 대박 중의 대박을 터트린 것이다. 포켓몬고가 겜덕후들을 바깥세상으로 끌어낸 것은 바로 COVID-19이다. 코로나로 인하여 안방에서 최적화된 게임으로 전 세계에 돌풍을 일으켰다.

❸ 아마존고(Amazon Go)

사람의 눈과 같이 이미지를 인식하는 AI 인공지능, 머닝러신, 컴퓨터비전(컴퓨터가 사람의 눈처럼 이미지를 인식하는 기술)의 첨단기술을 통해 미국 최대 전자상거래 기업 아마존이 운영하는 세계 최초의 무인 슈퍼마켓이다. 계산대와 계산원이 없는 매장으로 2016년 12월에 직원들을 대상으로 시험 운영하다 2018년 1월 22일부터 일반인에게 개방하여 운영하고 있다.

매장을 이용하기 위해서는 아마존의 회원으로 가입을 하고 스마트폰에 앱을 다운로드하여 입구에서 QR코드를 인식시키고, 매장 안에서 고객이 선택한 것은 천장에 장착된 수많은 카메라와 블랙박스 센서(Just Walk Out technology)가 소비자가 어떤 상품을 선택했는지 형체와 움직임을 쉼없이 센싱하고 자동으로 감지하여 앱에 연결된 신용카드로 비용을 청구하는 결제 시스템이다.

만약 고객이 선택한 상품을 카터에 넣었다가 마음이 바뀌어 원래의 자리에 놓으면 무게 센서가 증가된 중량을 센싱하여 반품이 이루어지는 시스템으로 운영된다.

11장

IP 가치평가와 금융 제도 활용
IP Valuation and Leveraging Financial Systems

기술은 있는데 돈이 없어 망하는 스타트업이 부지기수다. 특허 수십 건을 보유했지만 담보 가치를 인정받지 못해 은행 문턱을 넘지 못한다. 그러나 정확한 IP 가치평가와 금융 제도 활용법을 알면 상황은 달라진다. 특허는 종이가 아니라 자금 조달의 무기가 될 수 있다.

기술가치평가의 개념과 필요성

기술가치평가(Technology Valuation)는 특허, 노하우, 영업비밀 등 기술자산이 현재와 미래에 창출할 수 있는 경제적 가치를 화폐 단위로 산정하는 과정이다. 기술 그 자체는 무형자산이지만, 이를 정량적으로 평가함으로써 투자, 거래, 담보, 분쟁 등 다양한 경제 활동의 근거로 활용할 수 있다.

과거에는 기업의 가치를 평가할 때 토지, 건물, 기계설비 같은 유형자산이 중심이었다. 그러나 21세기 지식기반 경제에서는 무형자산, 특히 지식재산(IP)이 기업 가치의 핵심을 차지한다. 실제로 글로벌 빅테크 기업들의 시가총액 중 70~80%가 무형자산에서 나온다. 애플, 구글, 마이크로소프트의 가치는 공장이나 부동산이 아니라 특허, 브랜드, 소프트웨어, 데이터에 기반한다.

한국에서 기술가치평가의 필요성은 더욱 절실하다. 중소기업과 스타트업은 담보로 제공할 부동산이나 설비가 부족하지만 우수한 기술력을 보유한 경우가 많다. 이때 기술가치평가를 통해 특허와 기술을 담보로 금융을 지원받을 수 있다면 성장의 기회를 얻을 수 있다. 또한 대학과 연구기관이 보유한 특허를 기업에 이전할 때도 기술가치평가는 합리적인 기술료 산정의 근거가 된다.

기술가치평가가 필요한 상황은 다음과 같다. 첫째, 기술금융이다. 특허를 담보로 대출을 받거나 기술보증기금의 보증을 받을 때 기술가치평가서가 필요하다. 둘째, 기술 거래 및 라이선싱이다. 기술을 매각하거나 실시권을 허여할 때 적정 가격을 산정하기 위해 평가를 실시한다. 셋째, M&A 및 투자 유치다. 벤처캐피탈이나 전략적 투자자는 스타트업의 기술가치를 평가해 투자 의사를 결정한다. 넷째, 분쟁 및 소송이다. 특허침해소송에서 손해배상액을 산정하거나 특허권의 가치를 다툴 때 감정평가가 활용된다. 다섯째, 회계 및 세무다. 기업 합병, 자산 재평가 세무 신고 시 무형자산의 공정가치를 산정해야 한다.

기술가치평가는 단순히 숫자를 도출하는 작업이 아니다. 기술의 시장성, 권리의 안정성, 사업화 가능성, 경쟁 환경 등을 종합적으로 분석하는 과정이다. 따라서 평가 결과는 해당 기술의 강점과 약점, 기회와 위협을 명확히 보여주며, 이는 기업의 IP 전략 수립에도 중요한 참고자료가 된다.

기술가치평가 방법론

기술가치평가는 크게 세 가지 접근법으로 구분된다. 바로 비용접근법, 시장접근법, 수익접근법이다. 각 방법론은 서로 다른 논리와 가정을 바탕으로 하며, 평가 대상 기술의 특성과 목적에 따라 적절한 방법을 선택하거나 병행해 활용한다.

비용접근법(Cost Approach)

해당 기술을 개발하는 데 투입된 비용이나 동일한 기술을 재현하는 데 필요한 비용을 기준으로 가치를 산정하는 방법으로, 역사적 원가법(Historical Cost Method)과 대체원가법(Replacement Cost Method)으로 나뉜다. 역사적 원가법은 실제로 투입된 연구개발비, 인건비,

재료비 등을 합산하고 감가상각을 고려해 현재 가치를 산출한다. 대체원가법은 현재 시점에서 동일한 기술을 다시 개발한다면 얼마가 들 것인가를 추정한다.

비용접근법의 장점은 계산이 비교적 간단하고 객관적이라는 점이다. 실제로 지출된 비용은 회계 자료로 확인할 수 있어 논란의 여지가 적다. 그러나 치명적인 단점이 있다. 비용과 가치는 다르다는 것이다. 10억 원을 투입해 개발한 기술이라고 해서 반드시 10억 원의 가치를 갖는 것은 아니다. 시장에서 쓸모없는 기술이라면 가치는 0원일 수도 있고, 반대로 적은 비용으로 개발했지만 시장성이 뛰어난 기술은 투입 비용을 훨씬 초과하는 가치를 가질 수 있다. 따라서 비용접근법은 보조적 참고자료로 활용되며, 단독으로 사용되는 경우는 드물다.

시장접근법(Market Approach)

유사한 기술이 시장에서 거래된 가격을 기준으로 가치를 산정하는 방법으로 비교거래법(Comparable Transaction Method)과 로열티공제법(Relief from Royalty Method)이 대표적이다. 비교거래법은 유사 기술의 매매 사례, 라이선싱 계약 금액 등을 조사해 비교 분석한다. 로열티공제법은 해당 기술을 제3자로부터 라이선싱을 받는다고 가정했을 때 지불해야 할 로열티를 추정하고, 이를 기준으로 기술가치를 산정한다.

시장접근법의 장점은 실제 시장 거래를 반영하므로 현실성이 높다는 점이다. 그러나 한계도 명확하다. 첫째, 유사 기술 거래 사례를 찾기 어렵다. 기술은 개별성이 강해 정확히 비교 가능한 사례가 거의 없다. 둘째, 거래 가격 정보가 공개되지 않는 경우가 많다. 기술이전 계약은 대부분 비밀유지계약을 포함하므로 외부에서 정확한 조건을 알 수 없다. 셋째, 거래 당시의 시장 상황, 협상력, 특수 관계 등이 가격에 영향을 미쳐 객관성이 떨어질 수 있다.

수익접근법(Income Approach)

해당 기술이 미래에 창출할 것으로 예상되는 경제적 이익을 현재 가치로 환산하는 방법으로 현금흐름할인법(Discounted Cash Flow, DCF)이 가장 널리 사용된다. 기술을 활용해 제품을 생산·판매했을 때 발생할 매출, 비용, 세금 등을 추정하고, 이를 통해 미래 현금흐름을 예측한다. 그런 다음 할인율(Discount Rate)을 적용해 현재 가치로 환산한다. 할인율은 투자 위험을 반영하며, 위험이 클수록 할인율이 높아져 현재 가치는 낮아진다.

수익접근법은 이론적으로 가장 합리적인 방법으로 평가받는다. 기술의 본질적 가치는 그

것이 미래에 얼마나 수익을 창출할 수 있는가에 달려 있기 때문이다. 실제로 금융기관, 투자자, M&A 실무에서 가장 선호하는 방법이다. 그러나 미래 예측에 의존하므로 주관성과 불확실성이 크다는 단점이 있다. 시장 성장률, 시장 점유율, 제품 가격, 원가율 등 여러 변수를 가정해야 하는데, 이 가정이 조금만 달라져도 평가 결과가 크게 변한다.

실무에서는 하나의 기술가치평가 방법만 사용하기보다 여러 방법을 병행해 교차 검증하는 것이 일반적이다. 예를 들어 수익접근법으로 주 평가를 실시하고, 시장접근법으로 로열티율을 참고하며, 비용접근법으로 하한선을 설정하는 식이다. 이렇게 함으로써 평가의 신뢰성과 설득력을 높일 수 있다.

기술가치평가 실무 프로세스

기술가치평가는 단순히 공식에 숫자를 대입하는 작업이 아니라 체계적인 절차를 거쳐 진행되는 전문적인 분석 과정이다. 일반적인 평가 프로세스는 다음과 같이 진행된다.

1단계 평가 목적 및 범위 설정

평가를 시작하기 전에 평가 목적을 명확히 해야 한다. 담보대출을 위한 평가인지, 기술이전 협상을 위한 평가인지, M&A를 위한 평가인지에 따라 평가 범위와 방법론이 달라진다. 또한 평가 대상 기술을 정확히 특정해야 한다. 특허 번호, 기술의 범위, 관련 노하우 포함 여부 등을 명확히 정의한다.

2단계 기술 및 권리 분석

평가 대상 기술의 내용을 상세히 분석한다. 특허명세서를 검토해 청구 범위를 파악하고, 기술의 핵심 구성 요소와 작동 원리를 이해한다. 동시에 권리의 법적 안정성을 검토한다. 특허 등록 상태, 권리 존속 기간, 무효 위험, 특허침해소송 이력 등을 조사한다. 선행기술 조사를 통해 권리 범위의 강도를 평가하고, 회피 설계 가능성을 분석한다.

3단계 시장 및 산업 분석

해당 기술이 적용될 시장의 현황과 전망을 분석한다. 시장 규모, 성장률, 경쟁 구도, 주요

플레이어, 시장 진입 장벽 등을 조사한다. 기술의 시장 경쟁력을 평가하기 위해 대체 기술과의 비교 분석도 실시한다. 기술적 우위성, 원가 경쟁력, 생산 용이성, 환경 규제 대응 등 다양한 측면에서 검토한다.

4단계 사업화 가능성 평가

기술을 실제로 사업화할 수 있는지 평가한다. 기술의 완성도(TRL, Technology Readiness Level), 양산 가능성, 추가 개발 필요 사항, 인허가 요건 등을 검토한다. 특히 바이오·의약 분야는 임상시험 단계, 식품 분야는 식약처 인증, 환경 분야는 환경 영향 평가 등 규제 요건이 사업화에 결정적 영향을 미친다.

5단계 재무 모델 구축 및 가치 산정

수집된 정보를 바탕으로 재무 모델을 구축한다. 매출 추정, 원가 및 비용 추정, 설비투자 계획, 운전자본 소요 등을 반영해 미래 현금흐름을 예측한다. 할인율을 산정할 때는 무위험 이자율에 기술 위험, 시장 위험, 사업 위험 등을 가산해 결정한다. 일반적으로 초기 단계 기술일수록 위험이 크므로 할인율이 높아진다.

6단계 민감도 및 시나리오 분석

주요 변수가 변할 때 평가 결과가 어떻게 달라지는지 분석한다. 시장 성장률이 ±10% 변할 때, 시장점유율이 ±5% 변할 때, 할인율이 ±2% 변할 때 등 여러 시나리오를 시뮬레이션한다. 이를 통해 평가 결과의 신뢰 구간을 제시하고, 핵심 리스크 요인을 파악한다.

7단계 평가보고서 작성

최종적으로 평가 과정, 가정, 분석 결과, 결론을 종합한 평가보고서를 작성한다. 보고서에는 기술 개요, 권리 분석, 시장 분석, 재무 모델, 평가 결과, 민감도 분석, 평가 한계 등이 포함된다. 특히 평가 결과의 한계와 유의사항을 명확히 제시하여 수치나 결론이 과대 해석되거나 오용되는 것을 방지하고 평가의 신뢰성과 객관성을 확보해야 한다.

기술가치평가는 전문성이 요구되는 작업이므로 실무에서는 기술가치평가 전문기관이나 공인된 평가사에게 의뢰하는 것이 일반적이다. 한국산업기술진흥원, 한국발명진흥회, 기술보증기금, 민간 평가기관 등이 평가 서비스를 제공한다.

IP 담보대출의 이해와 활용

IP 담보대출(IP-based Loan)은 특허권, 실용신안권, 상표권 등 지식재산권을 담보로 제공하고 금융기관으로부터 자금을 융통받는 제도다. 전통적으로 대출은 부동산이나 기계설비 같은 유형자산을 담보로 했지만, 지식재산도 경제적 가치를 갖는 자산이므로 담보로 활용할 수 있다.

IP 담보대출의 필요성

중소기업과 스타트업은 기술력은 우수하지만 담보로 제공할 부동산이 부족한 경우가 많다. 특히 소프트웨어, 바이오, 첨단 제조 분야는 핵심 자산이 특허와 기술 노하우에 집중되어 있다. 이런 기업들에게 IP 담보대출은 성장 자금을 확보할 수 있는 유효한 수단이다.

정부도 IP 담보대출을 적극 장려하고 있다. 지식재산처, 중소벤처기업부, 금융위원회는 IP 금융 활성화 정책을 추진하면서 다양한 지원 프로그램을 운영한다. 기술보증기금과 신용보증기금은 IP를 평가해 보증을 제공하고, 이를 기반으로 시중은행이 대출을 실행하는 구조다.

IP 담보대출의 구조

IP 담보대출은 크게 두 가지 방식으로 이뤄진다. 첫째는 직접담보대출이다. 금융기관이 특허권을 직접 담보로 받고 대출을 실행한다. 이 경우 특허권에 근저당권 또는 질권을 설정한다. 지식재산처에 담보권 설정 등록을 하면 법적 효력이 발생한다. 둘째는 보증부 대출이다. 기술보증기금이나 신용보증기금이 IP 평가를 바탕으로 보증서를 발급하고, 금융기관은 보증서를 근거로 대출을 실행한다. 대부분의 IP 담보대출은 이 방식으로 이뤄진다.

IP 담보대출의 절차

IP 담보대출 절차는 일반 담보대출과 유사하지만, 기술가치평가 단계가 추가된다. 먼저 기업이 금융기관 또는 보증기관에 대출을 신청한다. 이때 특허증, 사업계획서, 재무제표 등을 제출한다. 보증기관은 제출된 특허를 대상으로 기술가치평가를 실시한다. 평가 결과 일정 수준 이상의 가치가 인정되면 보증 한도가 결정된다. 일반적으로 평가액의 60~80% 범위 내에서 보증이 이뤄진다.

보증서가 발급되면 기업은 이를 금융기관에 제출하고 대출을 신청한다. 금융기관은 기업의 신용도, 상환 능력, 사업 전망 등을 종합적으로 심사한 후 대출을 실행한다. 대출 금리는 일반 신용대출보다 낮고, 담보대출과 유사한 수준이다. 대출 기간은 보통 1~5년이며, 거치 기간을 포함할 수 있다.

IP 담보대출의 장점과 한계

IP 담보대출의 가장 큰 장점은 유형자산이 부족한 기업도 자금을 조달할 수 있다는 점이다. 또한 특허의 가치를 객관적으로 평가받음으로써 기업의 기술력을 인정받는 효과도 있다. 대출 금리가 일반 신용대출보다 낮아 자금 조달 비용을 절감할 수 있다.

그러나 한계도 있다. 첫째, 모든 특허가 담보로 인정되는 것은 아니다. 권리범위가 좁거나, 무효 위험이 크거나, 사업화 가능성이 낮은 특허는 낮은 평가를 받거나 대출이 거부될 수 있다. 둘째, 평가 과정에 시간이 소요된다. 일반 담보대출은 며칠 내 처리되지만, IP 담보대출은 기술가치평가에 2~4주가 걸릴 수 있다. 셋째, 대출 한도가 제한적이다. 특허의 가치는 불확실하므로 금융기관은 보수적으로 접근하며, 평가액의 일부만 대출로 인정한다.

:: IP 담보대출 활용 가이드

IP 담보대출을 효과적으로 활용하기 위해서는 사전 준비와 전략이 필요하다. 다음은 실무에서 유용한 가이드라인이다.

대출 준비 단계

IP 담보대출을 고려한다면 가장 먼저 자사의 특허 포트폴리오를 점검해야 한다. 어떤 특허가 가장 가치 있는지, 권리 범위가 넓고 안정적인지, 사업화와 직결되는지 분석한다. 담보로 제공할 핵심 특허를 선정하고, 해당 특허의 등록 상태, 권리 존속 기간, 무효 위험 요인을 사전에 점검한다.

사업계획서도 중요하다. 특허가 아무리 우수해도 사업화 계획이 구체적이지 않으면 대출이 어렵다. 시장 분석, 매출 계획, 원가 구조, 마케팅 전략, 경쟁우위 등을 명확히 제시해야 한다. 특히 특허 기술이 제품 경쟁력에 어떻게 기여하는지, 특허가 없으면 사업이 불가능한 이유를 논리적으로 설명해야 한다.

금융기관 및 프로그램 선택

한국에는 다양한 IP 금융 프로그램이 있다. 기술보증기금의 '지식재산 보증', 신용보증기금의 'IP 특례보증', IBK기업은행의 'IP 담보대출', 산업은행의 'IP 금융 프로그램' 등이 대표적이다. 각 프로그램은 지원 대상, 한도, 금리, 평가 기준이 다르므로 자사에 적합한 프로그램을 선택해야 한다.

일반적으로 기술력은 우수하지만 재무구조가 취약한 초기 스타트업은 기술보증기금의 보증부 대출이 유리하다. 어느 정도 매출이 발생하고 재무제표가 안정적인 기업은 시중은행의 직접 대출을 고려할 수 있다. 정부 정책자금과 연계하면 금리 우대 혜택을 받을 수도 있다.

평가 대응 전략

기술가치평가 과정에서 평가사와의 소통이 중요하다. 평가사는 특허 전문가이지만 해당 산업의 전문가는 아닐 수 있다. 따라서 기업은 시장 현황, 경쟁 기술, 사업화 계획 등을 상세히 설명하고 자료를 제공해야 한다. 특히 시장 성장 전망, 제품 차별성, 고객 확보 계획 등 긍정적 요인을 적극적으로 어필해야 한다.

평가 과정에서 요구하는 자료는 신속하게 제공해야 한다. 평가가 지연되면 대출 실행도 늦어지므로 사업계획서, 재무제표, 특허명세서, 시장조사 자료 등을 미리 준비해두는 것이 좋다.

대출 실행 후 관리

IP 담보대출을 받은 후에도 특허 관리를 소홀히 해서는 안 된다. 특허권 유지를 위해 연차료를 성실히 납부해야 하고, 특허무효심판이나 특허침해소송이 발생하지 않도록 주의해야 한다. 만약 담보로 제공한 특허가 무효되거나 권리가 소멸하면 금융기관은 대출금 조기 상환을 요구할 수 있다.

또한 특허를 제3자에게 양도하거나 실시권을 허여할 때는 사전에 금융기관의 동의를 받아야 한다. 담보권이 설정된 특허는 권리자가 마음대로 처분할 수 없으며, 무단 처분 시 법적 문제가 발생할 수 있다.

대출 상환 및 출구 전략

IP 담보대출의 상환은 일반 대출과 동일하게 이뤄진다. 매출이 발생하면 정상적으로 상환하면 되고, 만약 사업이 실패해 상환이 불가능하면 담보로 제공한 특허가 금융기관에 넘어갈 수 있다. 그러나 실무에서 금융기관이 특허를 압류해 매각하는 경우는 드물다. 특허는 유동성이 낮아 환가가 어렵기 때문이다. 대신 보증기관이 대위변제하고, 기업에 상환을 독촉하는 방식이 일반적이다.

따라서 IP 담보대출을 받을 때는 상환 계획을 철저히 세워야 한다. 사업화가 지연되거나 매출이 예상보다 저조하면 상환 부담이 커질 수 있으므로 보수적인 재무 계획이 필요하다.

IP 담보대출은 기술 중심 기업에게 중요한 자금 조달 수단이지만 만능은 아니다. 특허의 질이 우수하고 사업화 계획이 구체적일 때 비로소 효과를 발휘한다. 따라서 평소에 IP 포트폴리오를 체계적으로 관리하고, 사업 전략과 IP 전략을 긴밀히 연계하는 것이 중요하다.

12장

IP 사업화 전략: 기술이전과 라이선싱
IP Commercialization Strategy: Technology Transfer and Licensing

특허를 받아놓고 서랍에 넣어두면 그냥 종이다. 기술이전이나 라이선싱 없이는 특허는 한 푼의 수익도 만들지 못한다. 대학과 연구소에는 사장되는 특허가 수만 건이며, 중소기업은 활용할 줄 몰라 특허를 방치한다. 특허를 돈으로 바꾸는 실전 전략이 바로 IP 사업화다.

기술이전(TT)의 유형과 절차

기술이전의 개념

기술이전(TT, Technology Transfer)은 특허, 노하우, 기술 정보 등을 보유한 자(이전자)가 이를 필요로 하는 자(이전 받는 자)에게 유상 또는 무상으로 이전하는 것을 말한다. 우리나라 「기술의 이전 및 사업화 촉진에 관한 법률」에 따르면, 기술이전은 특허권·실용신안권 등 산업재산권, 저작권, 기술상 비밀 등의 양도, 실시권 허락, 기술 지도, 공동연구, 합작투자 등 다양한 형태를 포함한다.

기술이전은 권리 이전의 범위에 따라 세 가지로 구분된다. 첫째, 완전 양도(Assignment)다. 특허권 자체를 완전히 양도하는 방식으로, 이전 후에는 양수인이 특허권의 모든 권리를 갖는다. 양도인은 더 이상 해당 특허를 사용할 수 없으며, 일시불로 기술료를 받는 것이 일반적이다. 대학이나 연구기관이 보유한 특허를 기업에 완전 매각하는 경우가 대표적이다.

둘째, 전용실시권(Exclusive License) 허여다. 특허권은 이전 권리자가 보유하되 권리를 이전(부여)받은 자에게 독점적 실시권을 부여하는 것으로서 전용실시권자는 특허권자를 제외한 제3자의 실시를 배제할 수 있으며, 특허권자도 해당 범위 내에서는 실시할 수 없다. 일정 기간 독점권을 보장받고 싶은 기업이 선호하는 방식이다.

셋째, 통상실시권(Non-exclusive License) 허여다. 여러 기업에 동시에 실시권을 허여할 수 있는 방식이다. 실시권자는 배타적 권리를 갖지 못하지만, 기술료가 상대적으로 저렴하다. 표준특허나 범용 기술은 통상실시권으로 다수에게 라이선싱하는 경우가 많다.

기술이전은 일반적으로 다음 단계를 거친다.

1단계 기술 수요 발굴 및 매칭

이전 권리자는 자신이 보유한 기술을 필요로 하는 기업을 찾아야 한다. 대학과 연구기관은 기술이전전담조직(TLO, Technology Licensing Office)을 통해 기업과 매칭한다. 기술거래소, 기술이전 박람회, 온라인 플랫폼 등도 활용된다. 기업 입장에서는 필요한 기술을 보유한 기관이나 개인을 탐색하고 접촉한다.

2단계 기술 평가 및 실사

이전 받고자 하는 기업은 해당 기술의 가치를 평가한다. 특허의 권리 범위, 기술 완성도, 시장성, 양산 가능성 등을 검토한다. 필요시 기술가치평가를 의뢰하거나 전문가 자문을 받는다. 이전 권리자 측도 기업의 사업화 역량, 재무 상태, 기술료 지불 능력을 검토한다.

3단계 기술료 협상

기술이전의 핵심은 기술료 협상이다. 양도의 경우 일시불 금액을, 실시권의 경우 선급금(Upfront Fee)과 경상기술료(Running Royalty) 비율을 협상한다. 기술가치평가 결과를 참고하되 시장 상황, 양측의 협상력, 사업화 가능성 등을 종합적으로 고려한다.

4단계 계약 체결

협상이 타결되면 기술이전 계약을 체결한다. 계약서에는 기술의 범위, 권리 이전 방식, 기술료 및 지급 방식, 기술 지도 의무, 비밀유지 의무, 계약 기간, 분쟁 해결 방법 등이 명시된다. 계약서는 법무법인이나 변리사의 검토를 받는 것이 안전하다.

5단계 권리 이전 및 기술 지도

특허권 양도의 경우 지식재산처에 명의 변경 등록을 해야 법적 효력이 발생한다. 실시권 허여의 경우에도 등록하면 제3자에 대한 대항력을 갖는다. 계약에 기술 지도가 포함되어 있으면 이전 권리자는 일정 기간 기술 자문, 교육, 생산 지원 등을 제공한다.

6단계 사업화 모니터링 및 기술료 정산

경상기술료 계약의 경우 이전 받은 기업은 제품 판매 실적을 정기적으로 보고하고 기술료를 지급한다. 이전 권리자는 계약 이행 여부를 모니터링하고, 필요시 회계 자료를 감사할 수 있다.

기술이전의 성공 요인

기술이전이 성공하려면 몇 가지 조건이 충족되어야 한다. 첫째, 기술의 완성도가 높아야 한다. 실험실 수준의 기술은 양산까지 추가 개발이 필요해 기업이 기피한다. 둘째, 명확한 권리 보호가 필요하다. 특허가 없거나 권리 범위가 좁으면 이전이 어렵다. 셋째, 적절한 기술료 책정이 중요하다. 과도한 기술료는 기업의 부담이 되어 사업화를 저해한다. 넷째, 이전 후 기술 지도가 필수적이다. 특허 명세서만으로는 기술 구현이 어려운 경우가 많아 이전자의 지속적 지원이 사업화 성공률을 높인다.

라이선싱 계약의 구조와 핵심 요소

라이선싱(Licensing)은 특허권자가 권리는 보유한 채 제3자에게 실시권을 허여하고 그 대가로 로열티를 받는 방식이다. 기술이전과 유사하지만, 라이선싱은 주로 계약 기간 동안 지속적으로 수익을 창출하는 구조라는 점에서 차이가 있다.

라이선싱은 특허권자와 실시권자 모두에게 이점이 있다. 특허권자 입장에서는 자체 생산 설비나 판매 조직 없이도 특허로부터 수익을 창출할 수 있다. 여러 기업에 라이선싱하면 시장 확대 효과도 크다. 실시권자 입장에서는 자체 개발에 드는 시간과 비용을 절약하고, 검증된 기술을 신속히 사업화할 수 있다. 특허 분쟁 위험도 회피할 수 있다.

라이선싱 계약의 기본 구조

라이선싱 계약서는 일반적으로 다음 요소로 구성된다. 계약의 목적과 범위를 명확히 정의하고, 실시권의 종류(독점·비독점 등), 계약 기간, 기술이전 방식, 로열티 산정 기준과 지급 조건, 비밀유지 조항, 계약 해지 및 분쟁 해결 절차 등을 포함한다. 또한 기술 가치와 사업화 가능성에 따라 세부 조건이 달라질 수 있으므로 계약 전 충분한 협상과 법률 검토가 필요하다.

- **계약 당사자**: 라이선서(Licensor, 특허권자)와 라이선시(Licensee, 실시권자)를 명확히 한다. 계약 주체가 법인인 경우 법인등록번호, 대표자, 소재지를 정확히 기재한다.
- **라이선싱 대상**: 어떤 특허를 라이선싱하는지 특허 번호, 발명의 명칭, 등록일 등을 명시한다. 복수의 특허를 묶어서 라이선싱하는 경우 각각을 열거한다. 노하우나 기술 정보가 포함되면 이를 명확히 정의한다.
- **실시권의 종류**: 전용실시권인지 통상실시권인지 명시한다. 전용실시권의 경우 특허권자도 실시할 수 없으므로 특허권자가 일부 지역이나 분야에서 실시권을 유보하고 싶다면 이를 명확히 한다.
- **실시 범위**: 지역적 범위(국내, 특정 국가, 전 세계), 기술적 범위(특정 제품, 특정 용도), 기간(계약 기간, 자동 연장 조건)을 정한다. 예를 들어 "한국 내에서 자동차용 센서에만 사용 가능"처럼 구체적으로 제한할 수 있다.
- **로열티 및 지급 조건**: 선급금, 경상 로열티, 최소 로열티, 지급 시기, 지급 방법 등을 명시한다. 이는 다음 절에서 상세히 다룬다.
- **의무 조항**: 라이선시의 의무(제품 생산·판매, 판매 실적 보고, 품질 유지), 라이선서의 의무(기술 지도, 특허 유지, 침해 대응)를 규정한다.
- **기밀유지 및 지식재산 보호**: 기술 정보의 비밀 유지, 개량 발명의 귀속, 제3자 침해 발생 시 대응 방법 등을 정한다.
- **계약 종료 및 해지**: 계약 기간, 중도 해지 사유, 계약 종료 시 처리 방법(재고 처분, 기술 자료 반환)을 명시한다.
- **분쟁 해결**: 분쟁 발생 시 준거법, 관할 법원 또는 중재 절차를 정한다.

라이선싱 계약서 핵심 조항

라이선싱 계약의 성패는 주요 조항을 얼마나 명확하고 합리적으로 규정하느냐에 달려 있다. 특히 실시권의 종류, 로열티 산정, 계약 조건은 양측의 이해관계가 첨예하게 대립하는 부분이므로 신중한 협상이 필요하다.

실시권의 종류

❶ 전용실시권(Exclusive License)

라이선시에게 독점적 실시권을 부여한다. 특허권자도 라이선싱 범위 내에서는 실시할 수 없으며, 제3자에게 중복 라이선싱도 불가능하다. 전용실시권자는 자신의 권리를 침해하는 제3자에 대해 독자적으로 소송을 제기할 수 있다. 따라서 라이선시가 시장 독점을 원하거나 대규모 투자가 필요한 경우 전용실시권을 요구한다. 다만 로열티는 통상실시권보다 높다. 전용실시권도 세부적으로 나뉜다.

❷ 완전 전용실시권(Sole and Exclusive License)과 부분 전용실시권(Co-exclusive License)

완전 전용실시권은 특허권자를 포함해 누구도 실시할 수 없는 완전 독점이다. 부분 전용실시권은 특정 조건 하에서만 독점권을 인정한다. 예를 들어 'A 지역에서는 전용, B 지역에서는 통상' 또는 '자동차 분야 전용, 기타 분야 통상' 같은 방식이다.

❸ 통상실시권(Non-exclusive License)

특허권자가 여러 기업에 동시에 실시권을 허여할 수 있다. 라이선시는 배타적 권리를 갖지 못하므로 경쟁자도 동일 기술을 사용할 수 있다. 대신 로열티가 저렴하고 계약 조건이 유연하다. 표준특허나 범용 기술은 통상실시권으로 다수에게 라이선싱하는 것이 일반적이다.

로열티 산정과 협상로열티

로열티 산정과 협상로열티는 라이선싱 계약에서 가장 중요한 경제적 조건이다. 로열티는 크게 선급금(Upfront Fee)과 경상 로열티(Running Royalty)로 구성된다.

선급금은 계약 체결 시 또는 제품 출시 전에 일시불로 지급하는 금액이다. 특허권자는 선급금을 통해 초기 수익을 확보하고, 라이선시는 계약 이행 의지를 보여준다. 선급금은 일반적으로 기술가치평가액의 5~20% 수준에서 결정되며, 경상 로열티와 상계(Offset)되기도 한다. 예를 들어 선급금 1억 원을 지급하고 경상 로열티에서 매년 2천만 원씩 차감하는 식이다.

경상 로열티는 제품 판매에 따라 지속적으로 지급되는 금액이다. 일반적으로 순매출액(Net Sales)에 일정 비율을 곱해 산정한다. 로열티율은 산업과 기술에 따라 크게 다르다. 로열티 산정 기준도 중요하다. 순매출액 기준이 가장 일반적인데, 총 매출에서 반품, 할인, 세금 등을 제외한 금액을 기준으로 한다. 이익 기준은 매출에서 원가를 뺀 이익에 로열티율을 적용한다. 라이선시에게 유리하지만 이익 조작 가능성 때문에 라이선서가 꺼린다. 단위당 고정액 기준은 제품 1개당 정액을 받는 방식으로, 계산이 간단하지만 제품 가격 변동을 반영하지 못한다.

최소 로열티(Minimum Royalty) 조항도 흔히 포함된다. 라이선시가 제품을 생산·판매하지 않더라도 매년 최소한의 로열티를 보장하는 것이다. 이는 특허권자가 기회비용을 보전받기 위한 장치다. 계약 기간은 통상 특허권 존속 기간 내에서 정한다. 3~10년 단위로 설정하고 자동 연장 조건을 명시하는 경우가 많다. 예를 들어 '초기 5년 계약, 양측이 이의를 제기하지 않으면 자동으로 5년 연장'처럼 규정한다.

지역적 범위는 어느 국가 또는 지역에서 실시 가능한지 명시한다. 국내, 아시아 등 전 세계 다양하게 설정할 수 있다. 특허가 여러 국가에 등록되어 있다면 국가별로 라이선싱할 수도 있다.

기술 지원 조건도 중요하다. 라이선서가 기술 자료 제공, 교육 훈련, 생산 공정 지도, 품질 관리 지원 등을 얼마나 제공할지 명시한다. 기술 지원이 필수적인 경우 이를 계약 의무로 규정하고, 지원 기간과 범위를 구체적으로 정한다.

개량 발명의 귀속도 명확히 해야 한다. 라이선시가 특허 기술을 개량해 새로운 발명을 창출한 경우 그 권리를 누가 갖느냐의 문제다. 일반적으로 개량 발명은 개발자에게 귀속되지만, 원천 특허권자에게 무상 또는 우선 실시권을 부여하는 조건을 붙이기도 한다.

∷ IP 기반 수익 모델 설계

라이선싱은 단순히 특허 사용료를 받는 것을 넘어 다양한 수익 모델로 발전할 수 있다. IP

를 전략적으로 활용하면 지속 가능한 비즈니스 생태계를 구축할 수 있다. 이를 위해 IP의 활용 범위를 기술이전뿐 아니라 브랜드 협력, 공동개발, 로열티 구조 다변화 등으로 확장해 지속적인 수익 흐름을 창출해야 한다. 아울러 체계적인 IP 수익 모델은 기업 가치 평가의 핵심 지표로 작용하여 투자 유치와 M&A 과정에서 유리한 협상력을 제공하며, 기술 기반 스타트업의 지속 성장을 위한 재무적 기반을 마련한다.

라이선싱 중심 비즈니스 모델

일부 기업은 제품 생산 없이 IP 라이선싱만으로 수익을 창출한다. 대표적인 것이 NPE(Non-Practicing Entity) 또는 특허관리전문회사(PAE)다. 이들은 특허를 확보하고 이를 필요로 하는 기업에 라이선싱하거나 침해 기업을 상대로 소송을 제기해 합의금을 받는다. 부정적 이미지도 있지만, 대학이나 개인 발명가의 특허를 사업화하는 순기능도 있다.

특허 풀(Patent Pool)

동일 기술 분야의 여러 특허권자가 특허를 모아 하나의 풀(Pool)을 구성하고, 이를 패키지로 라이선싱하는 모델이다. 반도체, 통신, 영상 압축 기술 분야에서 흔히 활용된다. 예를 들어 MPEG 영상압축기술은 수백 개의 특허로 구성되는데, 각각 개별 협상하는 것은 비효율적이다. 특허 풀을 구성하면 실시권자는 한 번의 계약으로 모든 특허를 사용할 수 있고, 특허권자들은 안정적으로 로열티를 배분받는다.

크로스 라이선싱(Cross Licensing)

두 기업이 서로의 특허를 교환해 라이선싱하는 방식이다. 특히 스마트폰, 반도체 같은 첨단 산업에서 흔하다. 삼성과 애플, 퀄컴과 인텔 등은 수천 건의 특허를 보유하며 서로의 특허를 침해할 가능성이 크다. 크로스 라이선싱을 통해 소송 없이 상호 실시권을 인정하고, 특허 가치 차이만큼만 금전을 정산한다.

구독형 라이선싱(Subscription Licensing)

소프트웨어나 콘텐츠 분야에서 주로 사용되는 방식으로, IP를 계속 사용하는 동안 정기적으로 사용료를 지급한다. 전통적인 일회성 라이선싱과 달리 지속적인 수익을 창출하며, 사용자는 초기 부담이 적다. SaaS(Software as a Service) 모델이 대표적이다.

프랜차이즈 모델

상표권, 영업비밀, 경영 노하우 등을 패키지로 라이선싱하는 방식이다. 가맹점은 본사의 브랜드와 운영 시스템을 사용하고, 그 대가로 가맹비와 로열티를 지급한다. 맥도날드, 스타벅스 같은 글로벌 프랜차이즈가 이 모델을 활용한다.

IP 기반 합작투자(Joint Venture)

특허권자가 기술을 현물 출자하고, 파트너가 자본과 생산 설비를 출자해 합작법인을 설립하는 방식이다. 단순 라이선싱보다 깊은 협력 관계를 형성하며, 수익을 배당으로 받는다. 대학이나 연구기관이 보유한 특허를 기업과 공동 사업화할 때 활용된다.

IP 사업화의 핵심은 특허의 가치를 정확히 평가하고, 적절한 파트너를 찾으며, 합리적인 계약을 체결하는 것이다. 기술이전과 라이선싱은 특허권자에게 안정적 수익을, 실시권자에게 경쟁력 강화를 제공하는 윈-윈 전략이다. 그러나 계약서 작성, 권리 관리, 분쟁 대응 등 전문성이 요구되므로 변리사나 기술거래 전문가의 도움을 받는 것이 바람직하다.

13장

특허경영지도사와 IP 전문가 활용
Utilizing Patent Management Consultants and IP Experts

특허 명세서를 혼자 쓰다가 거절당하고, 기술이전 계약서를 대충 작성했다가 분쟁에 휘말린다. IP 전략은 전문성이 필요한 영역인데, 많은 창업가와 중소기업은 비용을 아끼려다 더 큰 손해를 본다. 변리사, 기술거래사, 특허경영지도사 같은 전문가를 언제, 어떻게 활용하느냐가 IP 전략의 성패를 가른다.

특허경영지도사(PMC, Patent Management Consultant) 활용

특허경영지도사는 지식재산을 바탕으로 기업과 사회에 혁신을 찾아주고, 청년들에게 새로운 일자리 창출의 기회를 제공하는 전문 자격이다. 단순히 특허 출원이나 관리에 국한되지 않고, 발명을 기업 경영 전략과 연결하여 산업 경쟁력을 높이는 데 중점을 둔다. 이러한 이유로 특허경영지도사는 '세상에서 가장 가치 있는 자격증'으로 불리며, 연구개발 성과를 보호하고 활용하는 동시에 미래지향적인 지식 기반 경제를 이끌어 가는 핵심 인력으로 평가된다.

자격증 목적(Purpose of Certification)
- 본 규정은 (사)한국대학발명협회 제2조의 목적을 달성하기 위하여 각호의 사업을 수행하

는 지식재산권 교육 과정으로 민간자격의 기준에 의한 다양한 자격으로 발명의 중요성을 인식시키고 창의력을 계발, 발명 활동 확산을 위한 특허기술 인재를 양성하는 데 지침을 두고 기술가치평가 및 특허경영지도와 특허기술관리 등 지식재산권으로 권리를 보호 이용을 도모함으로써 기술 발전을 촉진 국가 산업 발전에 이바지하는 데 목적을 둔 민간자격 2014-5722호 등록 자격증이다.

- '자격(Qualification)은 '~을 할 수 있는 능력'을 말하며, 일반적으로는 일정한 기준과 절차에 따라 평가 또는 인정된 능력(지식, 기술 및 소양 등)을 말한다. '자격 제도'는 인간의 이러한 능력을 일정한 기준과 절차에 따라 평가 또는 인정하기 위한 시스템을 의미하며, '자격증'은 이러한 시스템을 통해 능력이 있다고 평가 또는 인정받은 사람에게 수여되는 증서이다.

- 창의적인 지식재산 전문 인재(특허경영지도사)를 양성, 산업기술 발전을 위한 법률적 수단 또는 창의 정신으로 특허 기업의 설립과 기술 개발의 필요성을 접목, 창조적 사고력과 융합특허기술, 특허기술평가, 디자인 및 브랜드 개발로 기업 또는 교육기관에서 아이디어(제안), 생산, 마케팅 등에 필요한 특허기술 인재를 양성하는 데 지침을 두고자 한다.

- 또한 창의적인 발명품을 개발하고 지식재산권으로 권리를 보호하고, 그 이용을 도모함으로써 국가 산업 발전에 이바지하고자 하며, 국제적 추세인 지식 창조 산업에 역점을 두고 사회 각 분야에서 다양화, 세분화하는 특허경영 인재로서 정부의 자격기본법(법률 제5453호 1997.3.27.) 제정 및 시행에 따라(지식재산권이 기업 및 국가의 경쟁력을 결정하는 핵심 요소) 기업 경영에서 효율적인 특허 관리 및 전략적 추진의 중요성에 대한 인식 제고와 사회적 변화의 부흥을 위한 전문인력 양성이 요구되는바, 그에 따라 공학과 경영학의 원리를 결합한 융합기술능력을 배양하는 통합 과정으로서 상호 의존적이며 유기적으로 경영 혁신을 이루고자 한다.

- 특허경영은 기업 경쟁력 향상과 미래 전략적인 부가 창출의 경영을 목표로 하며 기업의 기존 핵심 특허를 중심으로 전략적 창의적 인재 양성, 특허의 활용 및 특허가치평가와 전문적인 특허기술경영사의 역할을 위한 융합기술 아이디어, 휴먼특허 이노베이션을 창조할 수 있는 인재 양성을 목표로 한다.

<자격자 역할과 기대 효과>

자격자의 역할과 기대 효과
• 기술금융사업의 사후 관리 담당 및 특허경영(지식인증) 담당자
• 지식재산권 전반에 대한 종합 지식 및 실무 능력을 갖추고 IP 분석 및 조사 연구
• 기업의 지식재산권 관리 업무를 담당하는 전문 인력으로서 IP HRD 관리자
• 직무발명 제도 운영 및 제안 활동 전담자 및 아이디어 창출 능력자
• 발명기술에 대한 특허성을 판단, 특허기술평가 등 특허가치를 신사업에 연결
• 특허권리화 사업에 아이디어 개발 및 휴먼특허 활용 능력을 배양하는 전문가
• 창업 아이디어 발상 및 정부 기술사업화에 핵심 브레인 전문가
• 4차 산업혁명의 지식재산 선도자 및 '온디맨드' 기술 능력 향상 지도자
• 초·중·고 발명반 지도 및 WICO 국제발명대회 심사관 및 기술평가관
• 신기술을 활용한 사업을 구상하는 데 필요한 '뉴 하드스킬'
• LINC+ 대학에 대한 산학협력 구성원 역량 강화 교육 협력 확대 / 확산 담당자

검정 기준 및 방법(Testing criteria and methods)

검정은 1차 필기시험, 2차 직무교육으로 나누어 시행하며, 필기시험 합격자는 직무교육을 이수하여야 한다. 특허경영지도사 1, 2급의 검정 과목은 다음과 같다.

<검정 과목>

등급	검정 방법		검정 과목
1급	필기	객관식	발명학개론, 산업재산권제도, 특허정보활용, 특허기술평가, 특허경영(총 5과목)
2급			발명학개론, 산업재산권제도, 특허경영(총 3과목)

직무교육의 방법은 다음과 같다.
- 특허경영지도사 1차 필기시험 합격자를 대상으로 정해진 시간과 장소에서 해당 직무수행과 관련한 소정의 교육을 다음과 같이 실시한다.
- 창업기업과 현재 운영 중인 기업이라도 IP 지식재산 총괄업무 부서, 즉 IP 전략 부서 또

는 지식재산 관련 부서를 반드시 신설하여야 하며, 부서 책임자는 '특허경영지도사' 자격 증 소지한 자 또는 실무 능력을 가진 자가 IP 분석, 동향 파악 등 업무를 총괄하게 된다.

<직무교육>

교육명	교과목	교육 시간	이수 기준	평가 기준 및 방법
직무교육	• 특허경영전략 • 특허기술지도	2시간	교육 참석	교육 시작과 종료 시간에 참석 여부 체크

직무교육과 관련한 세부사항은 1차 필기시험 합격자 발표 시 협회 홈페이지(www.invent21.com)에 공지한다.

<1급 응시 자격>

	특허경영지도사 1급의 응시 자격은 다음 각호의 1에 해당하는 자로 한다.
1.	특허경영지도사 2급 자격 소지자로 동일 직무 분야에서 3년 이상 실무에 종사한 자(경력증명서)
2.	본 협회에서 실시하는 교육 과정을 통하여 응시 자격이 인정된 자
3.	응시하고자 하는 종목의 동일 직무 분야에서 5년이상 실무에 종사한 자(경력증명서)
4.	교육기관(고등 및 평생교육기관, 지식재산처 및 산하기관, 발명특허 유관기관 및 단체 등)에서 응시 분야와 관련한 자격인증 교육 과정을 이수한 자 또는 이수 예정자
5.	변리사, 변호사, 경영지도사, 기술지도사, 기술신용평가사, IPAT 3급 등 동일 직무 분야 자격 증 소지자로 동일 직무 분야에서 1년 이상 실무에 종사한 자(경력증명서)
6.	지식재산권 강의 전담 교사 및 교수
7.	외국에서 동일한 등급 및 종목에 해당하는 자격을 취득한 자

<2급 응시 자격>

	특허경영지도사 2급의 응시 자격은 다음 각호의 1에 해당하는 자로 한다.
1.	본 협회에서 실시하는 교육 과정을 통하여 응시 자격이 인정된 자
2.	교육기관(고등 및 평생교육기관, 지식재산처 및 산하기관, 발명특허 유관기관 및 단체 등)에서 응시 분야와 관련한 자격인증 교육 과정을 이수한 자 또는 그 이수 예정자
3.	국내외 발명특허와 관련한 각종 대회(공모전, 경진대회, 경연대회, 페스티벌 등)에서 수상한 사실이 있는 자
4.	외국에서 동일한 등급 및 종목에 해당하는 자격을 취득한 자

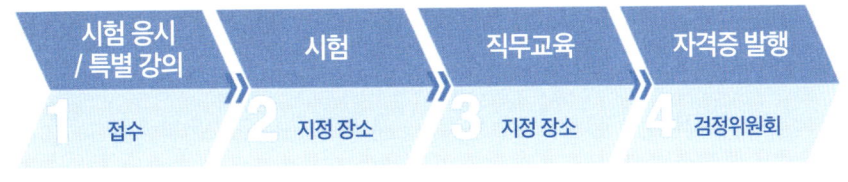

〈응시 절차 1〉

〈응시 절차 2〉

IP 전문가 네트워크 구축 방안

기업이 IP 전략을 성공적으로 실행하려면 내부 역량만으로는 한계가 있다. 특허 출원, 가치 평가, 라이선싱 협상, 분쟁 대응 등 각 단계마다 고도의 전문성이 요구되기 때문이다. 따라서 변리사, 기술거래사, 가치평가사, 변호사 등 외부 IP 전문가와의 네트워크를 전략적으로 구축하는 것이 필수적이다.

IP 전문가의 유형과 역할

먼저 각 전문가의 역할과 활용 시점을 이해해야 한다.

❶ 변리사(Patent Attorney)

특허, 실용신안, 디자인, 상표의 출원, 등록, 심판, 소송 대리를 담당한다. 기술 내용을 법적 권리로 전환하는 핵심 역할을 하며, 선행기술 조사, 명세서 작성, 거절 이유 대응, 무효 심판 등 IP 생애주기 전반을 지원한다. 이공계 학위와 법률 지식을 동시에 갖춘 전문가로, 기술 분야별로 전문성이 다르므로 자사 기술과 맞는 변리사를 선택해야 한다.

❷ 변호사(Attorney)

특허침해소송, 기술유출 형사 사건, 라이선싱 계약 검토, 직무발명 분쟁 등 법률 자문과 소송 대리를 담당한다. 특히 특허소송은 기술과 법률의 교차 영역이므로 IP 전문 변호사의 도움이 필수적이다. 계약서 작성, 실사(Due Diligence), 분쟁 조정 등에서도 역할이 크다.

❸ 기술거래사(Technology Transfer Specialist)

기술이전, 라이선싱, 기술 중개를 전문으로 한다. 대학과 연구기관의 기술을 기업에 연결하거나 기업 간 기술 거래를 중개한다. 기술의 시장성 분석, 파트너 발굴, 계약 협상 지원 등을 수행한다. 기술거래사 자격증 보유자가 전문성을 인정받는다.

❹ 기술가치평가사(Korea Certified Valuation Analyst)

특허와 기술의 경제적 가치를 평가한다. 비용접근법, 시장접근법, 수익접근법을 활용해 기술가치평가서를 작성하며, IP 담보대출, 기술이전 가격 산정, M&A 실사 등을 담당한다. 한국산업기술진흥원(KIAT), 기술보증기금 등 공인 기관의 평가사가 신뢰도가 높다.

❺ 특허경영지도사(PMC, Patent Management Consultant)

기업의 IP 전략 수립, 특허 포트폴리오 분석, IP 경영 컨설팅을 담당한다. 지식재산처 인증 자격으로, 기업의 IP 역량 진단, 직무발명 제도 구축, 특허 맵 작성 등을 지원한다. 중소기업에 실질적 도움이 크다.

❻ IP 금융 전문가

IP 담보대출, 기술보증, 특허 유동화 등 IP 금융 상품 설계와 실행을 담당한다. 기술보증기금, 신용보증기금, 산업은행 등에서 근무하거나 IP 금융 컨설팅 업체에 소속되어 있다.

❼ IP 정보 분석가

특허 데이터베이스를 활용해 경쟁사 기술 동향, 백색 영역(White Space) 발굴, 특허 침해 위험 분석 등을 수행한다. 특허 빅데이터 분석 도구(WIPS, WIPSON 등)를 활용한 전략적 인사이트를 제공한다.

네트워크 구축의 단계별 전략

IP 전문가 네트워크는 하루아침에 만들어지지 않는다. 체계적인 접근과 단계별 실행이 필요하다. 다음 5단계 전략을 참고하여 자사에 맞는 외부 IP 전문가와 전략적으로 네트워크를 구축하는 것이 필요하다.

1단계 자사의 IP 수요 파악

무작정 전문가를 찾기보다 자사가 어떤 지원이 필요한지 먼저 파악해야 한다. 특허 출원이 급하다면 변리사, 기술이전 파트너를 찾는다면 기술거래사, 금융이 필요하면 기술가치평가사와 IP 금융 전문가, 소송에 대비한다면 변호사, 전략 수립이 필요하면 특허경영지도사가 적합하다. 필요를 명확히 해야 올바른 전문가를 선택할 수 있다.

2단계 전문가 발굴 경로

전문가를 찾는 방법은 크게 세 가지다. 첫째, 공식 기관을 활용한다. 지식재산처 특허고객서비스센터에서 변리사와 특허경영지도사를 추천받고, 대한변리사회에서 분야별 변리사를 검색하며, 대한변호사협회에서 IP 전문 변호사를, 기술거래사협회에서 기술거래사 명단을 확인한다. 한국지식재산보호원의 중소기업 IP 지원 프로그램도 활용한다.

둘째, 네트워킹 행사에 참여한다. IP 컨퍼런스, 기술이전 박람회, 창업 행사 등에서 전문가를 직접 만나고, 대학 TLO(기술이전전담조직), 테크노파크, 창업지원센터 등에서 소개받는다. 직접 만난 전문가는 신뢰 관계 구축이 빠르다.

셋째, 온라인 플랫폼을 활용한다. 지식재산처 K-IP 마켓에서 기술 거래를 중개하고, 변리사 검색 포털에서 전문 분야별로 검색하며, IP 커뮤니티와 스타트업 네트워크에서 추천을 받는다. 온라인은 빠르고 편리하지만 반드시 실적과 평판을 확인해야 한다.

3단계 전문가 선정 기준

전문가를 선택할 때는 다섯 가지를 고려한다. 첫째, 전문 분야가 일치해야 한다. 자사 기술 분야(바이오, IT, 기계 등)에 경험이 있는 전문가를 선택한다. 특허는 기술 이해가 필수이므로 분야가 맞지 않으면 품질이 떨어진다.

둘째, 실무 경험이 풍부해야 한다. 자격증만으로는 부족하다. 유사 사례 처리 경험, 성공 사례, 고객 평판을 반드시 확인한다.

셋째, 의사소통이 원활해야 한다. 전문 용어만 남발하는 전문가보다 기업 상황을 이해하고 쉽게 설명하는 전문가가 좋다.

넷째, 비용이 합리적이어야 한다. 대형 로펌은 비용이 높지만 품질도 높다. 스타트업은 중소 특허법인이나 개인 변리사가 합리적일 수 있다. 여러 견적을 비교해 최적의 선택을 한다.

다섯째, 장기 협력 가능성을 본다. 일회성이 아니라 지속적으로 협력할 파트너인지 고려한다. 신뢰 관계가 쌓이면 더 전략적 조언을 받을 수 있다.

4단계 협력 관계 구축

전문가를 선정했다면 효과적인 협력 체계를 만든다. 첫째, 명확한 업무 범위를 설정한다. 계약서에 업무 내용, 일정, 비용, 결과물을 구체적으로 명시한다. 추가 비용 발생 조건도 사전에 합의해 나중에 분쟁을 막는다.

둘째, 정기 미팅을 정례화한다. 단발성 자문이 아니라 정기적으로 만나 IP 전략을 논의한다. 분기별 또는 반기별 미팅으로 지속적인 관계를 유지한다.

셋째, 정보를 공유한다. 사업 계획, 신제품 개발, 경쟁사 동향 등을 공유해야 전문가가 맥락을 이해하고 전략적 조언을 할 수 있다. 물론 비밀유지계약은 필수다.

넷째, 피드백 체계를 만든다. 전문가의 조언이 실제로 도움이 되었는지, 개선할 점은 무엇인지 솔직히 소통한다. 이런 피드백이 쌓여야 더 나은 협력이 가능하다.

5단계 네트워크 확장 및 관리

한 명의 전문가에 의존하지 말고 분야별로 네트워크를 확장한다. 주 협력 변리사에게 일반적인 특허 출원을 맡기되, 특수 분야(의약, 소프트웨어, 디자인)는 전문가를 추가로 확보한다. 국내 전문가뿐 아니라 해외 특허 출원과 국제 분쟁 대응을 위해 주요 시장(미국, 중국, 유럽)의 현지 변리사 네트워크도 구축한다.

전문가 명단, 전문 분야, 연락처, 협력 이력을 체계적으로 관리한다. 긴급 상황에 즉시 연락할 수 있도록 최신 정보를 유지한다. 협력이 없는 기간에도 연말 인사, 업계 소식 공유 등으로 관계를 유지한다. 좋은 전문가 네트워크는 위기 시 기업을 살리는 생명줄이 된다.

중소기업·스타트업을 위한 실천 팁

중소기업과 스타트업은 예산과 인력이 제한적이므로 전문가 비용 부담이 크다. 그러나 정부 지원과 창의적 방법을 활용하면 최소 비용으로도 전문가 네트워크를 구축할 수 있다. 또한 지역 창조경제혁신센터나 지식재산센터 등 공공기관의 멘토링 프로그램을 적극 활용하면 실질적인 도움을 받을 수 있다.

❶ 정부 지원 프로그램 적극 활용

정부는 중소기업의 IP 역량 강화를 위해 다양한 지원 프로그램을 운영한다. 지식재산처 지식재산 바우처는 특허 출원, 번역, 심판 비용을 지원하고, 중소벤처기업부 IP 나래는 변리사 비용 일부를 지원한다. 지자체별로도 다양한 IP 지원 사업을 운영하므로 관할 지자체의 프로그램을 반드시 확인한다. 이런 지원을 활용하면 전문가 비용을 크게 절감할 수 있다.

❷ 대학·연구기관 TLO 활용

대학 TLO(기술이전 전담조직)는 무료 또는 저렴한 비용으로 기술이전과 특허 자문을 지원한다. 특히 대학과 공동 연구를 진행 중이라면 TLO를 적극 활용해야 한다. TLO는 기술사업화 경험이 풍부하고 중소기업 지원에 적극적이므로 초기 스타트업에 큰 도움이 된다.

❸ 특허법인 멘토링과 온라인 자문

일부 특허법인은 스타트업을 대상으로 무료 상담이나 할인 프로그램을 운영한다. 창업 행사, 데모데이, 액셀러레이터 프로그램에서 이런 기회를 찾아본다. 간단한 질문은 온라인 IP 상담 서비스를 이용해 무료로 해결한다. 지식재산처 콜센터와 IP 포털은 기본적인 질문에 친절히 답해준다. 복잡한 사안만 유료 전문가에게 의뢰하면 비용을 아낄 수 있다.

❹ 공동 변리사 계약

여러 스타트업이 공동으로 변리사와 계약해 비용을 분담하는 방식도 고려할 수 있다. 같은 액셀러레이터 출신이나 비슷한 분야 스타트업끼리 연합해 연간 계약을 체결하면 개별 계약보다 훨씬 저렴하다. 변리사 입장에서도 안정적인 업무량 확보가 되므로 할인을 제공하는 경우가 많다.

❺ 주의사항

전문가를 활용하되 몇 가지 주의할 점이 있다.

- **과도한 의존 금지**: 전문가 조언은 참고하되 최종 결정은 회사가 한다. IP 전략은 사업 전략과 연동되므로 경영진이 주도해야 한다. 전문가에게 모든 것을 맡기면 회사 상황에 맞지 않는 결정이 나올 수 있다.
- **이해 충돌 확인**: 변리사나 변호사가 경쟁사와도 거래하는 경우 이해 충돌 가능성을 확인한다. 필요시 전속 계약을 체결해 경쟁사 업무를 하지 못하도록 한다. 핵심 기술 정보가 새어 나가면 돌이킬 수 없다.
- **비밀 유지**: 전문가에게 제공하는 기술 정보는 반드시 비밀유지계약으로 보호한다. 계약서 없이 구두로만 약속하면 나중에 분쟁 시 입증이 어렵다.
- **비용 과다 주의**: 일부 전문가는 불필요한 서비스를 권유할 수 있다. 정말 필요한 것인지 판단하고, 여러 전문가의 의견을 들어본다. 견적을 비교하고 과도한 비용은 협상한다.

IP 전문가 네트워크는 기업의 무형 자산이다. 좋은 전문가를 만나면 IP 전략의 품질이 달라지고, 위기 시 든든한 지원군이 된다. 시간과 노력을 들여 신뢰할 수 있는 네트워크를 구축하는 것은 장기적으로 큰 투자 수익을 가져온다. 전문가 비용을 아끼려다 더 큰 손실을 입는 우를 범하지 말아야 한다.

14장

특허 분쟁 대응 전략
Patent Dispute Response Strategy

특허무효소송은 특허권자가 부여받은 특허의 유효성에 의문을 제기하는 소송으로, 등록된 특허가 신규성이나 진보성이 부족하거나 공개된 선행기술을 반영하지 않은 경우에는 법적 요건을 충족하지 못했다고 주장하여 무효를 요구하는 소송을 말한다.

이러한 분쟁은 기술 경쟁이 치열한 산업일수록 빈번하게 발생하며, 단순한 법적 다툼을 넘어 기업의 생존과 시장 주도권에 직접적인 영향을 미친다. 따라서 기업은 사후 대응보다 사전 예방 중심의 분쟁 관리 체계를 갖추는 것이 중요하다.

먼저 기술 개발 초기 단계에서부터 선행기술 조사와 특허 맵(Patent Map)을 통해 기존 특허권의 범위를 명확히 파악해야 한다. 이를 통해 중복 출원이나 타인 권리 침해 위험을 최소화할 수 있으며, 필요시 조기 경고 시스템(Early Warning System)을 구축해 분쟁 가능성을 실시간으로 모니터링할 수 있다.

분쟁이 실제로 발생했을 경우에는 공격적 대응과 방어적 전략을 병행해야 한다. 공격 전략으로는 상대방 특허의 유효성을 검증하는 무효심판청구 또는 특허권 남용 행위에 대한 공정거래위원회 제소 등이 있으며, 방어 전략으로는 실시권 협상, 크로스 라이선스(Cross-License)

또는 기술 대체(Design-Around) 전략을 활용할 수 있다. 또한 기업 내부에 특허 분쟁 대응 매뉴얼을 마련하고, 변리사·법무 전문가와의 협업 체계를 구축해 신속한 의사결정이 가능해야 한다.

결국 특허 분쟁 대응 전략의 핵심은 '법적 대응력'과 '기술 분석력'을 결합해 지식재산 리스크를 관리 가능한 수준으로 통제하는 것이다. 특허는 권리이자 책임이며, 분쟁을 두려워하기보다 이를 통해 기술 경쟁력을 검증하고 강화하는 계기로 삼는 것이 바람직하다.

특허무효소송의 사유와 장단점

특허무효소송의 주요 사유	
신규성 결여	등록받은 특허기술이 이미 공개된 기술과 동일하거나 유사한 경우
진보성 결여	등록받은 특허기술이 종래 기술과 비교했을 때 진보성이 없다고 판단한 구체적인 근거가 있을 경우
산업적 이용 가능성 결여	등록받은 특허기술이 산업에서 실용성이 없다고 판단한 근거가 있을 경우
기타 법적 요건 미충족	출원 당시 제출된 서류나 내용에 문제가 있을 경우와 부여받은 법적 요건을 충족하지 못했을 경우

특허무효소송의 장점과 단점		
장점	경쟁우위 확보	동종업종의 경쟁자는 무효된 특허기술을 자유롭게 사용
단점	시간과 비용	소송을 준비하는 과정에서는 전문가의 기술적 분석과 법적 전략이 있어야 하고, 판결에서 패소할 경우 그에 따른 금전적 시간적 손해 발생

특허침해소송 대응 전략

특허침해소송은 기업의 생존을 위협하는 중대한 위기다. 소송 비용만 수억 원에서 수십억 원에 달하고, 패소 시 손해배상금과 시장 퇴출이라는 치명타를 입을 수 있다. 반면 제대로 대응하면 경쟁사를 견제하고 시장 지배력을 강화하는 기회가 되기도 한다. 특허침해소송에서 살아남기 위해서는 체계적인 대응 전략이 필수다.

특허침해소송의 단계별 이해

특허침해소송은 크게 세 단계로 진행된다. 첫 번째는 경고장 수령 단계다. 특허권자가 침해 가능성을 통보하며 협상을 요구한다. 이 시점에서 대응을 잘하면 소송으로 가지 않고 해결할 수 있다. 두 번째는 본 소송 단계다. 법원에서 특허의 유효성, 침해 여부, 손해액을 다툰다. 세 번째는 판결 이행 및 항소 단계다. 패소 시 손해배상과 금지명령을 이행하거나 상급심에 항소한다.

각 단계마다 전략적 판단이 필요하다. 경고장 단계에서는 신속한 분석과 협상 여지 검토가 핵심이고, 본 소송에서는 무효 항변과 비침해 주장을 병행해야 하며, 판결 후에는 집행 정지와 항소 전략을 세워야 한다.

경고장 수령 시 초기 대응

특허침해 경고장을 받으면 당황하기 쉽지만 침착하게 대응해야 한다. 첫 번째 단계는 특허 분석이다. 상대방이 주장하는 특허의 권리 범위를 정확히 파악해야 한다. 특허 청구 범위를 꼼꼼히 읽고, 우리 제품이나 기술이 정말 그 범위에 포함되는지 검토한다. 이때 특허 전문가나 변리사의 도움이 필수적이다.

두 번째는 선행기술 조사다. 상대방 특허보다 앞선 기술이 존재하면 그 특허는 무효가 될 수 있다. 학술 논문, 기존 특허, 공개된 제품 카탈로그 등을 샅샅이 뒤져 선행기술을 찾아낸다. 실제로 많은 특허침해소송에서 선행기술 발견으로 특허가 무효화되어 승소한 사례가 있다.

세 번째는 비침해 논리 구축이다. 우리 기술이 상대방 특허의 청구 범위에 포함되지 않는다는 논리를 만든다. 기술적 차이점을 명확히 하고, 특허 명세서의 한정 해석을 활용한다. 예를 들어 특허가 'A+B+C'를 청구하는데 우리 제품이 'A+B+D'라면 침해가 아닐 수 있다.

네 번째는 협상 가능성 타진이다. 소송으로 가지 않고 라이선싱 계약이나 합의로 해결할 수 있는지 검토한다. 라이선싱 비용이 소송 비용보다 저렴하고 사업 연속성을 보장할 수 있다면 합리적 선택이 될 수 있다.

소송 단계의 핵심 전략

본격적인 소송 단계에 들어가면 무효 항변과 비침해 항변을 병행해야 한다. 무효 항변은 상대방 특허 자체가 무효라는 주장이고, 비침해 항변은 우리가 그 특허를 침해하지 않았다는 주장이다. 두 가지를 동시에 펼치면 승소 확률이 높아진다.

무효 항변 전략에서는 선행기술 조사가 핵심이다. 국내외 특허 데이터베이스, 학술 논문, 공개된 제품 자료를 총동원해 선행기술을 찾는다. 앞서 언급했듯이 우리나라 특허 무효율이 44.4%에 달하는 만큼 제대로 된 선행기술을 제시하면 특허를 무효화할 가능성이 충분하다. 특히 진보성 부족(78%)과 신규성 부족(16%)이 주요 무효 사유이므로 이 부분을 집중 공략한다.

비침해 항변 전략에서는 기술적 차이를 명확히 입증한다. 우리 제품의 기술 구조를 상세히 분석하고, 상대방 특허의 청구항과 하나하나 대조한다. 핵심 구성 요소가 다르거나, 작동 원리가 다르거나, 기술적 효과가 다르면 침해가 아니라고 주장할 수 있다. 실험 데이터, 설계도면, 전문가 감정서 등을 증거로 제출한다.

손해배상액 다툼도 중요하다. 설령 침해가 인정되더라도 손해배상액을 최소화해야 한다. 상대방이 주장하는 손해액이 과장되었다는 점을 입증하고, 우리 제품의 매출 중 특허 기술이 기여한 비율을 낮게 산정하도록 노력한다. 특허 기술 외에 브랜드, 마케팅, 다른 기술의 기여도를 강조한다.

중소기업과 스타트업의 현실적 대응

중소기업과 스타트업은 대기업과 달리 소송 비용 부담이 크고 법률 전문 인력도 부족하다. 현실적인 대응 방안을 모색해야 한다.

첫째, 특허 침해 보험 가입이다. 특허 분쟁 발생 시 변호사 비용, 소송 비용, 일부 손해배상금을 보험으로 충당할 수 있다. 보험료는 부담이지만 예기치 않은 소송으로 인한 회사 파산을 막을 수 있다.

둘째, 정부 지원 프로그램 활용이다. 지식재산처와 한국지식재산보호원은 중소기업을 위한 특허 분쟁 대응 지원 사업을 운영한다. 선행기술 조사 비용 지원, 무료 법률 상담, 소송 비용 일부 지원 등을 받을 수 있다. 이러한 제도를 적극 활용해야 한다.

셋째, 특허 풀(Patent Pool) 참여다. 동종 업계 기업들이 모여 특허를 공유하고 상호 방어하는 체계를 만든다. 개별 기업이 대응하기 어려운 대기업의 특허 공격을 공동으로 방어할 수 있다.

넷째, 조기 합의 검토다. 소송이 장기화되면 비용과 시간 손실이 막대하다. 사업 연속성과 비용을 고려해 조기 합의가 유리한지 냉정히 판단해야 한다. 자존심보다 생존이 우선이다.

예방이 최선의 전략

소송 대응보다 중요한 것은 특허침해소송을 예방하는 것이다. 제품 개발 단계에서부터 특허 분석(FTO, Freedom To Operate)을 실시해 타인의 특허를 침해하지 않는지 확인해야 한다. 핵심 기술에 대해서는 자체 특허를 확보해 상호 방어 수단으로 삼는다. 경쟁사의 특허 동향을 지속적으로 모니터링하고, 위험 특허가 발견되면 조기에 무효 심판을 청구하거나 회피 설계를 한다.

또한 R&D 과정과 제품 개발 이력을 철저히 문서화해야 한다. 나중에 소송이 발생하면 "우리는 독자적으로 개발했다"라는 증거로 활용할 수 있다. 연구 노트, 회의록, 설계 변경 이력 등을 체계적으로 관리한다.

특허침해소송은 위기이지만 동시에 IP 전략을 재점검하는 기회다. 소송을 통해 우리 기술의 강점과 약점을 파악하고, 향후 특허 포트폴리오를 강화하는 계기로 삼아야 한다. 제대로 된 대응 전략과 예방 체계를 갖춘 기업만이 글로벌 시장에서 살아남을 수 있다.

우리나라 특허 강국의 진실

특허 출원 4위, 과연 특허 강국인가? 우리나라는 국제특허출원수 세계 4위이며 국내 총생산(GDP) 대비 특허 출원은 세계 1위이다. 세계 5위권 내에서 우리나라를 제외한 중국, 일본, 독일(EU)의 출원량이 모두 감소하고 있는 추세다. 특허란 국가산업은 물론 신기술의 배타적 권리를 보호받기 때문에 우리나라 출원 통계를 보면 우리 경제의 미래는 밝을 것으로 보인다.

〈특허 최다 출원 3개국 현황〉

국가	2018년	2019년	2020년	2021년	2022년	2023년
한국	46.3%	57.4%	42.6%	47.2%	57.6%	44.4%
일본	15.2%	16%	25%	15.2%	13.9%	11.5%
미국	30.5%	29.7%	21.5%	30.2%	31.7%	31.3%

그렇지만 실상은 정반대다. 오늘까지 우리나라를 먹여 살린 스마트폰과 반도체, 철강, 자

동차, 조선 등 주력산업의 세계 점유율이 해가 갈수록 줄어들고 있기 때문이다. 우리의 주력산업은 대부분 지난 세기에 피와 땀으로 일궈낸 산업들이다. 21세기 지금은 인공지능과 바이오, 로봇, 양자역학기술, 우주항공 산업과 도심형 모빌리티, 핵융합기술이 우위를 점하는 산업으로 R&D 투자는 한발 빠르게 대처하고 있지만, 20세기처럼 성장 엔진으로 등장한 신산업이 주춤거리는 사이 '피크코리아(Peak Korea)'라는 표현이 회자되고 있다. 우리나라의 경제가 더 이상 성장할 수 없는 정점에 달했다는 우려다.

동전치기 수준의 특허 무효율

2025년 3월 7일 국가지식재산위원회는 '제2차 IP 정책포럼'을 서울 컨퍼런스하우스에서 개최했다. 이광형 IP 위원회 민간위원장은 우리나라에서 등록받은 특허 무효율이 동전 앞뒤 둘 중 하나를 고르는 50:50 동전치기 수준이라고까지 표현했다. 특허심판에서 출원된 특허가 무효되는 경우가 50%에서 맴돌다 보니 나온 말이다.

지난 2023년 특허 무효율은 44.4%로 일본과 미국에 비해 매우 높게 나타났다. 무효율이란 등록받은 특허가 심판 또는 소송으로 인해 무효화된 비율을 말한다. 일본의 경우 2006년만 하더라도 특허 무효율이 60%를 넘었지만, 특허권자에게 권리를 방어할 기회를 보장하는 '무효 심결 예고제' 도입으로 급격하게 줄어들고 있는 추세다.

왜 무효율이 높을까? 무효 소송에서 취소되는 것을 분석해 보면, 가장 먼저 지적되는 것이 특허 출원 명세서 작성 단계에서부터 부실함이 보인다는 것이다. 선행기술 조사를 통해 발명의 특이성을 구체적으로 자세하고 명확하게 적어야 함에도 그러지 못해 패소로 이어지는 경향이 많다. 또한 지식재산처의 심사관 인력 부족으로 심사 단계에서 찾아내지 못한 것도 문제로 지적된다. 우리나라 선행기술 검색 정확성 여부가 전체 무효 사유의 90%를 차지하며, 우리나라 지식재산처 심사관 1인당 처리 건수가 연간 181건으로 일본 148건, 미국 62건에 비해 아주 높게 나타나고 있다.

등록된 특허가 특허무효소송으로 인해 무효 판결을 받는 발생 원인은 진보성 결여 78%, 신규성 16%, 선행기술과 기재불비, 기타 각각 2%로 나타난다. 특허 출원과 심사로 인한 특허무효에 따른 기업의 피해는 심각하다. 실례로 건축용 첨단 거푸집 데크플레이트(Deck Plate, 영구적인 철재 슬라브 바닥거푸집) 국내 시장 점유율 1위 기업체 덕산하우징은 2014년 10월 경쟁사 동아에스텍을 상대로 소송을 제기해 2019년 9월 9일 최종 승소했다. 그러나 이 기업은 지난

10여 년간 이어진 특허침해소송 끝에 지난 2024년 10월 대법원에서 특허 무효 판결을 받았다. 패소함으로써 특허를 침해한 기업들에게 점유율 40%를 고스란히 내줘야 하는 상황에 처했다.

대학과 연구기관의 부실 특허 양산

특허 강국의 허상은 기업뿐만 아니라 대학과 정부출연연구소 등에도 부실 특허가 차고 넘친다. 10여 년 전부터 정부와 공공기관이 연구개발 과제를 평가할 때 특허 출원을 중요한 정량지표로 활용하고 있기 때문이다. 과제의 결과는 특허인데 출원하여 등록된다 해도 유지되는 데는 관심을 가지지 않는 것 자체가 잘못된 R&D 평가 체계다. 하나마나한 연구를 낳고 부실 특허를 양산한다는 것이 문제다.

한국은행에 따르면 2024년 상반기 지식재산권 무역수지가 1억 4천만 달러 흑자를 기록했다고 발표했다. 언뜻 보면 특허 강국의 면모를 보여주는 것 같지만 실은 아니다. 물론 지식재산권에 속하긴 하지만 흑자를 낸 분야는 산업재산권이 아니라 한류 바람으로 가요와 영화 등 한국의 문화 예술 분야 저작권으로 13억 달러 이상 흑자를 낸 것이다. 산업재산권 분야는 11억 달러 이상 적자를 냈다.

진정한 IP 강국이 되려면

우리나라가 진정한 지식재산권 분야에서 강국이 되기 위해서는 아주 강한 특허, 즉 패밀리 특허 등으로 무장하여 기업이 활용할 수 있는 고기술의 명품 특허로 R&D 과제를 수행하는 대학과 연구기관이 특허 침해가 발생되지 않도록 표준 프로세스 가이드라인이 우선되어야 한다.

특허 강국이 과학기술 강국이 된다. 특허의 태생부터 살펴보면, 성문법(成文法) 형태의 특허법(Patent law)은 세계 최초로 17세기 영국에서 처음 생겨났다. 영국은 유럽 대륙의 과학기술자들을 끌어들이기 위한 수단으로 특허법을 만들고 개인에게 개발 권리를 보장해 주었다. 영국에서 산업혁명이 일어날 수 있었던 것도 이 때문이다.

21세기 특허의 주무대는 미국이다. 기업과 과학기술인이 R&D 개발의 산물인 기술을 특허로 보호받기 위해 미국 특허청에 출원하는 것도 그 이유다. 만약 특허로 인한 분쟁이 일어난다면 시작이 어디든지 이유를 불문하고 소송의 시작과 끝은 미국이기 때문이다.

그동안 언론을 통해 많이 알려진 사례를 살펴보면, 전 과학기술정보통신부 이종호 장관이 교수 재직 시절 개발한 3차원 입체구조의 핀펫(Fin FET) 반도체 소자 기술 특허에 대해 애플과 삼성전자 등 글로벌 정보통신기술 기업들과의 소송 그리고 LG에너지솔루션과 SK이노베이션이 전기차 배터리 기술 및 영업비밀 침해를 두고 소송으로 분쟁을 벌인 곳이 미국이다. 미국에서의 분쟁은 전 세계로 송출되어 기업의 홍보 효과는 물론 기업 가치 또한 플러스로 작동하여 소송에서 패소해도 기업에서 얻는 이익도 발생한다.

〈3개국 특허 심사관 처리 건수와 특허무효소송에서 결여되는 요인〉

| 3개국 연간 특허 심사 / 건

한국	181
일본	148
미국	62

| 특허무효소송에서 결여되는 요인 / %

진보성	78
신규성	16
선행기술	2
기배불비	2
기타	2

| 무효심결 예고제

심판청구가 이유 있다고 인정하는 경우 특허권을 무효 판결을 하기 전 무효심결이 있을 것을 미리 알려주어 특허권자가 정정청구를 통해 유효한 권리를 유지토록 제공하는 것을 말한다.

(16장 내용은 2025. 03. 18.중앙일보 과학전문기자 최준호 논설위원 기사를 인용함에 있어 독자들의 이해를 높이기 위해 재구성하고 표를 만들었음)

PART 05

창업가 정신과 인증 제도

Next Innovation

창업은 기업을 새로 설립하는 행위를 넘어 사회와 시장에 새로운 가치를 창출하고 미래를 설계하는 주체적 활동이다. 그 중심에는 창업가 정신(entrepreneurship)이 자리한다. 창업가 정신은 혁신성과 도전 정신, 기회 인식, 리더십과 책임의식 등으로 이루어지며, 불확실성과 위험을 무릅쓰고도 새로운 가능성을 탐색하고 실천하는 힘을 의미한다. 창업가는 실패를 두려워하지 않고 이를 학습의 자산으로 전환하며, 시장의 변화에 민감하게 대응하면서도 장기적인 비전과 사회적 책임을 함께 추구한다.

창업가 정신이 현실에서 효과적으로 발휘되기 위해서는 이를 제도적으로 뒷받침하는 장치가 필요하다. 벤처기업 인증, 이노비즈(INNOBIZ) 인증, 메인비즈(MAINBIZ) 인증과 같은 제도들은 기업의 기술력, 혁신성, 경영 역량을 객관적으로 평가하여 정부 지원, 투자 유치, 시장 신뢰 확보를 가능하게 한다. 이러한 인증 제도는 행정 절차를 넘어 창업가가 가진 창의적 아이디어와 기업가적 도전이 안정적으로 시장에 안착할 수 있도록 돕는 제도적 안전망 역할을 한다.

PART 05에서는 창업가 정신의 본질과 그것이 창업 과정에서 갖는 의미를 살펴보고, 이를 제도적으로 보완하는 다양한 인증 제도의 역할과 활용 방안을 함께 탐구한다. 이는 창업가 개인의 성장을 넘어 국가 경제의 혁신 역량과 사회 전반의 경쟁력을 강화하는 데 긴밀하게 연결된다. 나아가 창업가 정신과 인증 제도의 결합은 지속 가능한 창업 생태계를 구축하는 핵심 축임을 보여줄 것이다.

15장

창업가 정신과 IP 기반 인증
Entrepreneurship and IP-based Certification

투자자 앞에서 "우리 기술은 세계 최고입니다"라고 말하면 돌아오는 질문은 하나다. "특허는 있나요?" 아무리 훌륭한 기술도 특허와 인증 없이는 신뢰받지 못한다. 벤처기업 인증, 이노비즈 인증, 메인비즈 인증 같은 IP 기반 인증은 기술력을 객관적으로 입증하는 무기이자 정부 지원과 금융 혜택의 열쇠다.

창업가 정신과 마인드

죽음의 계곡을 넘어라(Go over the Valley of Death)
- 기업은 사회적 책임을 기본으로 투명경영을 원칙으로 하여야 한다.
- 죽음의 계곡을 만나면 성공률은 2~3%다.
- 자금 계획을 철저히 세우고 고정비용을 줄여라.
- 창업 개시 1.5년은 황금의 시간이다.
- 액자는 속도를 내는 원동력이다.
- 기술이전(전용실시권 및 통상실시권)도 속도를 내는 방법일 수 있다.
- **전용실시권(Exclusive licence)**: 일정 범위 내에서 타인의 특허발명을 업으로써 독점실시

할 수 있는 권리를 말한다.
- **통상실시권**(Non-exclusive license): 타인의 발명특허를 일정조건하에서 업으로 실시할 수 있는 권리를 말한다. 통상실시권은 전용실시권과는 달리 채권으로 볼 수 있으며 하나의 특허권을 여러곳에 실시권을 부여할 수 있다.

발명특허 등록 실제 사례(Case of Invention Patent Registration)

- 발명의 명칭(Title of invention): 차량의 비상시에 위험 상황을 뒤에 오는 차량에 알려주는 장치(A device that notifies the following vehicle of a dangerous situation in the event of a vehicle emergency)
- 기술적 배경(요약본): 본 발명은 차량의 비상시에 위험 상황을 뒤에 오는 차량에 알려주어 안전사고를 미연에 방지하는 장치에 관한 것이다. 본 발명은 이를 위해 차량 비상시 트렁크를 열고 알림부를 통해 뒤에 오는 차량에 알려주므로 2차 사고를 미연에 예방할 수 있도록 하기 위해 차량의 트렁크도어(101) 및 상기 트렁크도어(101)의 내부에 조립 설치되며, 평상시에는 알림부케이스의 내부에 수납 설치됨과 아울러 비상시에는 힌지축을 중심으로 회전하여 하강하는 알림장치(100) 및 상기 알림장치(100)와 연결되며, 차량의 비상시에 위험 상황을 뒤에 오는 차량에 알려주는 장치 전체를 콘트롤 제어하면서 작동시키는 제어부(150)가 포함된다.

　　상기와 같이 구성된 본 발명은 차량 비상시 트렁크를 열고 알림부를 통해 뒤에 오는 차량에 알려주므로 2차 사고를 미연에 예방할 수 있도록 한 것이다. 이로 인해 위험 상황을 알려주는 장치의 품질과 신뢰성을 대폭 향상시키므로 사용자인 소비자들의 다양한 욕구(needs)를 충족시켜 좋은 이미지를 심어줄 수 있도록 한 것이다.

〈청구항 기술적 내용〉

청구항-NO	청구항 기술적 내용
1.	차량 비상시 트렁크를 열고 알림부를 통해 뒤에 오는 차량에 알려주므로 2차 사고를 미연에 예방할 수 있도록 하기 위해 차량의 트렁크도어((101) 및 상기 트렁크도어(101)의 내부에 조립 설치되고, 평상시에는 알림부케이스의 내부에 수납 설치됨과 아울러 비상시에는 힌지축을 중심으로 회전하여 하강하는 알림장치(100) 및 상기 알림장치(100)와 연결되며, 차량의 비상시에 위험 상황을 뒤에 오는 차량에 알려주는 장치 전체를 콘트롤 제어하면서 작동시키는 제어부(150)가 포함돼 상기 알림장치(100)는 요홈부(121)가 형성된 알림부케이스(120) 알림부케이스(120)에 조립 설치되고, 힌지축(122)을 중심으로 회전작동하여 클로즈 또는 오픈되는 알림부(130) 요홈부(121)와 알림부(130)의 상호 대향된 위치에 각각 구비되어 락킹 또는 언락킹시키는 락킹홈(123)과 락킹돌기(133) 및 알림부(130)에는 차량 전원 또는 배터리에 의해 방향을 표시하는 복수개의 LED램프(131)와 온오프 및 방향을 선택하는 복수개의 선택 스위치(132)가 포함됨을 특징으로 하는 차량의 비상시에 위험 상황을 뒤에 오는 차량에 알려주는 장치
2.	청구항 1에 있어서 상기 알림부케이스(120)는, 방음, 방신, 방습 및 냉·온기로부터 알림장치(100)를 보호하도록 내피도어커버(110)와 함께 조립 설치되고, 상기 내피 도어커버(110)는 차량 도어 내측에 고정 설치됨을 특징으로 하는 차량의 비상시에 위험 상황을 뒤에 오는 차량에 알려주는 장치
3.	청구항 1에 있어서 상기 제어부(150)에는 차량추돌시 추돌감지센서(107)가 조향장치(105)의 에어백(106)을 부풀게 작동시키고, 아울러 락킹장치(152)에 신호를 보내 자동으로 트렁크도어(101)를 오픈시키며, 더하여 알림부(130)를 오픈시켜 LED램프(131)를 작동시킴을 특징으로 하는 차량의 비상시에 위험 상황을 뒤에 오는 차량에 알려주는 장치
4.	청구항 1에 있어서 상기 제어부(150)에는 인공위성을 이용하여 정확한 시간과 거리를 측정함과 아울러 호출장치(154) 및 디지털데이터레코더(153)와 함께 신호를 주고 받아 차량이 물속에 잠기더라도 위치를 정확히 파악할 수 있도록 한 GPS 수신기(151)가 더 포함됨을 특징으로 하는 차량의 비상시에 위험 상황을 뒤에 오는 차량에 알려주는 장치
5.	청구항 1에 있어서 상기 제어부(150)에는 차량사고시 운전자가 의식불명일 경우 자동으로 본인의 정보를 인근 경찰서, 소방서, 병원에 호출신호를 발송하여 신속한 사후대처가 가능토록 한 호출장치(154)가 더 포함됨을 특징으로 하는 차량의 비상시에 위험 상황을 뒤에 오는 차량에 알려주는 장치
6.	청구항 1에 있어서 상기 제어부(150)에는 트렁크도어(101) 및 알림장치(100)를 외부에서 원격으로 작동할 수 있도록 하여 안전한 제어가 가능하도록 한 리모콘(155)이 더 포함됨을 특징으로 하는 차량의 비상시에 위험 상황을 뒤에 오는 차량에 알려주는 장치

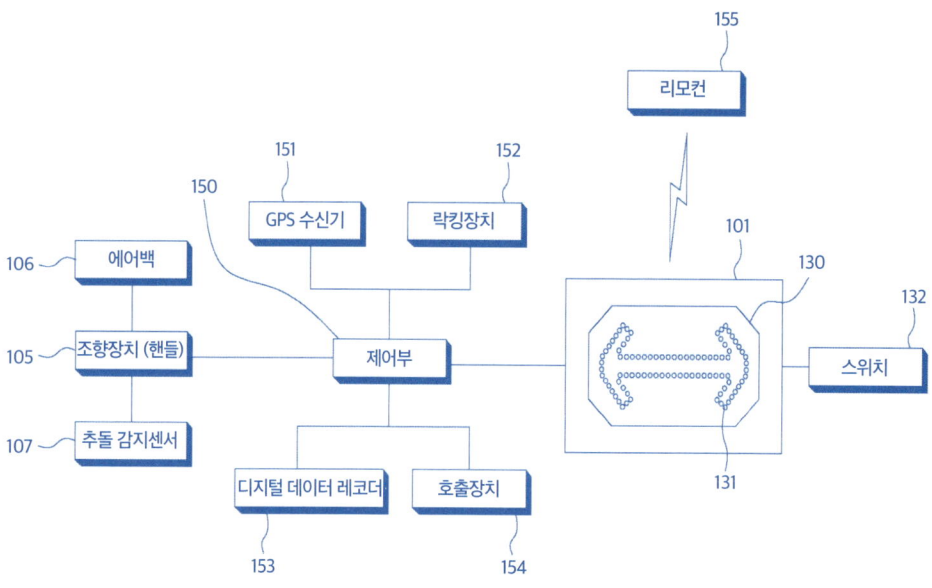

〈출원 시 표기한 대표도〉

발명(아이디어)을 현실로(Turn the idea of invention into reality)

발명이란 자연법칙을 이용한 기술적 사상의 창작으로서 '고도'한 것을 말한다. 기술적 사상의 '창작(아이디어)'은 과학을 응용하는 개념으로 현실 구체화하여 새롭게 만들어진 제품이 실생활에 있어 편리하고 유용하게 사용되어 사용자의 욕구(needs)를 충족시켜 삶의 질을 높이고, 아울러 창작자나 생산자는 그 어떠한 제품 소재의 물질이나 기계적인 구성에 있어 반드시 사용자의 안전을 고려하여 안전으로부터 인간의 생명과 안전이 최우선이 되도록 선행되어야 한다.

❖ 창업? 레드오션 시장을 개척하라
(Start a Business? Open a Red Ocean Market)

지식재산(IP) 유동화 및 기술사업화 프로젝트 'STIP'

〈기술사업화 프로젝트 'STIP' 상표〉

Share The IP

Patent Liquidity

UNUSED / VALUATION / FUNDING
Complex to evaluate

〈STIP-IP 거래소 운영 내용〉

STIP-IP 거래소는 국내 약 96%에 달하는 미활용 특허권을 거래소에 상장을 하면 주식처럼 거래가 이루어지는데, 매입한 개인은 창업을, 사업자는 특허받은 신(新)기술을 확보하여 경쟁력을 높이고 종목을 추가할 수 있는 새로운 레드오션 시장이다.

특허기술 기반의 경제 활성화를 통해 국가 경쟁력을 높이고 동시에 신규법인 창출로 인한 일자리 창출과 정부는 세수를 확보하여 지방경제 활성화를 통한 IP 자금의 선순환을 이끄는 데 목적이 있다.

1. 신규법인 창출
2. 일자리 창출
3. 기업 및 연구(원)소 R&D비용 자체 창출 등 중소벤처기업, 개인 발명가 연구(원)소에게 개발 및 운영자금을 기금 및 기업이 보유한 특허권만으로 경제적 활성화
4. 사장-死藏되는 특허기술 활성화
5. 특허기술 사업화
6. 해외 특허 활용성
7. 자금조달 등을 제공

※ 특허로 인한 경제적 손실
1. 전통적인 방식에 따른 특허기술 투자 0% 저하로 인하여 특허권 활용 미흡
2. 정부 과제를 위한 연구개발 위주로 특허 확보 - 사업화 저조
3. 특허를 통한 중소·벤처기업, 개인 발명가 등 자금조달 방식의 문제점

해결 방안: STIP-IP 거래소

❶ STIP-IP 거래소(Share The Exchange) 상장의 종류
- 등록된 지식재산권: 산업재산권, 신지식재산권, 문화입법
- 전통적인 주식시장과 가상화폐 거래의 요소를 결합하여 특허 등의 지식재산권의 가치를 1/1,000,000 비율로 세분화(토큰화)하고 이를 자유롭게 사고팔수 있게 함으로써 IP 자산의 유동성을 높이는 혁신적인 접근 방식을 취하고 있다.
- 특허권의 가치를 주식처럼 잘게 나누어 잠자고 있는 산업재산권, 저작권 등을 통상실시권을 부여하여 일정 비율 보유 시 거래한 종목, 즉 산업재산권, 저작권을 사용할 수 있도록 하여 기술사업화를 촉진할 수 있도록 하는 것이다.
- 일반 투자자가 거래할 수 있도록 함으로써 IP 소유권자는 별도의 소유권 이전 없이도 자금을 조달할 수 있고, 투자자는 새로운 자산에 투자할 기회를 얻게 되는 것이다.
- STIP-IP 거래소는 이를 통해 활용되지 못하고 있는 미활용 특허를 세계 자본시장에 연결하여 지식재산 금융 활성화에 기여하는 것이다.

❷ IP 거래 방식: 토큰
- STIP-IP 거래소는 특허권과 같은 IP를 검증하고 실질심사를 거쳐 상장하고 각각 IP별 100만개의 토큰으로 한정하여 지급한다.
- 이렇게 발행된 디지털 IP는 주식처럼 거래되며 블록체인 기반 기술을 활용하게 거래 내역이 기록된다.
- 투자자가 해당 토큰을 구입하면 해당 특허의 통상실시권(비독점 사용권)을 부여한다.
- 특허 기술의 활용 및 사업화 촉진 그리고 특허권자는 라이선스 수익과 자금 조달의 길을 열어주고, 투자자에게는 IP를 활용할 수 있는 기회를 제공한다.

❸ 다양한 IP 자산 지원
- STIP-IP 거래소에서 다루는 IP 자산은 특허권에 국한되지 않는다.
- 산업재산권, 신지식재산권, 저작권에 있어 상표, 캐릭터, 음악 저작권, 영화와 드라마, 만화 등의 콘텐츠, 콘텐츠 IP, 프랜차이즈 등에 폭넓게 적용시켜 거래를 지원한다.
- 특허뿐만 아니라 과거 히트작 드라마, K팝 음악이나 웹툰 등의 IP도 거래소에서 자산화하여 거래할 수 있다.

- 분야별 상장 조건을 두어 IP의 가치와 권리 보호를 보장하는데, 특허의 경우 각 국가에 등록된 특허로 잔여 권리 기간이 10년 이상이여 하고, 음악 IP는 평균 30초 분량의 샘플 음원 5개 이상 제공 및 매월 신규곡을 업데이트 하는 등의 조건이 충족되어야 거래소에 상장된다.

※ 추억의 연탄구이: 운탄의 스팩트럼(Spectrum)

하루에도 수십 개의 업소가 탄생하고 반대로 하루에도 수십 곳이 폐업을 하는 것이 음식점이다. 누구나 쉽게 생각하고 시작하는 것이 요식업이다.

영미권에서는 영화나 만화, 게임 등 여러 매체로 이어지는 시리즈물(series物, 만물물)을 프랜차이즈(Franchise)라고 하기도 한다. 프랜차이즈는 특정한 상품이나 서비스 개발자가 제공하는 주재자가 일정한 자격 요건을 갖춘 개인이나 단체에게 일정 지역에서의 영업권을 주어 시장 개척을 위해 영업권을 주는 대가로 로열티를 받는 방식이고, 권리를 부여받은 점주는 별도의 영업, 광고는 물론 개발하는 것 없이 영업으로 수익을 내는 시스템이다.

프랜차이즈 산업 통계 현황 보고서에 따르면, 브랜드 평균 존속 연수는 3.28년이다. 2021년엔 4.56년 대비 1년 사이 1.28년 감소했다. 국내에서의 브랜드는 약 1만 2천 곳에 육박한다. 프랜차이즈 본사는 평균 매장 30개에서 100여 곳 이상을 확장하기 위해서는 평균 6.4년이 소요되는 것으로 나타났다.

반면 매장 30개 미만의 프랜차이즈 3,086곳 중 본사 운영이 2,210곳으로 71.6%를 차지하고 있다. 통계상 프랜차이즈 창업으로 실패하는 업주도 많지만 일부이긴 하지만 성공을 하는 곳도 있을 것이다.

필자는 우연한 기회에 '운탄'이란 음식업소를 호기심으로 찾게 되었다. 21세기에 연탄이라? 예전엔 별다른 연소기구가 없어 가장 빠르고 손쉬운 방식이 연탄이였지만, 연탄은 연소시 발생하는 독성가스인 일산화탄소, 아황산가스는 물론 냄새 등을 생각하며 들어서는 순간 깜짝 놀라고 말았다. 테이블이 15개인데 테이블마다 연탄이 활활타고 있었는데 생각했던 냄새는 나지 않았고 느끼지 못할 정도로 깨끗하고 청결한 것에 다시 한번 놀랐다. 이유는 연탄 제조 공정에서 첨가할 개발된 물질을 지식재산처로부터 물질특허를 등록받고 취득한 특허 물질을 첨가하여 제조한 연탄은 연탄 교체 시 발생되는 악취 90% 이상 감소, 무색 무취의 기체인 CO, 탄소와 산소가 1:1로 결합한 일산화탄소와 SO_2, 황(S)산소(O)로 이루어진 화합물인 독성가스로 분류된 아황산가스를 약 50% 감소시키고 화력은 10% 증대시킨 연탄을 사용하기 때문이란다.

물론 청결 연탄의 가격은 1,800원으로 일반 연탄의 두 배이다. 매뉴는 닭고기와 소고기 특수 부위를 가지고 직접 개발한 양념 소스는 아이들부터 연령층에 관계없이 누구나 입맛에 맞게 개발한 것이 특징이다.

> **강점**
> - 청결연탄 한장으로 약 8시간 사용
> - 직화를 사용하는 매뉴는 불판 교체 없이 사용
> - 일정한 화염의 온도로 장시간 유지함으로 고온에서 발생되는 연기 90% 절감

여기서 특정한 업체를 홍보하는 것은 더더욱 아니다. 시작의 타이밍이 중요하다는 것이다. 청결연탄이 생산되기까지의 과정이다. 첨가물질개발 완료 시점과 대량 생산으로 손쉽게 구입할 수 있는 조건이 맞아떨어진 것이다.

우리 사회 노동자의 종말(The end of our society's workers)

❶ 기술을 로봇이 하는 세상

현대자동차 울산 공장은 세계 최대 규모의 단일 공장이다. 5개의 완성차 공장의 면적은 여의도의 1.5배에 달하며 총 근로자수는 32,000명이다. 미국 조지아주에 신축한 현대 메타플랜트 아메리카의 면적은 울산 완성차 두 개 공장의 규모이면서 근로자수는 880명에 불과하다. 생산라인에 들어서면 자율이동 로봇과 로봇 팔만이 쉬지 않고 생산하고 있다. 로봇은 부품 생산부터 용접, 운반, 도장, 조립까지 모든 과정을 쉼없이 돌아가며 작업하고 있다.

사람이 하고 있는 것은 극히 일부 단순한 고정 작업이나 최종 검사에 불과하다. 연간 10만 대를 생산하는 데 필요한 노동자는 고작 880명이다. 울산 공장에 비하면 10분의 1 수준이다. 즉 사람 대신 로봇이 한다는 것이다.

❷ 보스턴 다이나믹스 휴먼로봇 아틀라스

휴먼로봇은 단순 반복 작업뿐만 아니라 인간처럼 뛰고 구르며 부품을 집어 옮기는 아주 정밀한 작업까지 가능하다. 파업 한번에 라인이 멈추는 시대는 끝이란 것이다. 세계적으로 유

명한 민주노총이 회사를 멈춰 세우는 시대는 로봇 기술에 의해 종말을 맞이하고 있는 것이다.

다시 말해 로봇이 제조업 경쟁력을 결정짓는 시대가 온 것이다. 여기서 그동안 민주노총의 파업이 어떤 의미를 갖는지 생각해 봐야 한다. 냉정히 말해 노동자는 노동자일 뿐이다. 단합된 노조의 힘은 자본가의 힘을 결코 이길 수 없다는 것이다. 자본가의 기술 앞에서 무력화되는 현실이 다가온 것이다.

이러한 현실 변화 속에서 민주노총이 휘두르던 단합된 노조 인력의 무기는 점점 힘을 잃어갈 수밖에 없다.

우리나라 초극비 방산기술(Korea's Ultra-Secret Defense Technology)

전투기 미사일 엔진의 심장은 내열코팅기술이다. 섭씨 1300도 불꽃보다 뜨거운 환경을 수천 시간 유지시키는 핵심 기술로서, 전 세계 미국, 프랑스, 영국만 가진 초극비 기술이다. 머리카락보다 얇은 나노 코팅층, 다시 말해 다섯 가지 금속 다원소 배합기술로 한번 코팅하면 변하지 않는 내구성을 가지고 있다.

두산에너빌리티의 발전용 초고온 발전용 가스터빈에 적용하는 데 성공하였으며, 4.5세대 KF-21 전투기와 극초음속 미사일, 무인기 엔진, 활용도에 있어 상상을 초월하는 티타늄, 지르코늄 등 초극비 다원소 배합 방산기술 등 이제 우리나라는 세계 3강을 위협하는 초극비 독창적 원천 코팅기술의 주인공으로 항공 선진국 대열에 올라섰다. 중국은 아직도 러시아 엔진을 카피한 WS-10 기술에 머물고 있으며, 20년 이후에나 가능할 것으로 평가하고 있다.

현재 우리나라 연구팀은 1300도에서 1700도 이상에서도 견딜 수 있는 차세대 코팅기술에 박차를 하고 있다.

10분 충전, 2시간 비행 수소연료전지 드론
(10-minute charge, 2-hour flight of hydrogen fuel cell drones)

두산모빌리티 이노베이션의 수소연료전지 드론은 2시간 이상 비행이 가능해졌다. 중국의 베터리형 드론의 비행 시간은 20~30분에 불과한 것을 수소연료전지 시스템 기술로 비행 시간을 극복함으로써 드론의 활용폭을 크게 확장했다는 평가를 받는다.

이산화탄소(CO_2), 지구를 살리는 그린 수소
(Green Hydrogen to Save the Earth Zero Carbon Dioxide)

첫 번째 분리막 물에서 얻어진 수소와 산소가 다시 만나 폭발하지 않도록 막아주는 장치로서 나노 소재를 80% 이상 적용해 세계에서 두 번째로 개발에 성공했다. 기존 제품보다 가스 저항성은 두 배이다.

두 번째 무기전극 물이 쪼개질 때 쓰이는 칼 같은 역할인데 이번 특허 기술로 수소 생산량이 30배 이상 폭증, 100% 우리 기술로 만든 수전설비 가동을 1천 시간 넘게 안정적으로 돌리며, 효율은 82% 세계 최고 수준의 성능을 확인했다. 개발 5년 만에 유럽의 10년 격차를 따라잡은 우리나라는 에너지 수입국이 아니라 미래의 수소 강국 새로운 산유국으로 자리 매김할 준비가 끝났다.

창업기업이 반드시 갖추어야 할 인증 시스템

기업부설연구소(An affiliated research institute)

기업부설연구소 설립에는 기본적으로 갖추어야 하는 요건에 인적 요건과 물적 요건이 있다. 인적 요건으로는 기업의 규모와 연구를 목적으로 하는 기업과 연구소. 벤처기업 등에 따라서 연구원의 구성 인원이 다르고, 연구전담부서는 한 명의 전담인원만으로 설립이 가능하며 신청은 온라인으로 하면 된다. (한국산업기술진흥협회)

기업부설창작연구소(Enterprise-affiliated Creative Research Institute)

2021년 2월 12일부터 벤처확인 제도 중 새롭게 개편되어 기업부설연구소를 운영하고 있는 기업에서는 추가로 기업부설창작연구소, 기업창작전담부서, 연구전담부서를 추가함으로써 문화콘텐츠 산업 종사자 개인이나 기업의 캐릭터나, 영화, 음악, 개인 공연 등 문화콘텐츠 산업의 적극적인 창작연구개발 활동을 장려하는 인증 제도이다.

콘텐츠(Contents) 산업은 인터넷이나 컴퓨터, 통신으로 문자, 부호, 음성, 음향, 이미지와 영상 등을 디지털 방식으로 제작하여 처리하고 유통하는 여러 가지 정보와 그 내용을 통틀어 이른다. 여기서 콘텐츠는 저작물로 저작권법상 창작자의 배타적 권리가 주어지는데, 산업재산권은 20년인 반면, 저작권의 경우 70년 사후 상속으로 70년을 법으로 보호를 받을 수 있기 때문에 안전하게 전 세계인을 대상으로 콘텐츠 산업은 거대 시장으로서 그야말로 대박이 아닐 수 없다. 창작의 역량 관련 기술 개발을 적극적으로 촉진하고 유도하여 일정 요건을 갖춘 창작연구소와 전담부서를 심의하여 벤처 인증 제도를 운영하고 있다.

〈인정 공통 요건〉

구분	요건
인적 요건	학사 이상 학위 소지자(또는 전문학사로 해당 분야 2년 이상의 경력이 있는 자) 및 기술 기능 분야의 기사 이상의 국가기술자격증 소지자
물적 요건	칸막이 등으로 다른 부서와 구분될 수 있는 별도의 전용공간
창작 개발 요건	문화 산업 분야의 창작개발 활동을 수행할 수 있는 문화적(예술성, 오락성, 대중성 등) 가치를 창작물 창출이 주요 업무이며, 단 최종판매물의 직접적인 생산 과정에 해당되는 영리 활동은 인정하지 않는다.

〈기업부설연구소 지원 제도〉

구분	내용
조세 지원 제도	연구 및 인력개발비 세액 공제
	연구 및 인력개발을 위한 설비투자 세액 공제
	기업부설연구소용 부동산에 대한 지방세 면제
관세 지원 제도	산업기술연구, 개발 용품에 대한 연구 목적으로 수입 시 관세의 80% 감면
인력 지원 제도	중소기업 연구 인력 고용 지원 사업
	병역특례
자금 지원 제도	국가연구개발사업 참여 지원 제도
	중소기업 판정 시의 특별 조치
	중소기업 기술신용보증 특례 제도
기타 지원 제도	중앙정부 부처 및 공공기관에서는 각종 기술개발자금 및 사업 발주 시 연구소 및 전담부서 보유 기업체에 대해서만 신청 자격을 부여하거나 심사 신청 시 우대하는 등의 조치를 취하고 있다.

〈기업부설창작연구소 / 창작 전담부서 세액공제 및 혜택〉

창작 전담요원	연구	인력개발비	연구 및 인력개발을 위한 설비투자비용
중소기업	일반 연구	연구개발비용의 25%	시설투자액의 7%
중견기업		연구개발비용의 8%	시설투자액의 3%
그 외 기업		연구개발비용의 3% 이내	시설투자액의 1%

〈연구소 및 전담부서 기업별 요건〉

구분		창작 전담요원	비고
부설연구소	소기업	3명 이상	창업일부터 3년까지는 2명 이상
	벤처기업	3명 이상	
	중소기업	5명 이상	국외 소재 부설연구소
	중견기업	7명 이상	
	그 외 기업	10명 이상	
전담부서		1명 이상	기업 규모와 무관

※ 기업부설창작연구소 설립: 한국콘텐츠진흥원 연구개발정보관리시스템

온라인(상시접수) → 서류 검토 → 비대면 현장 점검 실사(필요시 대면 심사) → 인정 심의 → 인증서 발급

'연구원 창업 중소기업'은 특정연구기관, 국공립연구기관, 비영리 연구 법인에서 3년 이상 재직하면서 창업에 관련된 신기술 또는 아이디어의 개발에 직접 참여한 연구원이 연구기관을 퇴직한 후 3년 이내에 관련 업종을 주 업종으로 창업한 기업이다.

연구전담요원의 자격(Qualifications of research personnel)

당해 연구 분야 관련 대학 설립, 운영 규정에 따른 자연과학계열, 공학계열 및 의학계열(이하 '자연계 분야라 한다)의 학사 이상의 학위를 가졌거나 국가기술자격법에 따른 기술 기능 분야의 기사 이상의 기술 자격을 가진 자로서 연구개발 업무 이외에 다른 업무를 겸직하지 않고 연구개발과제를 직접 수행하는 자를 말한다.

국내에 체재하는 외국인 또는 외국인등록증을 보유한 자는 연구전담요원 자격 요건을 구비하고, 최소한 6개월 이상의 연구 업무에 계속 전담할 수 있어야 한다.

중소기업의 경우에는 자연계 분야 전문대학을 졸업한 자로서 당해 연구 분야에 2년 이상 근무한 경력이 있는 자도 연구전담요원이 될 수 있다.

국가기술자격법에 의한 기술. 기능 분야의 산업기사와 기술 자격을 소지한 자 또는 기능대학의 다기능 기술자 과정을 이수한 자는 전문대학 졸업자에 준한다.

중소기업 부설연구소 연구전담요원의 자격으로 해당 연구 분야 경력 4년 이상이 있는 마이스터고, 특성화고 졸업자 및 기술, 기능 분야의 기능사 자격을 소지한 자도 인정한다.

연구전담요원에 편입될 수 없는 자
(A person who cannot be incorporated into a research staff)

- 대표이사 또는 감사
- 기업의 연구개발 활동에 전담할 의무가 있으므로 기술고문, 대학교수 등 타 업무를 겸임하는 자
- 산업기능요원으로 현재 복무 중인 자
- 일반대학원(주간) 석사 이상 학위 취득 과정에 수학하는 자(단, 기업의 연구개발 활동과 관련하여 일반대학원(주간) 박사학위 취득 과정에 수학하는 자로서 기업의 연구개발 활동에 지장이 없는 경우 제외)
- 연구소 내에서 계속하여 6개월 이상 연구개발 활동을 수행할 수 없는 자
- 근로소득원천징수 무(無) 또는 2대 보험 등으로 회사의 직원임을 증명할 수 없는 자
- 타 기업에 근무하고 있는 자는 연구소의 연구소장직을 겸임하게 할 수 없다.

연구보조원 및 연구관리직원
(Research assistants and research management staff)

- **연구보조원**: 연구전담요원의 자격 요건을 보유하지 않은 자로서 연구소 내에 근무하면서 연구개발 활동을 보조하는 자
- **연구관리직원**: 연구소 내에 근무하면서 연구개발 활동과 관련된 행정관리 업무를 담당하는 자
  - 연구보조원. 연구관리직원은 없어도 상관없음(단, 있을 경우에는 반드시 신고해야 한다)

- **연구전담요원**: 연구보조원 및 연구관리직원은 연구소 전담부서 내에 상주 근무해야 하며 연구소 전담부서 업무만 전담해야 한다.
- 직원 현황표에 신고한 연구전담요원. 연구보조원. 연구관리직원은 연구소 전담부서 내에서 상시적으로 근무하고 있어야 하며(책상 등 자리 위치) 신고하지 않은 인원이 연구소에서 근무할 수 없다.

기업부설연구소 혜택과 유지 관리
(Benefits and maintenance of corporate-affiliated research institutes)

정부에서는 국가 산업의 근간인 중소기업들의 기술 경쟁력을 높일 수 있는 방법으로 기술개발 인력이 1인 이상만 있어도 파티션, 책장 등으로 타 부서와 구별이 되어 있으면 연구개발 전담부서로 기업부설연구소를 설립할 수 있도록 했다.

기업부설연구소를 설립하여 운영할 경우 규모에 따라 연간 2억 원의 세제 절감 효과를 볼 수 있다. 창업 3년 이내의 중소기업 대표이사도 연구원 자격 요건을 갖춘 경우 겸직이 가능하도록 허용되며 중소기업이 혜택을 받을 수 있게 지원해주고 있다.

연구소 설립에 대한 혜택으로 조세특례제한법 10조에 따라 연구개발 및 인력개발을 위한 비용 중 25%를 법인세 확정 세액에서 공제받을 수 있으며, 연구 및 인력개발비 설비투자 세액공제 10%, 그리고 연구전담요원 근로소득 중 연구보조비 또는 연구활동비 명목으로 월 20만 원 이내의 금액을 비과세 혜택을 받게 된다. 연 240만 원 이내 지급되는 소득은 비과세로 과세하지 않고 있다.

기업은 연구소 운영에 있어 매년 정기적으로 신고를 해야 하고, 매년 4월 말 '연구개발 활동조사표'를 제출해서 실적으로 보고를 해야 하며, 실적보고서를 제출하지 않으면 연구개발을 할 능력이 없거나 내용이 없다고 판단하여 인정 취소되는 경우가 종종 있는데 설립 후 사후관리에 더욱더 신경을 써서 운영해야 한다.

또한 기업부설연구소 신고 내용에 변동이 있으면 2주 내에 변경 신고를 해야 한다. 이는 대표자, 매출액, 규모, 상호, 위치, 연구 분야, 연구원, 연구 기자재 등을 내용으로 하며, 2년 이상 변경 신고를 안 하게 되면 연구소 설립 인증이 취소된다. 참고로 기업부설연구소 설립 후 본래 목적대로 운영되고 있는지 정부에서는 종종 현장실사를 한다.

한편 인증서 및 등록 내용이 확인되는 신고서류, 연구원의 자격증 사본, 학위증명서, 졸업

증명서와 설립신고, 변경신고 일체서류, 연구원 인사발령 서류 및 국민건강보험 납부내역서 등이 있고, 따로 확인이 필요한 서류들을 요청할 경우 제출할 수 있어야 한다. 연구 전담 여부를 확인해야 하기 때문에 연구원 면담도 할 수 있다. 만약 부설연구소 설립인증이 취소될 경우 1년이 지나야 다시 설립할 수 있다.

:: IP 기반 핵심 인증 제도 1 _ 지식재산경영 인증
(Intellectual Property Management Certification)

지식재산경영 인증 심사 개요(Overview of Intellectual Property Management Certification Examination)

지식재산경영을 모범적으로 수행하고 있는 기업의 자긍심을 높이고 대외 인지도를 제고하여 중소기업의 자발적인 지식재산경영 도입을 유도한다.

인증 신청(Application for certification)

지식재산경영 인증 절차는 신청, 서류 검토, 현장 실사 그리고 지식재산처의 인증 결정으로 인증 승인의 5단계로 간략화할 수 있다. 기업은 지식재산(IP) 경영 체계를 구축하여 신청하고, 전문 심사위원들이 제출 자료와 현장 실사를 통해 기업의 IP 경영 역량과 성과를 평가한다. 이 심사를 통과하면 공식적인 지식재산경영 인증을 받게 된다.

〈지식재산경영 인증 절차〉

인증 신청 절차와 방법
(Procedures and methods for applying for certification)

〈인증 신청 절차와 방법〉

절차와 방법	세부사항
신청 시기	상시 접수
신청 방법	온라인 접수(www.ripc.org/ipcert)
신청 수수료	VAT포함 66만 원 □ 33만 원(2020년 한시적 감면)
갱신 수수료	11만 원

지식재산권 관련 업무

〈지식재산권 관련 업무 가이드 1〉

업무	내용
IP 전략 수립	• 특허 포트폴리오 분석 등 IP 전략의 기획 입안 및 수행, 연구개발 및 경영 전략 수립 참가 • IP 출원, 권리화, 유지/포기, 활용 및 타사 IP 현황 파악 및 정책 동향 분석
발명 발굴	• R&D 결과물의 권리화 판단 및 지원 • R&D 인력을 대상으로 권리화에 필요한 정보 제공 및 지원
선행기술 조사	• 선행지식재산 및 공지 기술 검색, 특허 맵 작성
국내 외 명세서 작성	• 국내외 출원 명세서 작성 및 추후 심사 시 보정 업무, 중간 처리 과정 지원

〈지식재산권 관련 업무 가이드 2〉

업무	내용
행정 / 사무관리	• 예산 관리, 수수료 납부 등 특허 출원 사무 및 기한 관리 • 외부 아웃소싱 관리 및 지원
계약 / 협상	• 지식재산 관련 라이선스 및 로열티 협상과 계약 체결
소송	• 침해 경고장 처리 • 국내외 소송 관련 업무 수행 및 지원

IP 관련 규정 관리	• 직무발명보상 제도를 비롯한 사내 지식재산 관련 규정 설계 및 정비
상표 관리	• 상표 조사, 등록, 관리, 라이선스 등의 업무 수행
교육 홍보	• IP 관련 연수 기획 및 연구개발자를 위한 교육 설계 및 정비, IP 관련 사내 및 외부 홍보
IP 분석 / 평가	• 특허 출원 전 심사기술료 산정, M&A를 위한 기업 및 특허 가치평가 • IP를 통한 기술 정보 분석

심사항목(안) 구성(Review item(draft) composition)

〈심사항목(안) 구성〉

심사항목	배점	심사항목	배점
지식재산 담당 조직 및 인력	10	연구개발 인력 및 금액	12
직무발명 제도 도입-활성화	5	지식재산권 동향 파악 및 활용	21
국내외 산업재산권 출원 실적	8	지식재산권 적용 제품 매출비용	8
국내외 산업재산권 보유건수	16	지식재산권의 실시권 등 활용	8
지식재산권 교육	5	지식재산권 분쟁 사전 점검	7
정량 항목: 합계 70점 이상인 경우 인증			

심사항목(Examination items)

〈심사항목 가이드 1〉

심사항목명	세부내용	배점
지식재산 담당 조직 및 인력	• 지식재산권 관련 전담부서 보유한 경우 10점, 전담인력 보유한 경우 인당 4점(최대 8점) • 겸임인력 보유한 경우 인당 2점(최대 4점), 전담인력 1명과 겸임인력 보유한 경우 6점	10

지표

① 지식재산권 관련 전담부서: 신청일 기준 지식재산권 관련 업무를 전담하는 부서 보유 여부 평가(법무 담당 부서가 지식재산권 관련 업무를 같이 수행하는 경우에는 법무 담당 부서에 지식재산권 전담

인력 1명 이상 있다면 지식재산권 전담부서로 인정)
② 지식재산권 전담인력: 신청일 기준 지식재산권 관련 업무를 전담하는 인력 보유 여부 평가
③ 지식재산권 겸임인력: 신청일 기준 지식재산권 관련 업무를 담당하는 인력 보유 여부 평가

<심사항목 가이드 2>

심사항목명	세부내용	배점
직무발명보상 제도 도입-활성화	직무발명보상 규정 보유 여부(2점), 최근 2년간 직무발명 보상건수(건당 0.5점), 최대 3점(6건)까지 인정	5

※ 관련 사업 안내

- 직무발명제도 도입: 한국발명진흥회 지식재산진흥실, 직무발명제도 안내
- 직무발명제도 도입 활성화를 위한 설명회 개최, 멘토프로그램 운영, 직무발명보상 우수기업 인증제 운영
  (☎ 02-3459-2848)

<심사항목 가이드 3>

심사항목명	세부내용	배점
국내외 산업재산권 출원 실적	• 최근 2년간 산업재산권 총 출원 수와 임직원 수를 계산하여 점수 부여(10% 이상인 경우 8점) • 국내 특허권 건당 1건, 국내 실용신안권, 상표권, 디자인권 건당 0.8건, 해외 특허권 건당 1.5건, 해외 실용신안권, 상표권, 디자인권 건당 1.2건으로 환산하여 합산 • 단 특허권(실용신안권 포함)만의 비율이 8%를 초과할 수 없으며, 디자인권만의 비율이 4%를 초과할 수 없음	8

※ 출원 구분

① 산업재산권의 구분
② 출원 번호별로 구분
③ 해외 출원은 개별국으로 구분함(속지주의)
④ PCT 출원 국내 단계 3개국 진입 = 해외 특허권 3건(환산건수: 4.5건)

증빙

① 최근 2년간 지식재산권 총출원수: 각국 특허기관에서 발급하는 출원사실 증명 신청서, 자료 해외 출원의 경우 변리사가 작성해준 출원 사실 관련 증명 서류도 인정 가능(신청일 기준 60일 이내 자료)
② 임직원수: 4대 사회보험 정보연계시스템에서 제공하는 4대 사회보험 사업장 가입자 명부 자료(신청일 기준 60일 이내 자료)

평가

① 최근 2년간 지식재산권 총출원수: 국내 특허권 건당 1건, 국내 실용신안권, 상표권, 디자인권 건당 0.8건, 해외 특허권 건당 1.5건, 해외 실용신안권, 상표권, 디자인권 건당 1.2건으로 환산하여 합산(법인의 경우 법인명의 의 지식재산권 인정, 개인기업인 경우 대표자 명의의 지식재산권만 인정)
② 임직원 수: 2대 사회보험 사업장 가입자 명부 자료에서 가입자 총합계

점수 계산

① 최근 2년간(임직원 1명당 국내외 산업재산권 비율) ÷ 0.1 × 12점(소수점 셋째 자리에서 반올림) 최대 12점 (10%)까지 인정

〈심사항목 가이드 4〉

심사항목명	세부내용	배점
국내외 산업재산권 보유건수	• 국내 특허권 건당 1건, 국내 실용신안권, 상표권, 디자인권 건당 0.8건, 해외 특허권 건당 1.5건, 해외 실용신안권, 상표권, 디자인권 건당 1.2건으로 환산하여 합산(15건 이상인 경우 16점) • 단 특허권(실용신안권 포함) 환산건 합이 12건을 초과할 수 없고, 상표권, 환산건 합이 12건을 초과할 수 없고, 상표권 환산건 합이 6건을 초과할 수 없으며, 디자인권 환산건 합이 6건을 초과할 수 없음 • 국내 보유 특허권 중 특허 분석 평가 시스템(AAA 등급인 건당 1점, AA 등급인 건당 0.5점, A 등급인 건당 0.25점, BBB 등급인 건당 0.125점 가점 부여(최대 5점)	16

지표

① 국내외 지식재산권 보유건수: 신청일 기준 유효한 국내외 지식재산권 수의 합, 다만 절대 건수를 측정하는 것은 아니며 국내외 및 권리별로 가중치를 두어 환산건수 계산
② 특허분석평가시스템(mart.kipa.org) 평가 결과: 신청 기업이 보유한 국내 특허권을 특허분석평가시스템으로 평가한 결과를 등급별로 가중치를 두어 점수 부여

증빙

① 국내외 지식재산권 보유건수: 각국 특허기관에서 발급하는 '등록원부' 자료(신청일 기준 60일 이내 자료)
② 특허분석평가시스템 평가 결과: 한국발명진흥회에서 발급하는 특허분석평가시스템 '특허평가보고서'

점수 계산

① 국내외 지식재산권 보유건수: (국내외 산업재산권 보유 환산건수 합계) ÷ 15 × 18점(소수점 셋째 자리에서 반올림), 최대 18점(15건) (환산건수)까지 인정
② 특허분석평가시스템 평가결과: 평가등급 점수 합, 최대 5점 까지 인정

〈심사항목 가이드 5〉

심사항목명	세부내용	배점
지식재산권 교육	• 최근 2년간 지식재산권 관련 교육 개최 여부(3점) 및 교육 참여 임직원비율(비율 × 0.1점) • 최근 2년간 지식재산권 관련 교육 개최 여부: 신청일 기준 2년 이내 신청기업 주관으로 지식재산권 관련교육을 개최했는지 여부 측정 • RIPC(Regional Intellectual Property Center) 지역지식센터에서 실시하는 찾아가는 지식재산권 교육 등 외부기관 교육은 제외 • 교육 참여 직원 비율: (교육참여 직원수) ÷ (임직원수) × 100(%) 계산하여 교육 참여 직원비율 측정 (교육 참여 직원수는 신청일 기준 최근 2년 이내 기업 주관으로 개최한 지식재산 교육에 참여한 직원수를 의미, 누적하여 계산하되 동일인이 중복 참여했다면 제외)	5점

증빙

① 최근 2년간 지식재산권 관련 교육 개최 여부, 교육 참여 직원수: 일시, 장소, 내용, 참석자 등이 포함된 교육 개최 관련 증빙자료(단 지식재산 교육 개최일이 신청일 기준 2년 이내)
② 임직원수: 4대 사회보험 정보연계 시스템에서 제공하는 4대 사회보험 사업장 가입자 명부자료(신청일 기준 60일 이내 자료)

평가

① 최근 2년간 지식재산권 관련 교육 개최 여부: 교육 개최 관련 증빙자료를 바탕으로 방문심사에서 교육 개최 인정 여부 결정
② 교육 참여 직원 비율: 교육 개최 관련 증빙자료를 바탕으로 방문심사에서 교육 참여 인원수 인정 여부 결정, 임직원 수는 4대 사회보험 사업장 가입자 명부 자료에서 가입자 총합계

점수 계산

① 최근 2년간 지식재산권 관련 교육 개최 여부: 최근 2년 이내 기업 주관으로 지식재산권 교육을 1회 이상 개최한 경우 3점, 개최한 실적이 없는 경우 0점 부여
② 교육 참여 직원 비율 × 0.1점(소수점 셋째 자리에서 반올림), 최대 2점(20%)까지 인정

※ 관련 사업 안내

- 지식재산 담당 인력의 교육: 한국발명진흥회 지식재산교육센터
- IP-Campus 안내: 지식재산권분야 국내 최고 전문 강사진을 보유하여 기업 대상 맞춤형 B2C(Business to Customer) 교육 연중 수행 (☎ 02-3459-2757)

〈 IP(지식재산) 방문교육 서식 〉

	IP(지식재산) 관련 방문교육		
기업명	주식회사: 제이푸드테크		
교육 일정	분기별 1회	교육시간 4	총 교육시간 16
교육 참여자	7명		
교육 장소	사내 회의실		
강사 소속: 명	(사)한국대학발명협회 / 직책: IP 전문교수 / 김주회		
교육명	1/4 분기 2/4 분기 3/4 분기 4/4 분기	• 지식재산 & 반드시 알아야 할 특허법 • 산업재산권과 신지식재산권 • 직무발명제도와 기업가 정신 • IP 분석과 정보 검색, 선행기술 조사, 동향 파악 등	
자료 사진			

〈 심사항목 가이드 6 〉

심사항목명	세부내용	배점
연구개발 인력 및 금액	• 연구개발 인원수 / 임직원수 계산하여 점수 부여(15%) 이상인 경우 5점 • 최근 2년간 연구개발비 / 최근 2년간 매출총액 계산하여 점수 부여(10% 이상인 경우 7점)	12점

지표

① 연구개발 인원수

② 설립 인증된 기업부설연구소 또는 연구개발 전담부서가 있는 경우

③ 기업부설연구소 또는 연구개발전담부서에 소속되어 있는 연구개발 인원수
  (연구전담요원, 연구보조원, 연구관리 직원 모두 포함)

④ 설립 인증된 기업부설연구소 또는 연구개발 전담부서가 없는 경우

⑤ 신청일 당시 실제 연구개발에 전담하고 있는 인원수(연구개발 활동을 직접 수행하는 자, 연구개발 활동을 보조하는 자, 연구개발 활동과 관련된 행정관리 업무를 담당하는 자 모두 포함)

⑥ 임직원수: 신청일 당시 회사에서 근무하고 있는 전체 임직원수

⑦ 최근 2년간 연구개발비: 최근 2년간 연구개발비 합, 회사 설립 기간이 짧아 최근 1년 치 자료만 있는 경우에는 1년 연구개발비만 반영(2년 이상 회사가 유지된 경우에는 최근 2년간 연구개발비의 합을 반영해야 함), 최근 1년 치 자료로 없는 경우에는 인정 불가(연구개발 금액 0점 처리)

⑧ 최근 2년간 매출총액: 최근 2년간 매출총액의 합, 회사 설립 기간이 짧아 최근 1년 치 자료만 있는 경우에는 1년 매출총액만 반영(2년 이상 회사가 유지된 경우에는 최근 2년간 매출총액의 합을 반영해야 함), 최근 1년치 자료도 없는 경우에는 인정 불가(연구개발 금액 0점 처리), 매출액이 없는 경우에도 인정 불가(연구개발 금액 0점 처리)

증빙

① 연구개발 인원수

② 설립 인증된 기업부설연구소 또는 연구개발 전담부서가 있는 경우

③ 한국산업기술진흥협회에서 발급된 기업부설연구소 또는 연구개발 전담부서의 '연구개발 인력 현황' 자료(신청일 기준 60일 이내 자료, 기업부설연구소 또는 연구개발 전담부서가 있는 경우 반드시 '연구개발 인력 현황' 제출)

④ 설립 인증된 기업부설연구소 또는 연구개발 전담부서가 없는 경우(신청일 기준 기업 내부 조직도 및 부서별 소속 직원, 직원별 고유 업무 자료 등 상기 기준으로 평가 시 인정 가능한 자료)

⑤ 임직원수: 4대 보험 정보연계시스템에서 제공하는 4대 사회보험 사업장 가입자 명부 자료(신청일 기준 60일 이내 자료)

⑥ 최근 2년간 연구개발비: 국세청에서 발급된 최근 3년 치 표준재무제표(회사 설립 기간이 짧은 경우에는 최근 2년 치 또는 최근 1년 치 표준재무제표 제출)

⑦ 최근 2년간 매출총액: 국세청에서 발급된 최근 2년 치 '표준재무제표'(회사 설립 기간이 짧은 경우에는 1년 치 표준재무제표 제출)

평가

① 연구개발 인원수
② 설립 인증된 기업부설연구소 또는 연구개발 전담부서가 있는 경우
③ 기업부설연구소 또는 연구개발 전담부서의 '연구개발 현황' 자료에서 인력 총합계
④ 설립 인증된 기업부설연구소 또는 연구개발 전담부서 없는 경우(방문심사에서 인정한 인력 총합계)
⑤ 임직원수: 4대 사회보험 사업장 가입자 명부 자료에서 가입자 총합계
⑥ 최근 2년간 연구개발비: 최근 3년 '표준재무제표'를 활용하여 최근 2년 연구개발비 합을 계산
⑦ 당기 연구개발비: 대차대조표상 개발비 증가액(당기개발비 - 전기개발비) + 손익계산서상 연구비, 경상개발비, 개발비상각액 합 + 제조원가(부속)명세서상 경상개발비
⑧ 최근 2년간 매출총액: 최근 2년 표준재무제표상 매출액의 합

점수 계산

① 연구개발 인력: (연구개발 인원수) ÷ (임직원수) ÷ 0.15 × 5점(소수점 셋째 자리에서 반올림), 최대 5점(15%)까지 인정

② 연구개발 금액: 최근 2년간(연구개발비) ÷ (매출총액) ÷ 0.1 × 7점(소수점 셋째 자리에서 반올림), 최대 7점 (10%)까지 인정

<심사항목 가이드 7>

심사항목명	세부내용	배점
지식재산권 동향 파악 및 활용	• 최근 2년간 선행기술 조사, 특허 맵 등을 통하여 시장의 지식재산권 동향을 파악하고 있는지 평가 • 최근 2년간 연구개발 방향 설정 시 특허 정보를 활용하여 회피설계를 실시하는지 평가	12

증빙

① 신청 기업이 신청일 기준, 최근 2년 이내에 시장의 지식재산권 동향을 파악한 자료와 이를 활용한 결과를 증빙자료로 제출(활용한 결과가 없는 경우 시장의 지식재산권 동향을 파악한 자료만 제출)
② 지식재산처로부터 IP-R&D 특허 맵, 선행기술 조사 등을 지원받은 경우 이를 증빙자료로 추가 제출

평가

① 제출된 자료를 바탕으로 아래의 기준에 따라 방문심사에서 0~21점 사이 점수 부여

점수 부여 기준

① 신청일 기준 최근 2년 이내에 특허기술 동향 조사, 경쟁사의 지식재산 현황 파악, 시장의 기술 변화 추이 분석 등을 면밀하게 꾸준하게 수행하고, 이를 통해 연구개발 방향 설정, 신규 IP 창출 전략 수립, 경쟁사 특허 대응 방안 마련, 회피설계 및 라이센싱 전략 수립 등을 충실하게 지속적으로 실시한 경우 → 21점

② 신청일 기준 최근 2년 이내에 특허기술 동향 조사, 경쟁사의 지식재산 현황 파악, 시장의 기술 변화 추이분석 등을 면밀하게 수행하고, 이를 통해 연구개발 방향 설정, 신규 IP 창출 전략 수립, 경쟁사 특허 대응 방안 마련, 회피설계 및 라이센싱 전략 수립 등을 충실하게 실시한 경우 → 15점

③ 신청일 기준 최근 2년 이내에 특허기술 동향 조사, 경쟁사의 지식재산 현황 파악, 시장의 기술 변화 추이분석 등을 양호한 수준으로 수행하고, 이를 통해 연구개발 방향 설정, 회피설계 전략 수립 등을 양호한 수준으로 실시한 경우 → 12점

④ 신청일 기준 최근 2년 이내에 특허기술 동향 조사를 실시하거나 경쟁사의 지식재산 현황을 파악하였으나 이를 활용하지 않은 경우 또는 연구개발, 특허 출원 전 선행기술 조사를 다수(6회 이상) 실시

한 경우 → 9점

⑤ 신청일 기준 최근 2년 이내에 특허기술 동향 조사, 경쟁사의 지식재산 현황 파악 등을 실시하지 않았으나 특정 기술에 대한 선행기술 조사를 수회(3~5회) 실시한 경우 → 6점

⑥ 신청일 기준 최근 2년 이내에 특허기술 동향 조사, 경쟁사의 지식재산 현황 파악 등을 실시하지 않았으나 특정 기술에 대한 선행기술 조사를 1~2회 실시한 경우 → 3점

⑦ 신청일 기준 최근 2년 이내에 특허기술 동향 조사나 경쟁사의 지식재산 현황 파악 또는 선행기술 조사를 전혀 실시하지 않은 경우 → 0점

점수 부여 시 고려할 점

① 최근 2년 이내 IP-R&D를 지속적으로 지원받고(사업 수행 기간이 신청일 기준 최근 2년 이내와 일부라도 겹치는 경우 인정) 이와 관련된 연구개발 또는 특허 출원 여부에 따라 12~21점 정도 부여(중간 점수)

② 최근 2년 이내 특허 맵을 지속적으로 지원받고(사업 수행 기간이 신청일 기준 최근 2년 이내와 일부라도 겹치는 경우 인정) 이와 관련된 연구개발 또는 특허 출원 여부에 따라 9~12점 정도 부여

③ 최근 2년 이내에 특허사무소 등에서 작성한 선행기술 조사 보고서를 제시 가능한 경우 3~9점 정도 부여

④ 기타 점수는 상기 수준을 고려하여 점수 부여

점수 계산

① 방문심사에서 결정한 점수(0~18점 사이)를 그대로 반영

※ 관련 사업 안내

- 선행기술 조사, 특허 맵: 지역지식재산 센터, 선행특허, 상표, 디자인조사 및 맞춤형 특허 맵(PM) 작성 지원 안내
- 신제품. 신기술 개발 시 선행 특허. 상표. 디자인 여부 및 유사기술 분석, 요청기술과 관련된 특허기술 동향 조사 분석 및 세부 활용 전략 수립 지원 (☎ 1661-1900)
- IP-R&D: 한국지식재산전략원, 지재권 연계 연구개발 전략 지원 안내

- 기계, 자동차, 화학, 소재, 바이오, 전기전자, 정보통신 등 전 분야에 대해 IP-R&D 전략지원팀이 구성되어 일정 기간 동안 전략 수립 지원 (☎ 02-3287-4345,4221)

<심사항목 가이드 8>

심사항목명	세부내용	배점
지식재산권 적용 제품 매출 비중	(최근 2년간 보유 특허권, 실용신안권 적용 제품 매출액) / (최근 2년간 매출총액) 계산하여 점수 부여(20% 이상인 경우 8점)	8

지표

① 최근 2년간 보유 특허권, 실용신안권 적용 IP 관련 매출액: 보유 특허 및 실용신안이 적용된 제품의 최근 2년간 매출총액의 합, 회사 설립 기간이 짧아 최근 1년치 매출액 자료만 있는 경우에는 1년 매출액만 반영(2년 이상 유지된 경우에는 최근 2년 매출액의 합을 반영해야 함, 보유 특허 및 실용신안은 신청일 기준 유효한 특허 및 실용신안만 인정, 보유 특허 및 실용신안이 제품의 일부에만 적용된 경우라도 해당 제품의 전체 매출액을 계산)

② 최근 2년간 매출총액: 최근 2년간 매출총액의 합, 회사 설립 기간이 짧아 최근 1년 치 자료만 있는 경우에는 1년 매출 총액만 반영(2년 이상 회사가 유지된 경우에는 최근 2년 매출총액의 합을 반영해야 함), 최근 1년 치 자료도 없는 경우에는 인정 불가(0점 처리), 매출액이 없는 경우에는 인정 불가(0점 처리)

증빙

① 최근 2년간 보유 특허권, 실용신안권 적용 제품 매출액: 제품명, 제품 사진, 적용된 특허권, 실용신안권 등록번호, 해당 제품의 매출액 등이 기재된 증빙자료

② 최근 2년간 매출총액: 국세청에서 발급된 최근 2년치 표준재무제표(회사 설립 기간이 짧은 경우에는 최근 1년 치 표준재무제표)

평가

③ 최근 2년간 보유 특허권. 실용신안권 적용 제품 매출액: 신청 기업에서 제출한 증빙자료를 바탕으로 방문심사에서 보유 특허권(신용신안) 적용 제품 매출액 결정
④ 최근 2년간 매출총액: 최근 2년 표준재무제표상 매출액의 합

점수 계산

① (최근 2년간 보유 특허권, 실용신안권 적용 제품 매출액) ÷ (매출총액) ÷ 0.2 × 5점(소수점 셋째 자리에서 반올림) 최대 5점 (20%)까지 인정

〈심사항목 가이드 9〉

심사항목명	세부내용	배점
지식재산권의 실시권 등 활용	최근 2년간 보유 지식재산권의 전용실시(사용권) / 통상실시권(사용권) 허여, 유지 건수 및 지식재산권 도입, 유지 건수 측정(건당 1.25점)	8

지표

① 보유 지식재산권의 전용실시권 / 통상실시권 허여, 유지 건수: 최근 2년 이내 신청 기업이 보유한 지식재산권을 제3자에게 전용실시권 또는 통상실시권 허여했는지 여부 평가(실시권 허여 행위 측정이 아니라 실시권 설정 상태를 평가, 즉 3년 전 실시권을 설정했더라도 현재까지 실시권 설정이 유효하면 인정(단, 최근 2년 이내에 서 6개월 이상 유지된 경우에 한하여 인정, 실시료 등은 평가하지 않음, 국내외 지재권 모두 가능)
② 외부 지식재산권 도입, 유지건수: 최근 2년 이내 신청 기업이 제3자의 지식재산권을 매입한 건수 또는 제3자의 재산권을 전용실시권 또는 통상실시권을 설정하여 활용한 건수 측정(제3자의 지식재산권 매입은 최근 2년 이내 행위만 인정, 제3자의 지식재산권을 실시권 설정을 통해 활용한 경우는 설정 행위 측정이 아니라 실시권 설정 상태를 평가, 즉 3년 전 실시권을 설정했더라도 현재까지 실시권 설정이 유효하면 인정(단, 최근 2년 이내에서 6개월 이상 유지된 경우에 한하여 인정, 최근 6개월 이내에 실시권 설정한 경우는 신청일 기준 유효한 실시권만 인정, 국내외 지식재산권 모두 가능)

증빙

① 보유 지식재산권의 전용실시권 / 통상실시권 허여, 유지 건수: 등록원부에 실시권을 등록한 경우 → '등록원부'(신청일 기준 60일 이내 자료)
② 등록원부에 실시권을 등록하지 않은 경우 → 계약서 사본(일부만 발췌하여 제출 가능)
③ 외부 지식재산권 도입. 유지 건수: 지식재산권을 매입하거나 등록원부에 실시권을 등록한 경우 → '등록원부'(신청일 기준 60일 이내 자료)
④ 등록원부에 실시권을 등록하지 않은 경우 → 계약서 사본(일부만 발췌해서 제출 가능)

평가

① 보유 지식재산권의 전용실시권 및 통상실시권 허여, 유지 건수, 외부 지식재산권 도입, 유지 건수 총합 계산

점수 계산

① (지식재산권 라이센스 활용 건수) × 1.25점, 최대 5점(4건)까지 인정

※ 관련 사업 안내

- 지식재산권 거래: 한국발명진흥회 지식재산중개소, 지식재산거래 서비스 안내
- 지식재산권 거래에서부터 사업화 지원까지 공학박사, 기술사, 변호사, 변리사 등으로 구성된 특허 거래 전문관의 지식재산 거래 서비스 제공
  (수도권 ☎. 02-3459-2882) / (중부권 ☎. 042-488-2263)
  (영남권 ☎. 053-583-3459) / (호남권 ☎. 070-7853-7603)

<심사항목 가이드 10>

심사항목명	세부내용	배점
지식재산권 분쟁 사전 점검	최근 2년간 자사 제품이 타사 지식재산권을 침해하고 있는지 여부와 타사 제품이 자사 지식재산권을 침해하고 있는지 여부를 주기적으로 적절하게 점검하고 있는지 평가	7

지표

① 최근 2년간 자사 제품이 타사 지식재산권을 침해하고 있는지 여부와 타사 제품이 자사 지식재산권을 침해하고 있는지 여부를 주기적으로 적절하게 점검하고 있는지 평가

증빙

① 신청 기업이 신청일 기준 최근 2년간 지식재산권 분쟁 사전 모니터링을 실시한 결과를 증빙자료로 제출
② 지식재산처로부터 국제 지재권 분쟁 예방 컨설팅을 지원받은 경우 이를 증빙자료로 추가 제출
③ 신청 기업이 신청일 기준 최근 2년 이내 지식재산권 관련 당사자계 심판 또는 소송을 수행한 경우 이를 증빙자료로 추가 제출

평가

① 제출된 자료를 바탕으로 아래의 기준에 따라 방문심사에서 0~5점 사이 점수 부여

점수 부여 기준

① 신청일 기준 최근 2년간 경쟁사 등록 지식재산권 점검 및 권리 분석, 경쟁사 출시 제품 파악, 자사 제품의 경쟁사 지식재산권 침해 여부 분석, 경쟁사 제품의 자사 지식재산권 침해 여부 분석 등을 분기별 1회 이상 지속적이고 충실한 수준으로 수행한 경우 → 5점
② 신청일 기준 최근 2년간 경쟁사 등록 지식재산권 점검 및 권리 분석, 경쟁사 출시 제품 파악, 자사 제품의 경쟁사 지식재산권 침해 여부 분석, 경쟁사 제품의 자사 지식재산권 침해 여부 분석 등을 분기별 1회 이상 지속적이고 양호한 수준으로 수행한 경우 → 4점
③ 신청일 기준 최근 2년간 자사 제품의 경쟁사 지식재산권 침해 여부 분석 및 경쟁사 제품의 자사 지식재산권 침해 여부 분석을 충실한 수준으로 매년 1회 이상 실시한 경우 → 3점
④ 신청일 기준 최근 2년간 자사 제품의 경쟁사 지식재산권 침해 여부 분석 및 경쟁사 제품의 자사 지식재산권 침해 여부 분석을 양호한 수준으로 1~2회 실시한 경우 → 2점

⑤ 신청일 기준 최근 2년간 자사 제품의 경쟁사 지식재산권 침해 여부 분석 및 경쟁사 제품의 자사 지식재산권 침해 여부 분석을 1~2회 실시하였으나 분석의 충실도가 다소 낮은 경우 → 1점

⑥ 신청일 기준 최근 2년간 지식재산권 침해 여부 확인과 관련된 행위를 전혀 실시하지 않은 경우 → 0점

점수 부여 시 고려할 점

① 최근 2년 이내 국제 지식재산권 분쟁예방 컨설팅을 지원받은 경우(사업 수행 기간이 신청일 기준 최근 2년 이내와 일부라고 겹치는 경우 인정) 3점 이상 부여

② 최근 2년 이내 지식재산권 관련 당사자계 심판 또는 소송을 수행한 경우(지식재산권 관련 당사자계 심판 또는 소송 수행 기간이 신청일 기준 최근 2년 이내와 일부라도 겹치는 경우 인정) 3점 이상 부여

③ 기타 점수는 전반적 상황을 고려하여 점수 부여(소수점 이하 점수를 활용한 점수 부여 가능)

점수 계산

① 방문심사에서 결정한 점수(0~5점 사이)를 그대로 반영

※ 관련 사업 안내

- 국제 지식재산권 분쟁 사전 점검: 한국지식재산보호원, 국제 지식재산권 분쟁 예방 컨설팅 지원 안내
- 수출 전략, 현안 전략, K-브랜드 보호, 스타트업 IP 보호 등 맞춤형 지식재산권법률 컨설팅 지원
  (☎ 02-2183-5871-8)

:: IP 기반 핵심 인증 제도 2 _ 벤처기업 인증
(Certification of venture companies)

벤처기업이란 혁신 역량 및 성장 잠재력을 가진 신기술을 기반으로 신규 창업기업으로 다른 기업보다 상대적으로 사업의 위험성은 높으나 성공하면 높은 수익이 극대화할 수 있는 기

업을 말한다.

벤처기업의 개념을 처음으로 확립한 미국에서는 일반적으로 모험자본(Venture Capital)으로부터 투자를 받은 기업을 지칭하는 것이다.

우리나라 벤처기업의 경우 일반적으로 창업일(사업자등록증 기준)로부터 3년 이내의 기업에만 해당된다. 3년이 경과하면 벤처기업 인증을 받았다 하더라도 혜택에서 큰 차이가 있으므로 창업 후 늦어도 1.5년 내에 벤처기업 인증을 받을 수 있도록 혼신을 다해 속도를 내는 것이 지속 가능한 기업으로 성장할 수 있는 아주 중요한 것임을 반드시 숙지하고 실행해야 한다.

벤처기업 확인 제도 변천

우리나라의 벤처기업 확인 제도는 시대 변화에 맞추어 꾸준히 개편되어 왔다. 과거에는 벤처투자기업, 연구개발기업, 기술평가보증기업, 기술평가대출기업, 예비벤처기업 등 5가지 요건 가운데 하나를 충족하면 벤처기업으로 인증받을 수 있었다. 그러나 기술보증이나 대출 실적만으로는 기업의 혁신성을 충분히 담보하기 어렵다는 지적이 제기되면서 2021년 2월 12일 제도가 전면 개편되었다. 이에 따라 기존의 기술보증과 대출 유형은 폐지되고 벤처투자유형, 연구개발유형, 혁신성장유형, 예비벤처유형 등 4가지 유형으로 단순화되었다. 특히 새롭게 도입된 혁신성장유형은 기술의 혁신성과 사업의 성장성을 중심으로 평가하는 방식으로, 벤처기업의 본질적 경쟁력을 보다 충실히 반영하고 있다. 이러한 변화는 기업의 성장 활동을 촉진하는 동시에 벤처 인증의 신뢰성을 높이는 전환점이 되었다.

벤처기업 확인 4가지 유형

❶ 벤처투자유형

벤처캐피탈 등 적격투자기관의 투자를 받은 기업을 의미한다. 외부 자본의 검증을 통해 성장 가능성과 신뢰성을 입증한 유형이다.

❷ 연구개발유형

연구개발 조직과 활동을 기반으로 기술 역량을 평가받는 방식이다. 연구비 지출 규모와 사업성 평가 결과가 기업의 혁신 역량을 보여준다.

❸ 혁신성장유형

특허권, 저작권 등 지식재산과 사업 계획의 성장성을 종합적으로 평가한다. 기술혁신 역량과 시장 확장 가능성을 중심으로 판단되는 유형이다.

❹ 예비벤처유형

창업 초기나 설립 준비 단계의 기업도 신청할 수 있다. 기술성과 사업성을 바탕으로 향후 성장 잠재력을 검증받는 방식이다.

벤처기업 유형별 주요 요건

벤처기업 확인은 기업의 혁신성과 성장 잠재력을 평가해 인증하는 제도로, 현재는 네 가지 유형으로 운영된다. 각 유형은 기업의 투자 유치, 연구개발 활동, 기술혁신 역량, 창업 초기 단계 여부에 따라 구분된다.

인증 유형	유형별 조건
벤처투자유형	• 적격투자기관 투자 유치 　• 투자금 5천만 원 이상 • 자본금의 10% 이상 또는 1억 원 이상
연구개발유형	• 연구개발 조직 보유(기업부설연구소 등)　• 직전 1년 연구개발비 5천만 원 이상 • 매출 대비 연구개발비 5% 이상(매출 無 시 1억 원 이상) • 창업 3년 미만은 비율 요건 면제　• 사업성 평가 65점 이상
혁신성장유형	• 기술·사업성 종합평가 통과　• 특허·실용신안·저작권 등 지식재산 보유 시 가점
예비벤처유형	• 창업 3년 미만 또는 준비 단계　• 기술성·사업성 평가 통과　• 인증 유효 기간 2년

벤처기업 인증 효과 및 혜택

벤처기업 인증을 받으면 정부와 금융권에서 다양한 지원을 받을 수 있어 기업의 성장에 큰 도움이 된다. 우선 세제 측면에서는 법인세와 소득세 감면, 취득세와 재산세 등 지방세 감면 혜택을 받을 수 있으며, 주식매수선택권 행사 시에도 세제 지원이 제공된다.

금융 지원 면에서도 정책금융기관의 보증 한도가 확대되고 대출 금리가 우대되며, 신용평가 시 가점이 주어져 자금 조달이 훨씬 용이해진다. 또한 코스닥 상장 특례를 활용할 수 있어 기술력 있는 기업이라면 빠르게 자본시장에서 성장 기회를 확보할 수 있다. 이와 함께 산업단지나 공공기관 입주 시 특례가 적용되고, 정부 연구개발 과제나 창업지원사업 선정 과정에서도 우대를 받는다. 마지막으로 벤처기업 인증 마크를 사용할 수 있어 대외 신뢰도를 높일 수 있으며, 이는 투자 유치와 우수 인재 확보에도 긍정적인 영향을 미친다.

<벤처기업 금융 혜택>

구분	내용
법인세, 소득세, 재산세	벤처 인증을 받은 날로부터 5년간 법인세 및 소득세 50% 감면으로 기업은 세금에 대한 부담을 줄일 수 있으므로 반드시 벤처 인증을 받아야 한다.
취득세	취득세는 5년간 75% 감면되며, 창업 이후 3년 이내에 벤처 인증을 받은 기업에 적용되고, 지속 가능한 성장을 유도하는 정책으로 신규 창업자들로부터 큰 관심을 집중시키고 있다.
재산세	최초 벤처 인증일로부터 3년간 면제, 이후 2년간 50% 감면
취득세 2배 등록면허세 3배 재산세 5배 중과 적용 면제	수도권 과밀지역 내 벤처기업 집적시설 또는 산업기술단지에 입주한 벤처기업의 경우

금융 혜택	
정책자금	정책자금 한도 우대 정책
신용보증	신용보증심사 시 보증한도 우대, 보증료율 감면
광고 및 마케팅 혜택	
지식재산권(IP)	특허 출원 시 우선 심사 대상 선정
기업 광고	TV 및 라디오 광고비 3년간 최대 70%까지 할인 대상
인력 및 주식 혜택	스톡옵션(stock option) 부여 대상이 확대되며 총 주식수 대비 스톡옵션 한도 부여

<벤처 확인 유형별 요건>

구분	전문평가기관	서류 검토	현장 실사
벤처투자유형	한국벤처캐피탈협회	투자 요건 확인	-
연구개발유형	신용보증기금 중소벤처기업진흥공단	연구 조직 및 연구개발비 요건 확인	사업성 평가
혁신성장유형	기술보증기금, 생산기술연구원 등(총 6개 기관)	기술혁신성과 사업 성장을 정성적 중심 종합 평가	필요에 따라 진행
예비벤처유형	기술보증기금, 중진공 등	기술성, 사업성 평가	

〈벤처 확인 절차〉

1단계 신청기업이 벤처 확인 종합관리시스템에서 적합한 유형을 선택하여 서류를 접수한다.
2단계 유형별(벤처투자, 연구개발, 혁신성장) 전문평가기관에서 서류 요건 검토 및 현장실사를 한다.
3단계 벤처기업 확인위원회에서 심의 후 통과하면 벤처확인서가 발급된다.

우수벤처기업 선정(Selection of Outstanding Venture Companies)

비상장 벤처 확인 기업으로서 우수한 성과 또는 성장 잠재력이 뛰어난 신기술을 보유한 기업을 발굴 선정하여 기업의 우수성을 널리 알려 지속 성장 발전할 수 있도록 장려하는 데 목적이 있다. 단 벤처 이력 기업은 제외한다. 세부사항은 아래 우수벤처기업 지원 요건과 같다.

〈우수벤처기업 지원 요건〉

부문		지원 요건	비고
지속 성장	비상장 벤처기업	매출액 전년 대비 3개년 평균 10% 이상 성장	2022~2024년
고용(일자리)		종업원 수 전년 대비 3개년 평균 5% 이상 증가	2022~2024년
글로벌		매출액 대비 수출 비중이 직전 3년 평균 20% 이상 성장(달성)	2022~2024년
연구개발		부설연구소 보유 기업으로 매출액 대비 연구개발비 3% 이상 또는 특허 7건 이상 출원	2024년 12월 기준
스타트업		창업 3년 미만 기업으로 투자 유치 5천만 원 이상 또는 특허 5건 이상 출원	2022년 이후 창업기업
지역 우수벤처	지방 비상장 벤처기업	수도권 지역(서울, 경기, 인천) 외 소재 기업으로 성장률, 혁신성, 고용(일자리) 창출, 지역사회 발전에 기여한 기업	2022~2024년

〈우수벤처기업 신청 순서〉

신청 서류	지속성장	고용	글로벌	연구개발	스타트업	지역 우수벤처
온라인 신청	●	●	●	●	●	●
벤처기업확인서	●	●	●	●	●	●
재무제표 및 부속명세서	●	●	●	●	●	●
기업소개서(별도양식 無)	●	●	●	●	●	●
제품의 특장점/PPT 양식	●	●	●	●	●	●
산업재산권 출원사실증명서	●	●	●	●	▲	●
투자 유치 증빙자료(해당기업)	▲	▲	▲	▲	▲	▲
수출 증빙자료	無	無	●	無	無	無
기부 증빙자료	無	無	無	無	無	▲
고용보험 가입자 목록 3년치	無	●	無	無	無	●
기업부설연구소 인증서	無	無	無	●	無	無

⁛ IP 기반 핵심 인증 제도 3 _ 이노비즈 인증(Innobiz certification)

선진국의 혁신형 중소기업 이노비즈 역할 및 위치
(Roles and locations of Innovative SMEs in developed countries)

이노비즈는 Innovation(혁신)과 Business(경영)의 합성어다. 신기술을 바탕으로 기업이 기술경쟁력을 확보한 기술혁신형 중소기업을 지칭하는 것이다. 중소기업기술혁신협회(이노비즈협회)에 따르면 2025년 5월 25일 기준 국내 이노비즈 인증 기업이 회원사는 8,116곳, 인증 기업은 23,022개로 집계됐다. 이노비즈 인증 기업은 2001년 관련 제도 도입 당시 1천 90개였으나 25년 만에 2만여 개로 늘어났다.

이노비즈 인증 기업은 기술 우위를 기반으로 성장 가능성이 큰 중소기업을 선택하여 집중지원 지속 성장시키기 위하여 2001년 5월 중소기업 기술혁신촉진법 제정으로 도입되었다.

2019년 기준 이노비즈 인증 기업 전체 매출은 292조원으로 국내총생산(GDP)의 16% 수준이고, 수출액은 547억 달러로 국내 중소기업 수출액 54%를 차지하며, 재직 근로자는 78만 1천

여명으로 집계됐다.

창의적이고 독보적인 지식재산 연구개발을 통한 기술 경쟁력을 가진 기업을 기준으로 선정하기에 과거의 실적보다는 미래 지향적 성장성을 중요시 평가한다는 것이 이노비즈 인증의 특징이다.

세계적으로 기술혁신을 통해 기업과 국가의 경쟁력을 높이려는 뉴패러다임이 새로운 화두로 떠오르고 있기에 미국, 독일 등 OECD(경제협력개발기구) 회원국, 선진국들은 중소벤처기업을 국가 경쟁력의 핵심으로 다루고 있다. 1967년 1월 미국에서 중소기업을 정부가 지원해야 한다는 리포트 발표 후, 1982년 OECD에서는 중소기업의 혁신 중요성을 강조하는 발표를 계기로 1983년 미국 중소기업청에 중소기업의 혁신 지원을 강조하는 보고서가 제출되었다. 1996년 오슬로 매뉴얼(Oslo Manual)이 완성(중소기업의 혁신 수준 평가도구), 21세기 개리해멀, 마빈 패터슨이 기업 혁신에 관한 책을 출간하면서 중소기업 혁신의 붐이 조성되면서 1995년부터 정부 차원에서 전폭적인 지원 정책을 실시해 왔으며, 각 국가 간의 경쟁력을 측정하는 객관적인 척도로 비교되고 있다.

선진국의 혁신형 중소기업 이노비즈 역할 및 위치
(Role and Location of Innovative Small and Medium Enterprises in Korea)

- 2차 세계대전 후 획기적 혁신(Radical Innovation)의 95%가 혁신형 중소기업에서 이루어졌다.
- 경제협력개발기구(OECD, Organization for Economic Cooperation and Development)의 경우 과거 20년간 주요 기술혁신의 50%를 주도했다.
- 미국의 경우 철강, 석유 정제 산업 기술혁신의 100%, 알루미늄 산업 기술혁신의 80%를 혁신형 중소기업들이 이루었다.
- 미국, 일본 등 주요 선진국의 최근 GDP 성장 및 고용 창출을 혁신형 중소기업이 주도하고 있다.
- 실리콘 밸리의 성장 발전은 혁신형 중소기업이 특화된 지역 기술의 성과로 실현됐다.
- EU의 첨단 분야 지식재산권 중 산업재산권의 특허를 기준으로 혁신을 이룰 수 있는 비중의 IP 기술의 99%는 중소기업이 보유하고 있다.
- 혁신형 중소기업은 2차 대전 이후 경제 재건의 가장 중요한 부분을 담당하였고, 현재에

도 OECD 회원국은 물론 선진국 경제 성장의 견인차 역할 담당하고 있다.

우리나라 혁신형 중소기업(Inno-Biz)의 역할 및 위치
(Role and Location of Innovative Small and Medium Enterprises in Korea)

신기술을 보유한 기업의 차세대 성장 동력으로서 국민소득 3만 5천 달러 조기 달성 및 일자리 창출의 견인차 역할은 물론 기술경영 가치혁신을 이룩할 글로벌 경쟁력을 갖춘 중소기업을 중심으로 정부의 차세대 브랜드 파워로 성장을 유도하고 있다.

- 핵심적인 IP 신기술을 바탕으로 혁신의 역량을 갖춘 업력 3년 이상의 안정된 기업으로 지속적인 기술혁신, 가치혁신을 이뤄 글로벌 시장경쟁력을 확보할 수 있는 기업군을 발굴 육성하고 있다.
- 이노비즈 지정 제도의 시행 취지는 이노비즈를 집중 지원하여 여타 기업의 기술혁신을 선도하는 역할을 부여하고 이노비즈 자체의 국민경제적 기여도를 높이기 위함이다.

이노비즈 인증 4가지 평가항목(4 evaluation items of Innoviz)

〈이노비즈(INNOBIZ) 인증 4가지 평가 항목〉

<이노비즈 신청 절차>

1. **기업 정보 입력** / 신청 기업의 세부정보 및 최근 2년간 재무제표
2. **자가진단 입력** / 제조, 비제조, 하드웨어, 소프트웨어 등 69항목 자체 평가 결과 등록
3. **기술사업 계획서** / 구체적인 사업 계획 및 특허기술, 매출액 표기하여 작성
4. **현장 평가** / 기술보증기금 심사위원 현장 방문 평가 후 인증 판단
5. **이노비즈 확인서 발급 후 사후 관리** / 지속적인 기업 관리, 3년 후 갱신

이노비즈 인증 기업을 위한 세제 지원
(Tax support for InnoBiz certified companies)

지원 내역	주관	내용
수도권 취득세 중과 면제	각 지자체 세무 담당 부서	• 이노비즈 기업 수도권 취득세 중과 면제 2018년 시행 • (기존) 수도권 내 중과 3배 • (개선) 중과 면제
정기 세무조사 유예	국세청	• 정기 세무조사 수도권 2년, 지방 3년간 유예(단, 탈루 혐의가 있거나 국세 부과 제척 기간 도래 시 제외) • 대상: 일자리 창출 기업, 스타트업 및 혁신형 중기업 정기 세무조사 4년 유예(수도권 2년, 지방 3년)
납부 기한 연장 및 징수 유예	국세청	• 최대 9개월 범위 내 기한 연장
부가가치세 조기 환급 경정 청구	국세청	• 적정 여부 검토 후 시행
세금 포인트 적립 가산점 부여	국세청	• 기존: 납부 세금 10만 원당 1점 • 우대: 납부 세금 10만 원당 2점

지원 내역	주관	내용
기술혁신형 중소기업 M&A	중기부 국세청	• 법인세 10%공제 • 기술혁신형 중소기업 합병 및 주식·출자지분 취득 시 세액공제(조세특례제한법 제12조 3, 4) • M&A 절차 특례(간소화) • 기술혁신형 중소기업 합병절차, 영업 양도 양수, 소규모 간이합병(중소기업기술혁신촉진법 제12조 2)
관세 조사 유예	관세청	• 관세 조사 1년간 유예 • 대상: 혁신형 중소기업, 수출중소기업, 일자리 우수 및 뿌리기업 등

이노비즈 인증 기업을 위한 금융 지원
(Financial support for InnoBiz certified companies)

지원 내역	주관	내용
금융 지원 협약 보증	기술보증기금	• 기술평가보증으로 보증 비율 최대 100% 전액 보증 지원 • 협약은행: 기업, 산업, 우리, 농협, 하나, 외환, 국민, 신한, SC제일, 씨티, 대구, 부산, 경남, 전북
기술보증 우대 지원	기술보증기금	• 보증 한도 확대: 일반 기업 30억 원, 이노비즈 인증 기업 50억 원 • 이행보증 및 전자상거래 보증의 경우 70억 원
이노비즈 채움 금융	NH농협은행	• 대출금리 최대 1.65% 우대: 이노비즈 인증 기업 기본 1% 거래 실적 및 신용도에 따라 추가 우대 혜택
매출채권보험 벤처 & 이노비즈 협약보험	신용보증기금	• 보증료 15% 할인, 인수 비율 85%
보증 지원	SGI 서울보증보험	• 보증한도 우대: 최고 30억 원 확대, 신용등급별 차등 적용 • 보증요율 우대: 이행보증보험요율 10% 할인
기술혁신형 중소기업 신용보증	농림수산업자 신용보증기금	• 보증한도 확대: 일반 15억 원 이내, 이노비오 인증기업 최대 30억 원 이내
수출입(무역) 보증 우대	무역보험공사	• 무역보증보험료 20% 할인: 단기수출보험(선적 후) 수출신용보증 (선적전-후) • 이용 한도 최대 1.5배 우대 수출신용보증(선적 전-후)
코스닥-IPO 상장 지원	한국거래소	• 코스닥 상장 요건 완화(Initial Public Offering): 경영성과 및 이익 규모기준 하향 적용(자기자본, 매출 등)

이노비즈 인증 기업 R&D: 중소벤처기업부 지원 사업
(Support Project for Small and Medium Venture Business Department of Innobiz Certified Enterprises)

분야별 기술 개발 사업	세부사항 / 가점 1점
창업 성장 기술 개발 사업	• 기술 기반 혁신성장 촉진을 위한 전략적 R&D 지원 • 디딤돌 과제. 전략적 과제 가점 + 지원 대상 자격 기준 조건
해외 인증규격 적합 제품	• 수출 대상 국가의 인증규격에 적합한 제품 개발을 위한 기술 개발 지원
해외 원천 기술 상용화 R&D 사업	• 러시아 원천 혁신 기술과 우리 ICT 생산 기술 결합 지원
중소기업 R&D 기획 역량 제고 사업 R&D기획 지원, 위기지역 중소기업 Scale-up	• R&D 기획 역량이 부족한 중소기업의 과제 기획 지원
스마트 센서 선도 프로젝트	• 데이터 측정 관리를 위한 스마트 센서 관련 기술 개발 지원
스마트 서비스 ICT 솔루션	• 스마트 공정에 사용 가능한 고부가 가치 스마트 센서 기술 개발 지원
중소기업 기술혁신 개발 수출지향형, 시장확대형, 시장대응형 소부장 전략 과제	• 중소기업 Scale-up 할 수 있도록 혁신 역량 단계별 R&D 지원 가점 및 요건 우대
미세먼지 저감 실용화 사업	• 미세먼지 저감을 위한 실용화 기술 개발 지원
제조중소기업 글로벌 역량 강화 사업	• 중위 기술 제조 중소기업의 주력 제품 및 고도화 및 신제품 개발 지원
상용화 기술 개발 사업 구매조건부 신제품 개발	• 수요처의 구매 수요가 있는 구매 연계 R&D 지원 가점 및 신청 자격 요건 우대
산학연-Collabo R&D 예비 연구 및 사업화 R&D	• 산학연 협력 R&D 활성화 지원
글로벌 창업기업 기술 개발 사업	• 해외 시장에서 성장 가능성이 높은 창업기업의 R&D 지원
Tech-Bridge 활용 상용화	• Tech-Bridge 플랫폼 활용 소부장 분야의 중소기업 공공기술 기술이전 지원
그린벤처 프로그램 사업화 R&D	• 그린제품 생산 또는 개발하는 중소기업을 발굴 및 육성 지원-지원 대상 요건 우대

이노비즈 인증 기업을 위한 R&D 지원 사업
(Innoviz Certified Enterprise Support Project)

분야	주관	세부사항
글로벌 방산강소기업 육성사업	방위청	• 방산 분야에서 성장잠재력이 있는 중소기업을 발굴하여 제품 개발부터 마케팅까지 패키지로 지원 - 지원 대상 요건 우대
중소기업 협력연구개발사업	한국전력공사	• 중소기업에 대한 협력연구개발비 직접 출연을 통해 중소기업 기술혁신 지원 - 지원 대상 요건 우대

이노비즈 인증 기업을 위한 인력 지원
(InnoBiz Certified Company Human Resources Support)

분야	주관	세부사항
산업기능요원 제도 제조 및 생산 분야	중기부 / 병무청	• 병역 자원 일부를 민간기업에 제조 생산력으로 지원하는 제도(가점 4점)
전문연구요원 제도 연구 및 학문 분야	과기부 / 병무청	• 병역 자원 일부를 연구 인력으로 활용하도록 지원(가점 5점)
중소기업 연구인력 지원 사업 공공연구인력 파견 지원 사업	중소벤처기업부	• 공공연구인력 파견 분야 지원 대상 요건 우대 • 기업부설연구소를 보유한 기술혁신형 중소기업
중소기업 R&D 기획 역량 제고 사업 맞춤형 기술 파트너 지원 사업	중소벤처기업부	• 기술전문가 활용, 중소기업 난이도 기술 지원 및 R&D 역량 제고(가점 1점)

판로 및 수출 지원(조달청 주관)
(Supervised by the Sales and Export Procurement Agency)

지원 분야	세부사항
물품 제조 및 구매 적격심사	신인도 평가(가점 2점), 이노비즈 제조기업(가점 2.5점)
일반 용역 적격심사	신인도 평가(가점 1점)

판로 및 수출 지원(중소벤처기업부 주관)(Supervised by the Ministry of SMEs and Startups for sales channels and exports)

지원 분야	세부사항

글로벌 강소기업 육성 사업	• 수출 중소기업 발굴 및 육성을 통한 해외 마케팅, R&D 지원
	• 신청 자격 우대
	  - 일반 기업 직전년도 매출액 100억~1,000억 원, 직접 수출액 500만 달러 이상
	  - 이노비즈 직전년도 매출액 50억~1,000억 원, 직접 수출액 100만 달러 이상

기술 개발 제품 우선 구매	• 기술 개발 제품 성능을 인증하여 공공기관에 기술 개발 구매 지원 • 성능 인증 대상 제품 요건 부여, 인증 시 기술 개발 제품 우선 구매 대상 포함
공영쇼핑(아임쇼핑) 우수 제품 입점 판매	• 이노비즈 신제품 등 정부 정책 지원을 받은 우수 제품 판매 및 홍보 시 우대

판로 및 수출(Sales channels and exports)

지원 분야	주관	세부사항
성능인증(EPC) 제도 지원	중기부 / 중기유통센터	• 성능이 확보된 중소기업의 기술 개발 제품을 공공기관에서 구매하도록 지원 • 지원 대상 요건 우대 및 심사 기준(가점 1점)
혁신형 중소기업 방송 광고 지원	한국방송광고진흥공사	• 방송 광고(TV, 라디오, DMB 제작) 최대 70% 할인

지식재산처 지원(Korean Intellectual Property Office(KIPO) Suppor)

지원 분야	세부사항

특허연차등록 수수료 감면	• 특허 연차료 감면 확대
	  - 기존 4~9년 차 30%
	  - 개선 4년~존속 기간 50%

산업재산권 출원 시 우선 심사	• 우선 심사 지원 혜택

품질·산업 인증 제도

국제표준화기구(ISO, International Organization for Standardization)

국제표준화기구인 ISO는 물자 및 서비스의 국제 교류를 용이하게 하고, 아울러 지적, 과학적, 기술적 및 경제적 분야에서 국제 협력을 도모하기 위한 세계적인 표준화 및 그 관련 활동의 발전을 도모할 목적으로 1947년 2월 23일 설립된 비정부 간 기구이다. 전기 관계를 제외한 모든 분야의 규격을 제정하는 대표적인 국제표준화기구이며, 중앙 사무국은 스위스 제네바에 있다.

❶ 적용 범위(A range of application)

기업이 고객의 요구사항을 충족하는 제품을 일관성 있게 제공하는 능력을 인증하며 시스템의 지속적 개선, 고객 요구사항에 적합함을 보장하기 위한 프로세스에 적용하며, 제조물 책임 및 책임 경영을 위한 수단으로도 사용된다.

❷ 규격 내용(Specification details)

조직의 형태 규모 및 제공되는 제품에 관계없이 적용 가능하며, 규격의 요구사항은 프로세스를 기반으로 고객만족 증진이라는 목표하에 경영 책임, 자원 관리, 제품 실현 및 측정, 분석 및 개선의 4개 핵심 프로세스로 구성되어 있다.

〈대표적인 ISO 인증 규격〉

인증 규격	세부사항
ISO 9000	제품군 품질관리로서 어떤 규모의 기업이나 조직을 위한 세계에서 가장 널리 알려진 품질관리표준
ISO 9001	품질경영인증시스템
ISO 14000	기업의 환경경영 체제를 평가하여, 전략, 환경보호, 능력, 서비스, 환경 성과 등을 평가하여 환경경영 국제 규격을 통칭하는 환경관리인증시스템
ISO 14001	구체적인 목표와 세부 목표를 정한 뒤 이를 달성하기 위한 조직, 절차 등을 규정하고 인적, 물적자원을 효율적으로 배분하여 지속적인 환경 개선을 이루어 진행하고 있는 기업
ISO 22000	국제적으로 기업이 취득한 원재료의 전체 생산 과정을 국제식품안전규격, 식품, 사료, 및 포장 제조 분야뿐만 아니라 판매, 케이터링(catering), 운송, 보관 및 유통, 서비스 등

ISO 45001	리더십 항목을 강조함으로써 최고 경영진의 참여와 의무에 안전보건 경영시스템을 구축한 조직은 산업재해를 효과적으로 예방할 수 있는 인증시스템
ISO / IEC 27001	디지털 정보관리 보안을 제공하는 인증시스템

〈인증 도입 효과〉

❸ ISO 9001 인증 도입 효과
- 지속적인 경영시스템 최적화를 통해 불필요한 프로세스를 제거하여 경영 효율의 극대화 추구
- 프로세스의 효과적인 관리를 통하여 부적합을 예방하고, 존재하는 부적합은 정확한 검출과 근본 원인에 대한 제거로 고객 보호
- 현재보다 높은 수준의 제품 및 서비스 제공 프로세스 확보로 고객만족 달성
- 조직원들의 업무 수행 범위 확장과 능력 향상에 기여
- 재해 예방 및 사고율 감소
- 국제적인 모델의 품질경영시스템 인증이라는 자긍심과 강한 동기부여 제공
- 기업(조직)의 시스템 체계 확립을 통한 품질 향상, 원가 절감, 생산성 향상
- 업무의 표준화 및 책임과 권한의 명확화 → 업무 효율성 증대
- 고객만족도 및 신뢰성 향상
- 기업의 이미지 향상

- 인증등록업체에 대한 정부 지원 혜택 수혜(조세감면규제법에 따른 세액공제 및 금융기관의 기술신용평가 시 가산점)
- 핵심 프로세스의 보다 나은 경영을 통해 원가 절감 및 효율성 증대
- 고객 만족도 향상 및 기존 고객 유지
- 종업원 동기부여, 인식 및 윤리(Moral)의 개선
- 시장 내 지위 향상 및 지속적 개선

❹ 심사의 면제(Exemption from examination)
- 기술표준원(한국표준협회) KS 공장 심사 시 일부 면제
- NEP(신제품인증-기술표준원) 현장 심사 시 품질경영시스템 평가 면제

❺ 세액공제(Tax credit)
- 조세특례제한법에 따른 기술비 세액공제

❻ 인증 획득 자금 지원(Funding for certification acquisition)
- 지자체(중소기업을 대상으로 한 인증 획득 자금 지원)

❼ 가산점 부여(Additional points are given)
- 금융기관의 기술신용평가 시 자발적으로 가산점 부여
- 건설기술관리법 시행규칙 제 47조 및 제 47조의 2에 따른 시공능력평가 및 용역업자 용역 능력 평가 시 가산점 부여

메인비즈 인증(Main Biz Certification)

중소기업 기술혁신 촉진법 제15조의2(경영혁신형 중소기업 육성 사업 등)에 따르면 중소기업청장 경영혁신활동을 통하여 경쟁력의 확보가 가능하거나 미래 성장 가능성이 있는 중소기업을 발굴, 육성하기 위해서 필요한 사업을 추진할 수 있다. 여기서 말하는 '경영혁신'이란 기업의 경쟁력을 높이기 위해 업무수행 방식, 조직구조 및 영업활동 등에서 새로운 경영 기법을 개발하거나 경영 기법의 중요한 부분을 개선하는 것을 말하는데, 메인비즈 인증을 받으면 입찰 참여 시 가점 부분이 있어 중소기업의 경쟁력을 더욱 확고히 하는 데 있다.

❶ 메인비즈 인증 신청 대상(Subject to Main Biz Certification)
중소기업기본법 제2조 규정에 의한 중소기업 중 업력이 3년 이상인 기업으로 한정한다.

❷ 메인비즈 인증 제외 대상(Subject to MainBiz Certification Exclusion)
  - 게임, 도박, 사행성, 불건전 소비업종 등 연체, 국세체납 등으로 인해 신용관리 정보 대상자로 규제를 받고 있는 기업
  - 어음 교환소로부터 거래정지처분을 받은 기업
  - 파산 및 회생 절차 개시, 개인회생 절차 개시 신청이 있거나 청산에 들어간 기업(단, 회생의경우 법원의 회생인가 결정을 받은 후 법원에 제출한 회생 계획안 또는 변제 계획안의 회생 계획 또는 변제 계획을 정상적으로 이행하고 있는 업체는 예외)
  - 부채 비율이 1,000% 이상 기업
  - 완전자본잠식 상태에 있는 기업

<메인비즈 인증 절차>

❸ 메인비즈 인증 평가 기준(Main Biz Certification Evaluation Criteria)
메인비즈 인증 최초 선정을 위한 '경영혁신형' 중소기업 평가지표에 따라 메인비즈 선정 연장을 위한 평가기준은 경영혁신진단평가표(700점 이상 1,000점)로 한다.

❹ 메인비즈 인증 혜택(MainBiz Certification Benefits)

〈메인비즈 인증 기업 신보매출채권 보험료〉

- 메인비즈 인증 기업이 신보 매출채권보험 청약 시 보험료 15% 할인
- 매출채권보험: 거래금(외상,어음)에 대한 손실금을 보상해주는 보험(한도: 70~85%)
  예) 보험가액 110억 원, 보험요율 1.5% 시 → 보험료 1,500만 원, 혜택 적용 시 → 1,500만 원 x 15% = 225만 원 할인
- 신청 방법: 메인비즈 인증서 사본 제출
- 신보 영업점 및 보험센터: ☎ 1588-6565

〈SGI서울보증(보증 우대 혜택)〉

- 보증 한도 확대 → 보증 한도 신용등급별로 차등 확대(협회 회원가입 시 보증 한도 5억~10억 원 추가 확대)
- 보증보험증권 발급 시 이행(계약, 차액, 선급금, 하자, 지급, 상품판매대금) 보증보험료율 10% 할인(협회 회원가입 시 이행보증 무담보 특별공급)
  - 이행보증 및 인허가 보증 5억 원 무담보 공급(BB+ 이상)
- 신청 방법: 보증보험 청약 접수 시 메인비즈 인증서 사본 제출

〈혁신창업사업화 자금 지원〉

- 기술력과 사업성은 우수하나 자금력이 부족한 중소벤처기업의 창업을 활성화하고 고용 창출을 도모하기 위한 자금 지원
- 개발기술사업화자금: 기업당 30억 원 이내
- 고성장 촉진: 기업당 100억 원 이내
- 중소기업 통합 콜센터: ☎ 1357

〈중소기업 육성 자금 지원〉

- 중소육성자금 - 혁신성장 - 일자리 창출 자금(지원 자격 부여)
- 창업 및 경쟁력 강화, 경영안정자금자금(융자한도, 이차보전 우대)
- 융자 한도 3억~20억 원 이내
- 융자 기간 3~10년

⟨각 은행 연계 금리 우대⟩

기관	내 용	문의
한국은행	중소기업 지원 자금 지원 대상 - 혁신기업에 포함(지역본부별 상이)	한국은행 각 지역본부
NH농협	대출금리 최대 1.65% 우대, 기업자금관리 서비스 무료 제공 등	NH농협은행 영업점
신한금융투자	기업공개(IPO) 및 코넥스 상장 컨설팅, 자금조달 컨설팅(정책자금,Primary) COB, CB/DW 발행, ABL을 통한 자금조달, M&A자문 및 인수 금융 자금 지원, 부동산 PF 자문 및 금융 자문 등	신한금융투자 헬프데스크

- 조달청 입찰 시 신인도평가 가점을 부여(물품 입찰 1.5점, 용역 0.5점)하고, NH농협은행, IBK기업은행, 신한은행 대출금리 우대(최대연리 1.8%인하) 및 신용보증기금 대출 보증 시 우대
- 동일업종(한국표준산업분류상 소분류)을 계속 영위할 것
- 개인기업의 주요 생산시설이 법인기업에 현물 출자(사업의 양수도 계약의 경우를 포함)로 되어 있고, 법인기업이 개인기업의 자산, 부채를 승계하고 있을 것
- 개인기업의 대표자가 법인기업의 상근이사로서 경영에 참가하고 있을 것
- 개인기업의 대표자가 법인기업의 주주일 것
- 판로 수출: 수출 인큐베이터 운영, 수출 바우처, 방송광고비 감면, 나라장터 물품구매 적격심사 가점 부여
- 인력 및 컨설팅, 홍보 지원: 연구인력 파견 지원, 산업기능요원 제도, 취업 포털사이트 홍보 지원, 중소기업 컨설팅 플랫폼 지원 사업(컨설팅 및 홍보) 일학습병행제 등

❺ **메인비즈 인증 유효 기간**(Validity of Main Biz Certification)

메인비즈 인증 유효 기간은 3년이다. 따라서 만료 90일 전, 만료 후 30일까지 재인증 절차를 거쳐 연장하여야 한다. 메인비즈는 온라인 자가진단, 현장평가에서 승인이 결정되기 때문에 철저하게 준비가 되어 있어야 한번에 인증을 받아서 발생할 수 있는 리스크를 근본적으로 차단해야 한다.

CCM 인증

〈CCM 인증 절차〉

기업의 모든 경영 활동이 소비자 관점에서 소비자 중심으로 구성하고, 관련 경영 활동을 지속적으로 개선하며, 한국소비자원에서 평가하고 공정거래위원회가 인증해주는 국가인증제도이다.

다시 말해 기업이 소비자 지향적 경영문화 확산과 소비자 권익 증진을 위해 노력하여 결과적으로 소비자 후생증대에 기여했는가를 평가받는 인증 제도인데, 2015년 12월 기준으로 99개의 대기업과 62개의 중소기업이 CCM인증을 받았다.

❶ 목적 및 기대 효과(Purpose and expected effects)
- 목적: CCM 인증제도는 기업 및 기관의 소비자 지향적 경영 문화 확산과 소비자 권익 증진 노력을 통한 경쟁력 강화 및 소비자 후생 증대에 기여함을 목적으로 한다.
- 기대 효과: 소비자 측면에서는 상품 및 서비스 선택 기준이 되는 정보를 제공받고, 인증기업과 소비자 문제 발생 시 CCM 운영체계에 따라 신속하게 합리적인 해결이 가능하다. 기업 측면에서는 CEO와 임직원의 소비자 권익에 대한 인식을 제고하고 상품과 서비스 수준을 소비자 관점으로 끊임없이 개선함으로써 대내외 경쟁력을 강화할 수 있다. 공공 측면에서는 사후 분쟁 해결 및 행정 조치로 인한 사회적 비용을 절감하고, 소비자 중심의 선순환 시장을 조성함으로써 기업과 소비자의 상생 문화 확산에

기여함이다.

❷ 신청 대상(Subject to application)

- 물품의 제조, 수입, 판매 또는 용역 제공의 모든 과정이 소비자 중심으로 이루어지는 경영을 하는 사업자
- 공정거래위원회에 신고된 소비자 피해 사건에 대해 자율처리 권한을 부여한다. 공정거래위원회에 신고되는 표시광고법 방문판매법 및 전자상거래 소비자보호법 위반 사건 중 개별 소비자 피해 사건에 대해 인증기업에 우선 통보하여 당사자의 자율처리 유도 소비자의 결과를 수락하는 경우 공정위의 별도 심사 절차를 거쳐 면제된다.
- 인증기업이 표시광고법 등 공정거래위원회가 운영하는 소비자 관련 법령의 위반으로 공표명령을 받은 경우에는 제재 수준을 경감받을 수 있다. (근거 규정: 공정거래위원회로부터 시정명령을 받은 사실의 공표에 관한 운영지침) 또한 인증 기업이 표시광고법 등 공정거래위원회가 운영하는 소비자 관련 법령의 위반으로 과징금을 받은 경우에도 해당 과징금 고시에서 규정하는 범위 내에서 과징금을 경감받을 수 있다. (근거 규정: 표시광고위반 행위에 대한 과징금 부과 기준, 전자상거래 소비자 보호법 위반 사업자에 대한 과징금 부과 기준 등)
- 우수기업에 대해 포상하며 인증 기업 및 소속된 개인에게도 포상하고, 인증 마크 사용권한을 부여한다.
- 인증 기업은 인증 마크를 사업장에 게시하거나 홍보물. 광고 등에 사용 가능하며 인증 기업의 법 위반 평가점수가 200점 이상일 경우 인증 마크 사용 이외의 인센티브를 제한한다.
- 신규 평가: 한국소비자원이 실시하는 CCM 의무교육을 평가 신청 전 1년 이내에 총 10시간 이상 이수한 기업(기관)은 신규 평가를 신청할 수 있다.

〈인증 기업 인센티브〉

주관 부서 및 분야	인센티브
우수기업 포상	인증 기업 및 개인에 대하여 대통령, 국무총리, 공정거래위원장의 표창 등의 포상이 주어짐
중소벤처기업부 소관 중소기업 정책자금 융자 한도 상향	정책적으로 필요한 우수 중소기업의 개별 기업당 융자 한도를 60억 원에서 최대 100억 원으로 상향 지원

공정거래협약 이행 평가 시(하도급, 유통, 가맹 분야)	평가기업이 CCM인증기업인 경우, 협력업체에 대한 CCM인증 취득을 지원하는 경우 가산점 부여
공표 명령을 받은 경우	인증기업이 공정거래위원회가 운영하는 소비자 관련 법령 위반으로 공표명령을 받은 경우 제재수준 경감
서울시 일반 용역 적격심사	서울특별시 일반용역 입찰적격심사, 협상에 의한 계약시 가산점 부여

아시아 로하스 인증(Asian LOHAS Certification)

로하스(LOHAS)는 Lifestyle Of Health And Sustainability 의 머리글자를 따서 만든 용어이다.

❶ 아시아 로하스 인증의 취지 및 목적(Purpose and Purpose of Asian LOHAS Certification)

한국대학발명협회와 한국표준협회(아시아 LOHAS 인증)는 21세기 늘푸른사회, 건강사회, 행복사회를 만들기 위하여 국내 환경 기술과 산업 수준을 끌어 올리는 한편 소비자에게는 친환경적이며 사회공헌적인 상품의 확산 보급을 통해 국민 건강과 행복한 사회적 삶의 질 향상에 기여하고, 기업에게는 상품 가치와 이미지 제고를 통해 기업의 지속적인 성장과 발전을 지원하고자 함이다. 또한 소비자 의식 주준이 높아지고 건강, 환경, 사회를 고려하는 LOHAS 소

〈인증 도입 효과〉

비자층이 증가함에 따라 이를 최우선 가치로 삼고 창의적인 상품 개발, 서비스 활동, 환경경영 및 사회공헌을 위해 지속적으로 노력한 기업만이 사랑받고 선택받을 수 있게 함이다.

❷ 아시아 로하스 인증의 기대 효과와 가치
(Expected Effects and Value of Asian LOHAS Certification)

아시아 로하스는 신체적이고 정신적인 건강은 물론, 환경, 사회정의 및 지속 가능한 소비에 높은 가치를 두고 생활하는 현명한 사람들의 새로운 라이프 스타일(Life style)이다. 개인 중심의 웰빙을 넘어서는 거대한 흐름으로 자신의 건강과 행복만이 아니라 이웃의 안녕, 나아가 후세에 물려줄 소비 기반까지 생각하며 친환경적이고 합리적인 소비 패턴을 지향한다.

소비자 의식 수준이 높아지고 건강, 환경, 사회를 고려하는 로하스 소비자층이 증가함에 따라 이를 최우선 가치로 삼고 창조적인 상품 개발, 서비스 활동, 환경경영 및 사회공헌을 위해 지속적으로 노력한 기업만이 사랑받고 선택받을 수 있게 되었다. 따라서 아시아 로하스 인증을 받은 기업은 다음과 같은 기업의 경쟁력을 가지고 차세대 경제 구조를 이끌게 된다.

- 고객가치 제일주의 아시아 로하스 시장의 선점 및 새로운 경쟁우위 확보
- 환경, 사회 친화적인 마케팅 전략 수립
- 소비자, 지역사회 등 이해 관계자들과 신뢰 관계 구축
- 생산성 및 품질 향상, 소비자 충성도 향상, 운영 비용 감소, 매출 증가, 우수인력 확보 등 경제적 효과 창출
- 우수 사례를 발굴 공표함으로써 타 기업에게 벤치마킹 기회 제공
- 정부는 로하스 인증 기업 지원에 따른 상품가치화 이미지 제고로 지속적인 성장과 발전 예상
- 매년 실시하는 아시아 로하스 산업대전 참가 자격 및 포상심의 가산점 부여

〈인증 대상 품목〉

분야	상품군	로하스 인증 세부 품목
음·식료품	농산물	가공식품, 농·축·수산물, 지역특산물
	식품	유제품, 장류, 가공식품
	음료	음료수, 숙취해소음료
	건강기능식품	감마리놀렌산, 글루코사민, 클로렐라

가정용품	생활용품	비누, 세탁세제, 치약, 샴푸, 여성용품
	주방용품	주방세제, 식기류, 조리기구
	욕실용품	목욕타월, 욕실수납, 수납용품, 욕조
	유아용품	카시트, 수유용품, 분유, 이유식, 기저귀, 유모차, 아동도서
미용제품	뷰티용품	기능성 화장품, 여성용·남성용 화장품, 바디케어
	다이어트 제품	기능성 음료, 건강 활성화 제품, 다이어트 운동기구
섬유제품	의류	여성복, 남성복, 아동복 등
숙박, 리조트	숙박, 리조트	펜션, 콘도, 리조트
자동차 관련	자동차	세단, SUV, 트럭, 버스
	친환경 연료	가솔린, 엔진오일, 타이어, 자동차 윤활유
산업용품	화학 제품	유성-수성페인트, 에나멜, 바닥재, 방염도료
	건축 자재	샤시, 판넬, 파이프, 건축용 도어록, 도배지, 접착제
건설	아파트, 빌딩	그린하우스, 아파트, 빌딩
가구	가정용가구	침대, 옷장, 이불장, 거실장, 식탁
	사무용가구	책상, 의자, 칠판, 책장
	유아가구	침대, 옷장, 책상, 의자

〈아시아 로하스 인증 심사평가〉

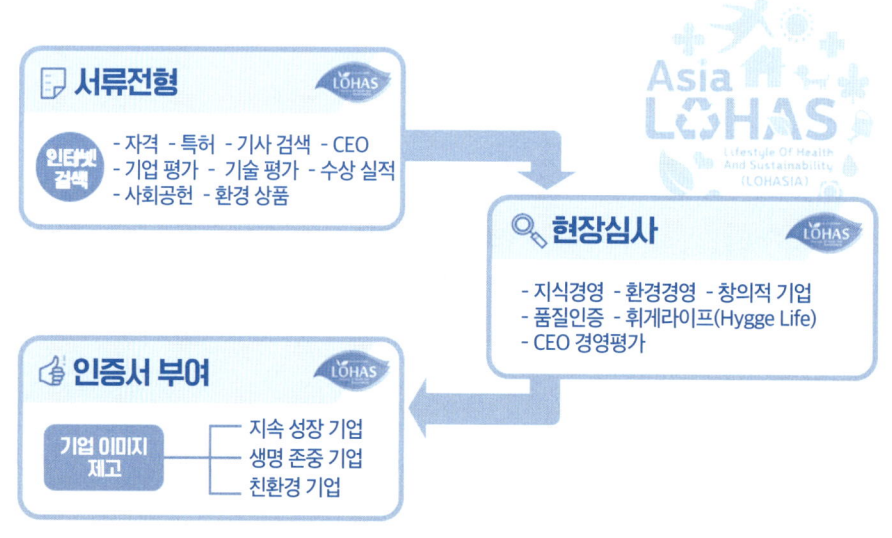

⟨인증 신청 및 심사 기준 배점⟩

구분	세부사항	배점
신청 기간	• 연중 수시, 접수 후 약 1개월 소요(심사 기준 70점)	
산업 전 분야	• 각종 인증서 및 산업재산권 실적 등 • 경영철학, 가치인식, 소비자 신뢰	30
	• 지속 가능한 미래지향적인 친환경 기업 및 인류 건강에 이바지하는 상품 및 기업 • 사회 기여도, 실적과 매출	40
	• 기술성, 창의성, 독창성 및 수출혁신기업 • LOHAS - Eco friendly Products	30

해썹(HACCP) 인증

해썹은 위해요소분석(Hazard Analysis)과 중요관리점(Critical Control Point)의 영문 약자로서, 해썹 또는 식품안전관리인증기준이라 한다.

⟨HACCP(HA+CCP)⟩

구분	내용
HA(위해요소분석)	원료와 공정에서 발생 가능한 병원성 미생물 등 생물학적, 화학적, 물리적 위해요소 분석
CCP(중요관리점)	위해요소를 예방, 제거 또는 허용 수준으로 감소시킬 수 있는 공정이나 단계를 중점 관리

❶ 해썹(HACCP) 인증 7원칙 12절차

해썹을 운영하는 최고 경영자는 물론 근로직원 모두가 7원칙 12절차에 대하여 숙지하고 관리 계획을 수립하는 데 있어 단계별로 적용되는 핵심 주요 원칙을 말한다. 해썹 12절차란 준비 단계 5절차와 본 단계인 해썹 7원칙을 포함한 12단계의 절차로 구성된 것으로 아래와 같다.

❷ 해썹(HACCP) 인증 절차

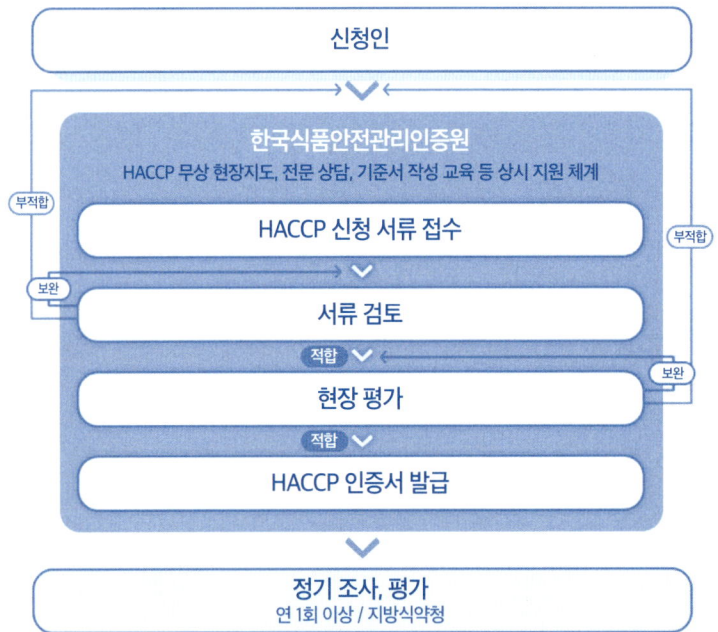

〈인증 신청 및 심사 기준 배점〉

구분	내용
영업신고필증	• 대표자, 법인(업소)명, 주소, 영업의 종류와 실제 운영 면적 확인
HACCP 교육수료증	• 대표자: 경영인 과정(94시간 이상)　• 직원 중 1인 종업원 과정(24시간 이상)
영업을 위해 필요한 서류	• 일일위생점검 기록　　　　　• 위생 교육 수료증 및 위생기록부 • 종사자 건강검진 관련 서류　• 기타 식품별 영업을 위한 법적 서류
HACCP 관리 기준서	• 선행요건 관리 기준　• 해썹 관리 기준

위해요소분석은 '어떤 위해를 미리 예측하여 그 위해 요인을 사전에 파악하는 것'을 의미하며, 중요관리점은 '반드시 필수적으로 관리하여야 할 항목'이란 뜻을 내포하고 있다.

해썹은 위해 방지를 위한 사전 예방적 식품안전관리체계를 말하며, 해썹 제도는 식품을 만드는 과정에서 생물학적, 화학적, 물리적 위해 요인들이 발생할 수 있는 상황을 과학적으로 분석하고 사전에 위해 요인의 발생 여건들을 차단하여 소비자에게 안전하고 깨끗한 제품을 공급하기 위한 시스템적인 규정이다.

❸ 인증(연장) 신청 방법

결론적으로 해썹(HACCP)이란 식품의 원재료부터 제조, 가공, 보존, 유통, 조리 단계를 거쳐 최종 소비자가 섭취하기 전까지의 각 단계에서 발생할 우려가 있는 위해 요소를 규명하고 이를 중점적으로 관리하기 위한 중요관리점을 결정하여 자율적이며 체계적이고 효율적인 관리로 식품의 안전성을 확보하기 위한 과학적인 위생관리체계라 할 수 있다. 해썹은 전 세계적으로 가장 효과적이고 효율적인 식품안전관리체계로 인정받고 있으며 미국, 일본, 유럽연합, 국제기구(Codex, WHO, FAO) 등에서도 모든 식품에 해썹 인증을 적용할 것을 적극 권장하고 있다.

〈해썹 인증(연장) 신청 방법〉

구분	내용
신청 방법	• 식품안전관리인증계획 - HACCP Plan 수립 • 한국식품안전관리 인증원에 식품안전관리인증(연장)신청서 제출

구분	내용
구비 서류	• 인증(연장)신청서 • 식품안전관리 인증계획서 → 중요 관리점의 한계 기준 → 모니터링 방법 → 개선 조치 및 검증 방법 • 인증서 사본(연장의 경우)
처리 기한 및 수수료	• 신규인증 신청접수일로부터 인증 60일(연장 120일) • 연장일로부터 40일(연장 60일, 법정공휴일 및 보완 기간 제외) • 유사식품, 축산물은 7일 이내 처리 후 업체 및 유관기관에 통보 • 수수료 20만 원(유형별)
처리 절차	• 제출된 신청서의 서류심사 결과 보완사항이 있을 경우 신청자에게 보완 통보
현장 평가	• 현장 평가는 식품 및 축산물 안전관리인증기준 실시상황 평가표에 의거 실시

〈해썹 적용 업체 인증 변경 신청 방법〉

구분	내용	
변경 대상	• CCP(중요관리점) 추가 • CCP(중요관리점) 변경	• CCP(중요관리점) 삭제 • 영업장 소재지 변경
검토 및 접수	• 서류 검토(필요시 보완 요구) • 인증서 변경 발급(적합) 또는 부적합 통보	• 현장 확인 및 평가 실시 • 수수료 10만 원
기타	• 단순 상호, 대표자명, 행정구역상 지번 변경, 일반을 소규모로 변경(당해 연도 또는 최근 3개월 이내 인증(연장) 및 사후관리 평가 결과 적합한 경우에 한함) 등은 별도 양식 없이 민원인이 인증서 원본에 영업등록(신고)증 사본 등 증빙서류를 첨부하여 문서로 변경 요청한 경우 인증서를 변경하여 발급 • 소규모에서 일반으로 변경하는 경우 변경 심사 실시	

PART 06

시장 개척과 미래 전략

Next Innovation

시장은 단순히 제품이나 서비스가 거래되는 공간을 넘어 창업가와 기업이 끊임없이 기회를 발굴하고 미래를 설계하는 무대이다. 급격히 변화하는 글로벌 경제 환경 속에서 시장은 하루가 다르게 재편되고 있으며, 새로운 기술의 등장, 소비자 가치관의 변화, ESG와 같은 지속가능성 요구가 기업 전략의 방향을 바꾸고 있다. 이러한 상황에서 시장 개척(market development)은 생존을 위한 선택이자 성장의 출발점이다. 창업가는 기존 시장의 한계를 넘어 새로운 수요를 창출하고, 잠재시장을 발굴하며, 혁신적인 접근을 통해 경쟁우위를 확보해야 한다.

그러나 단순한 시장 진출만으로는 충분하지 않다. 장기적인 성장을 위해서는 미래 전략(future strategy)이 반드시 필요하다. 미래 전략은 기술 변화와 사회 트렌드를 예측하고, 불확실성 속에서도 지속 가능한 비즈니스 모델을 구축하는 과정이다. 이는 연구개발 투자, 글로벌 네트워크 형성, 디지털 전환, 친환경 경영 등과 결합되며, 궁극적으로 기업의 회복탄력성과 국가 경제 경쟁력으로 이어진다.

PART 06에서는 시장 개척의 의미와 구체적 방법을 살펴보고, 이를 토대로 창업가와 기업이 어떻게 미래 전략을 수립해야 하는지를 탐구한다. 나아가 시장 개척과 미래 전략의 유기적 결합을 통해 지속 가능한 혁신과 글로벌 경쟁력을 만들어 가는 길을 제시하고자 한다.

16장

4차 산업혁명 & 미래 전략
Fourth Industrial Revolution & Future Strategy

:: 대한민국 미래 성장 동력 & 혁신은 축적의 결과
(Korea's Future Growth Drivers & Innovations are the result of scale-up)

대한민국의 미래 성장은 한순간의 기술 도약이 아니라 지속적인 축적과 혁신의 순환 속에서 만들어지고 있다. 산업화 시대의 제조 역량을 토대로 이제는 지식·기술·인재가 결합된 융합형 성장 전략으로 나아가야 한다.

급변하는 글로벌 환경 속에서 새로운 경쟁력의 핵심은 단순한 기술 개발이 아니라 이를 뒷받침하는 교육, 창의력 그리고 혁신 생태계의 지속적 진화에 있다. 국가 경쟁력은 더 이상 물리적 자원에 의해 결정되지 않으며, 소프트 파워와 ICT 중심의 혁신 구조가 미래 산업의 핵심 축으로 자리 잡고 있다. 결국 대한민국의 미래는 혁신을 끊임없이 실험하고 축적하며, 그 성과를 사회 전반으로 확산시키는 지속 가능한 혁신 국가로의 전환에 달려 있다.

4차 산업혁명의 핵심 경쟁력은 더 이상 기술 그 자체가 아니라 사람과 문화 그리고 창의성이 만들어내는 소프트 파워에 있다. 새로운 기술이 빠르게 등장하는 시대일수록 이를 활용하고 융합할 수 있는 개방적 사고와 협력의 문화가 성장의 속도를 결정한다.

이제 혁신은 특정 기업이나 산업에 국한되지 않으며, 교육·금융·정책·조직문화가 함께 진화하는 생태계적 혁신으로 확장되고 있다. 소프트 파워는 이러한 혁신의 촉매이자 4차 산업혁명의 방향을 인간 중심으로 조정하는 보이지 않는 에너지이다.

결국 대한민국의 혁신 속도를 높이는 힘은 기술보다 사람 그리고 사람을 연결하는 문화와 신뢰에서 비롯된다.

〈4차 산업혁명 & 미래 전략〉

소프트 파워 인재 육성	글로벌 창업 생태계 조성	금융 시스템 혁신	4차 산업혁명 에코 시스템 구축
• Soft Power 범국민 캠페인	• 이민, 비자 제도 개선을 통한 해외 우수 인재 및 스타트업 유치	• 융자가 아닌 투자 중심으로 개편	• 지능 정보 사회에 대비한 종합대책 수립
• 보이지 않는 것의 가치를 중시하는 사회적 공감대 형성	• K-Startup Grand Challenge		• 고용 여건 변화 선제적 대응 • ICT, 의료 등 산업 융합 촉진 • 파격적 규제 개선을 통한 新 서비스 육성
• SW 교육 내실화를 위한 교원 양성	• Free Startup Agreement	• 실패 후에도 재기 가능한 제도적 지원 체계 마련	
• 3만 청년 소프트 파워 멘토 육성 프로젝트	• Open Innovation을 통한 국가, 사회 혁신 주도		• 이스라엘 OCS(Office Chief Scientist) 사례

⁝⁝ 4차 산업혁명 속도를 높이는 소프트 파워
(Soft Power to Speed Up Fourth Industrial Revolution)

- 창의적 교육
- 개방형 혁신
- 융합적 사고와 문화 → 중소기업 → 대기업 간 협력
- 위험 감수 금융 → 중소기업 투자 촉진
- 규제 완화 → 혁신의 가속화
- 기업가 정신

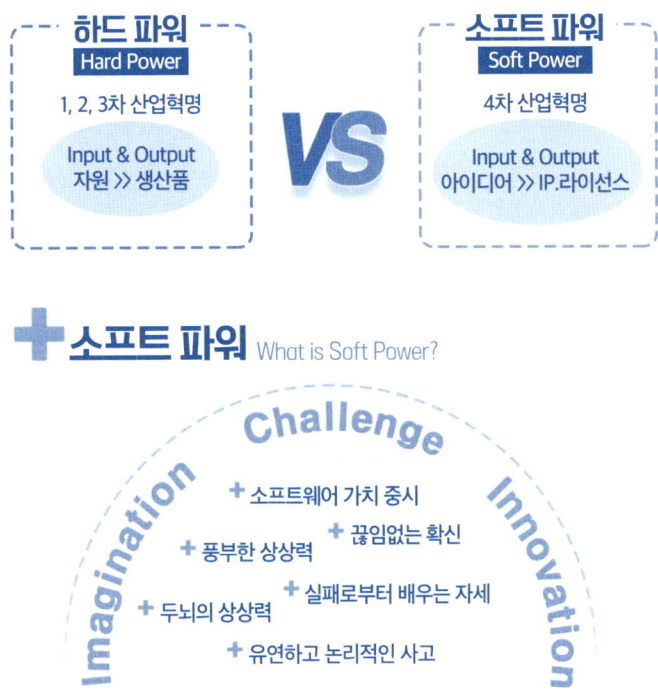

산업혁명의 역사 (History of the Industrial Revolution)

1차 산업혁명, 즉 1784년 영국의 와트가 발명한 증기기관을 개량한 기계식 산업혁명은 기술적 혁신으로 가내 수공업 중심 생산 체제가 공장 생산 체제로 사회적·경제적 큰 변화가 나타난 시기다.

1차 산업혁명은 '기계적 혁명'으로 영국에서 처음 시작돼 급격한 산업 생산력 증대를 가져왔다. 증기기관이라는 새로운 기계가 이전과는 차원이 다른 생산력 증대를 불러일으키며 산업혁명을 통해 중산층이 생기게 되었다.

2차 산업혁명은 1870년 19~20세기 초를 의미한다. 1차 산업혁명은 기술혁신이 영국에서 국지적으로 시작됐다면, 2차 산업혁명은 전기, 석유, 화학, 철강 분야에서 미국과 유럽에서 기계식 생산설비 기술이 공유되면서 개선과 개량 발명을 통해 전기동력을 이용한 공장이 소비재를 대량 생산하게 되고 도시 노동자 상당수가 공장 노동자로 안정화되었다.

3차 산업혁명은 1969년 20세기 후반 컴퓨터를 통한 기술과 IT 산업 발전으로 인하여 자동화가 되어 갔고, 이후로 반도체 & 비메모리 반도체를 이용한 PC, 인터넷으로 컴퓨터와 ICT(Information Communication Technology) 발전으로 '디지털 혁명'이라고 불리며 정보화, 자동화 체제가 구축됐다.

역사적으로 아주 짧은 기간이었지만, 이 기술은 산업, 경제, 사회 구조를 뒤바꾸어 놓을 만큼 실로 거대한 변화를 가져왔다.

〈4차 산업혁명 도래〉

18세기, 1784년	19~20세기 초, 1870년	20세기 후반, 1969년	21세기 초, 2015년
1차 산업혁명	2차 산업혁명	3차 산업혁명	4차 산업혁명
증기기관을 이용한 기계적 혁명	전기동력으로 대량 생산	컴퓨터를 통한 자동화	소프트 파워를 통한 공장과 제품의 지능화

4차 산업혁명(Industry 4.0)

4차 산업혁명은 2015년~21세기 초 소프트 파워를 통한 공장과 제품의 지능화, 인공지능, 로봇, 사물인터넷, AR, VR 등을 기반으로 디지털 산업으로 극대화되는 것이 특징이다.

2016년 1월 다보스포럼으로 불리는 세계경제포럼(WEF, World Economic Forum)에서 클라우스 슈밥 회장이 처음 제시한 개념이다.

다보스포럼은 '미래 직업(The Future of Jobs) 보고서'로 4차 산업혁명이 조만간 도래할 것이고, 일자리 지형 변화라는 사회 구조적 변화가 나타날 것이라고 전망했다.

세계경제포럼에서 정의한 4차 산업혁명은 인공지능(AI, Artificial Intelligence)과 기계학습(ML, Machine Learning), 로봇공학, 나노기술, 3D 프린팅과 유전학, 생명공학 기술처럼 서로 단절돼 있던 분야들이 경계를 넘어 분야 간 '융복합'으로 발전해 나가는 기술혁신 패러다임이다.

2025년 다보스포럼(Davos Forum): 지능형 시대를 위한 협력(Cooperation for the Intelligent Era)

다보스포럼은 매년 1월에 세계경제포럼 기관에서 개최하는데 제55회 포럼은 2025년 1월 20일부터 24일까지 스위스 다보스에서 열렸다. 이번 포럼의 주제는 '지능형 시대를 위한 협력(Collaboration for the Intelligent Age)'으로 급변하는 세계 정세 속에서 글로벌 리더들이 모여 주요 과제들을 논의했다. 이번 포럼에는 전 세계 정부 고위 관계자 350여 명과 기업 대표 약 900여 명, 학계 및 비정부기구 NGO 관계자 등 총 2,500여 명이 참석했다.

국제통화기금(IMF)의 최신 세계경제전망에 따르면, 2025년과 2026년 글로벌 경제성장률은 3.3%로 예상된다. 이는 2000~2019년 평균보다 0.4%p 낮은 수준이다. 인플레이션은 2025년 4.2%, 2026년 3.5%로 하락할 것으로 전망되어 통화 정책 정상화가 가능할 것으로 보인다.

5가지 핵심 의제는 아래와 같다.

5가지 핵심 의제	
1.	성장 모델의 재구상(Reimagining Growth)
2.	지능형 시대의 산업(Industries in the Intelligent Age)
3.	인재 재교육 및 역량 강화(Investing in People)
4.	기후 변화 대응(Safeguarding the Planet)
5.	국제적 신뢰 회복(Rebuilding Trust)

❶ 기술혁신과 경제 성장(Technological innovation and economic growth)

디지털 경제는 이미 세계 GDP의 약 16%를 차지하고 있으며, 향후 10년간 세계 경제에서 창출되는 새로운 가치의 최대 70%를 위한 기반이 될 것으로 예상된다. 클라우스 슈밥 세계경제포럼 회장은 산업 시대에서 지능형 시대로의 전환이 전례 없는 속도로 진행되고 있음을 강조했다.

❷ 글로벌 협력의 중요성(The importance of global cooperation)

보르게 브렌데 세계경제포럼 이사장은 현재를 "수십 년 만에 가장 불확실한 지정학적, 지경학적 순간"이라고 표현하며, 2025년이 매우 중요한 해가 될 것이라고 강조했다. 국제협력의 필요성이 그 어느 때보다 높아진 상황에서 다보스 포럼은 정부, 기업, 시민사회, 학계 등 다양한 이해 관계자들이 함께 해결책을 모색하는 장을 제공했다.

❸ AI와 첨단기술(Advanced technology)

이번 포럼에서는 AI를 비롯한 첨단기술이 가져올 변화에 큰 관심이 집중되었다. 흥미롭게도 AI라는 단어 대신 '융합 기술'이나 '초지능형 시대'와 같은 표현이 자주 사용되었다. 이는 AI가 이미 다양한 분야에 깊이 통합되어 있음을 시사하고 있다.

❹ 지속가능성과 기후 변화(Sustainability and Climate Change)

기후 변화 대응은 여전히 중요한 의제로 다뤄졌다. 저탄소 경제로의 전환 자금 조달이 우리 시대의 가장 중요한 과제 중 하나로 언급되었으며, 이와 관련된 정책과 프레임워크의 중요성이 강조되었다.

❺ 사이버 보안과 정보의 중요성(The Importance of Cybersecurity and Information)

세계경제포럼이 발표한 글로벌 위험 보고서에서는 잘못된 정보, 사이버 간첩 및 전쟁 등이 주요 위험 요소로 지적되었다. 디지털 시대에 정보의 신뢰성과 사이버 보안의 중요성이 더욱 부각되고 있음을 알 수 있다.

결론

2025년 다보스포럼은 지능형 시대로의 전환기에 직면한 글로벌 사회의 도전과 기회를 집중적으로 조명했다. 경제 성장, 기술혁신, 지속가능성, 국제 협력 등 다양한 분야에서의 논의를 통해 우리는 앞으로의 변화에 대비하고 함께 대응해 나가야 할 필요성을 다시 한번 확인할 수 있었다.

이번 포럼에서 도출된 아이디어와 협력 방안들이 실제 정책과 비즈니스 전략으로 이어져 더 나은 세상을 만드는 데 기여할 수 있기를 기대해 본다.

출처-참고문헌: 2025년 다보스 포럼: 지능형 시대를 위한 협력 | 작성자 whatsthemoney
(독자들의 이해를 돕기 위해 일부 재작성하였음)

17장

트럼프 2.0 시대
The Trump 2.0 era

▓▓ 대한민국 ICT(정보통신기술) 서비스, 우리 강점 산업의 도전과 기회
(The Challenges and Opportunities of Korea's Strong Industries for Information and Communication Technology Services)

트럼프 2.0시대 개막과 주요 정책 방향
(Trump's 2.0 Era Opening and Key Policy Directions)

2025년 1월 21일, 도널드 트럼프 대통령의 두 번째 임기가 시작되면서 트럼프 2.0 시대가 공식적으로 개막됐다(It's officially opened). 트럼프 행정부의 정책 방향은 전 세계적으로 정치, 경제, 사회 등 다양한 분야에 걸쳐 큰 파장을 일으킬 것으로 예상되며, 특히 소프트웨어(SW) 및 정보통신기술(ICT) 산업이 그 변화의 중심에 서 있다(Be at the center of the change).

트럼프 행정부 주요 정책 기조 3가지
(3 Key Policies of the Trump Administration)

보호무역주의 및 AI(인공지능) 생태계 강화, 규제 완화를 통한 디지털 비즈니스 활성화, 정부 운영의 극강의 효율화를 목표로 하는 DOGE(Department of Government Efficiency, 정부 효율성 부서) 출범이라는 세 가지 핵심 방향으로 정리할 수 있다.

트럼프 행정부의 보호무역주의 및 AI 생태계 강화 정책은 자국 기업의 글로벌 경쟁력을 높이는 동시에, AI, 반도체, 클라우드(Cloud) 컴퓨팅 등 전략적 기술 영역에서의 자급률을 높이는 데 초점을 맞출 것으로 예상된다.

미국 기업이 기술적 우위를 점할 수 있도록 해외 기술 및 기업에 대한 투자 규제 강화, AI 및 반도체 핵심 부품에 대한 수출 제한, 기술이전 제한 등의 조치를 추진할 가능성이 매우 크다. 이에 따라 글로벌 공급망이 재편되면서 한국을 포함한 주요 ICT 수출국들은 새로운 시장 환경에 적응해야 하는 과제에 직면할 것이다.

또한 트럼프 행정부의 규제 완화 정책은 금융, 핀테크, 블록체인, 자율주행 및 로봇과 같은 신기술 산업에서 혁신을 장려하며, 기업들의 자금 조달과 신기술 개발을 촉진할 것으로 예상된다.

특히 신생(창업) 기업들의 기업공개(IPO, Initial Public Offering) 및 암호화폐 공개(ICO, Initial Coin Offering) 활성화, 신기술 기반 M&A(인수 합병) 증가 등으로 인해 디지털 경제 전반에서 새로운 성장 기회가 열릴 것이다.

우리 기업들은 이러한 규제 완화의 흐름을 활용하여 신기술 투자 및 글로벌 시장 확대 전략을 보다 적극적으로 추진할 필요가 있다.

법률로 설립한 공식 조직이 아니라 트럼프 대통령이 행정 명령을 통해 만든 자문위원회 성격의 기구의 DOGE 출범과 강력한 정부 예산 절감 드라이브는 미국 정부 부문의 디지털 혁신과 AI 기술 도입을 가속화 하는 중요한 계기가 될 것이다.

AI(인공지능) 기반, Automated system(자동화 시스템), Cloud(클라우드) 인프라, Big data(빅데이터) 분석, Solution(솔루션) 등 Government(정부)와 Technology(기술)의 합성어 'GovTech' 중심의 기술이 미국 공공 서비스 전반에 적용되면서, 'Gov-정부와 Tech-기술' 시장은 급성장할 것으로 전망된다.

우리나라는 이미 높은 수준의 디지털 정부 역량을 보유하고 있어 GovTech 시장에서 경쟁력을 갖춘 솔루션을 개발하고 해외 시장 진출을 모색할 필요가 있다.

이러한 변화는 우리나라 ICT 서비스 산업에 다양한 기회와 도전을 동시에 제공한다. 정부와 기술 시장의 성장과 함께 우리 기업들은 정부 부문 디지털 전환 사업 참여를 통해 새로운 성장 동력을 확보할 수 있으며, 규제 완화로 촉진되는 신기술 분야 투자 확대를 통해 글로벌 시장 경쟁력을 강화할 필요가 있다.

그러나 트럼프 행정부의 보호무역주의 정책과 강화된 America First(미국 우선주의)는 우리 기업들의 해외시장 진출에 새로운 장벽으로 작용할 수 있으며, 글로벌 ICT 기업들과의 경쟁 심화는 우리나라 ICT 산업의 혁신 역량을 시험하는 무대가 될 것으로 보인다.

트럼프 2.0 시대의 주요 정책과 ICT 산업에 미치는 영향
(Major Policies and Impact on the Information and Communication Technology Industry in the Trump 2.0 Era)

트럼프 행정부는 America First를 강화하면서 AI 및 ICT 핵심 기술 분야에서 국가 경쟁력을 높이기 위한 보호무역주의 정책을 추진하고 있다.

미국 내 AI 인프라를 강화하여 자국 기업들의 경쟁력을 높이는 동시에, 해외 기업들의 시장 진입을 제한하기 위하여 반도체, 배터리, 클라우드 컴퓨팅 및 AI 관련 제품에 대한 추가 관세 부과와 미국 내 기업의 공급망 자립을 위한 규제가 강화될 것으로 예상된다.

2025년 1월 21일 취임 직후 트럼프 대통령은 미국 내 AI 인프라 구축을 위한 대규모 프로젝트인 '스타게이트(Stargate)'를 발표했다. 이는 오픈AI(Open AI), 소프트뱅크(Soft Bank), 오라클(Oracle) 등과 협력하여 향후 4년간 최대 5,000억 달러를 투자할 예정이며, 이를 통해 10만 개 이상의 일자리를 창출할 것으로 예상된다.

미국의 이러한 보호무역주의와 AI 생태계 강화 정책은 우리나라를 비롯한 주요 ICT 수출국들에게 새로운 도전 과제를 제기한 것이다. 우리나라 ICT 기업들은 미국 시장에서 경쟁력을 유지하기 위한 새로운 대응 전략을 반드시 마련해야 한다.

예를 들어 미국 내 직접 투자를 확대하거나 대체 시장을 모색하는 등의 전략이 필요하다. 또한 글로벌 기술 연합을 통한 공동 연구개발(R&D) 프로젝트를 확대하여 기술 경쟁력을 강화하는 것도 중요한 대응 방안이 될 수 있다.

규제 완화로 인한 제2의 디지털 비즈니스
(Deregulation's Second Digital Business)

트럼프 2.0 시대에서는 금융, 암호화폐, 자율주행 및 로봇과 같은 첨단기술 분야에서의 규제 완화가 본격화될 것으로 전망한다. 이에 따라 관련 시장의 자금 조달 환경이 개선되고, 스타트업(Startup) 및 기술 기반 기업들의 IPO, 주식 발행 대신 디지털 토큰을 발행하는

ICO(Initial Coin Offering), M&A 활동이 탄력을 받을 것으로 예상된다.

이는 기업들이 신기술을 보다 적극적으로 개발하고 상용화할 수 있는 기반을 제공하며, 디지털 비즈니스 환경에 새로운 혁신 기회를 창출할 것으로 보인다. 이러한 규제 완화는 단순히 기업활동을 촉진하는 것을 넘어 시장 패러다임(Paradigm) 자체를 변화시키는 요인으로 작용하게 될 것이다.

새로운 기술이 확산되기 위해서는 세 가지 요소가 균형을 이루어야 한다. 이를 'Triple Tipping Points'라고 한다.

- 고객의 수용성(Customer Adoption)
- 기술력(Technology Readiness)
- 규제(Regulatory Support)

과거에는 기술적 준비와 고객 수요가 충분함에도 불구하고 규제 장벽으로 인해 시장 확산이 제한된 경우가 많았다. 그러나 규제 완화가 본격화되면 이러한 장벽이 제거되면서 신기술의 대규모 확산과 자율적 성장(Auto-Sustained Growth)이 가능해질 것이다. 특히 금융과 블록체인 분야에서는 새로운 기회가 열릴 것으로 보인다.

과거 핀테크(FinTech) 산업에서는 모바일 결제와 P2P(Peer to Peer, 온라인을 통해 채권자와 채무자를 연결해주는 대출 서비스) 대출이 기술적으로 가능했지만, 금융당국의 엄격한 규제로 인해 확산이 제한되었다. 그러나 이번 규제 완화를 통해 증권형 토큰 STO(Security Token Offering,) 및 디지털 자산시장 개방이 추진되면서 핀테크 기업들의 글로벌 확장이 더욱 활발해질 것으로 예상된다. 자율주행 및 로봇 산업에서도 상용화를 가로막던 기존 안전 규제가 완화되면서 자율주행차의 테스트 및 상용화가 더욱 빨라질 가능성이 높아졌다.

이와 함께 디지털 비즈니스(Digital business)의 진화는 자율 비즈니스(Autonomous Business)로의 전환을 가속화할 것으로 보인다. 기존의 디지털 플랫폼(Digital platforms) 중심 비즈니스가 자동화와 AI 주도 운영을 기반으로 하는 비즈니스 모델로 전환되면서 기업들은 더욱 높은 효율성과 생산성을 확보할 수 있다. 예를 들어 AI 기반 자율운영 시스템을 도입한 기업들은 실시간 데이터 분석을 통해 의사결정 속도를 극대화하고, 시장 변화에 즉각적으로 대응할 수 있는 역량을 갖추게 될 것이다.

이와 같은 흐름은 미국을 중심으로 더욱 빠르게 확산될 것으로 전망된다. 미국은 금융, 핀테크, 블록체인 및 AI 기술 기반 산업에 대한 규제를 대폭 완화하며 시장 활성화를 적극 추진하고 있다. 이러한 정책적 변화는 글로벌 ICT 시장의 경쟁을 한층 심화시키고 있으며, 이에 따라 우리 기업들도 이에 대응할 전략적 준비가 절실하다.

이러한 변화 속에서 우리나라 ICT 기업들이 글로벌 경쟁력을 강화하기 위해서는 AI 블록체인, 자율주행 등 미래 유망 기술을 중심으로 혁신적인 비즈니스 모델을 개발하고, 규제 완화를 활용한 해외 시장 진출 전략을 보다 체계적이면서 정교화해야 한다. 또한, 싸스(SaaS, Software as a Service, 클라이언트에게 인터넷 브라우저를 통해 어플리케이션(S/W)을 제공하는 클라우드 컴퓨팅 서비스) 기반의 솔루션 개발과 글로벌 파트너십 구축을 통해 지속 가능한 성장 기회를 확보하는 것이 필수적일 것이다.

DOGE(정부 효율성 부서)를 필두로 한 정부는 강한 효율성 지향
(The Trump administration, led by the government's efficiency department, aims for very strong efficiency)

트럼프 행정부는 정부 부문의 비효율성을 개선하고, 국민들에게 더 나은 서비스를 제공하기 위해 DOGE를 출범시켰다.

DOGE는 정부 예산 절감과 정부 시스템의 디지털 전환을 목표로 하며, 이를 위해 AI, 클라우드 컴퓨팅, 빅데이터 등 첨단기술의 도입을 적극적으로 추진하고 있다. DOGE의 출범은 정부와 기술 시장에 새로운 활력을 불어넣고 있다.

GovTech는 정부(Government)와 기술(Technology)의 합성어로, 정부 부문의 디지털 전환을 지원하는 기술 및 서비스를 의미한다. DOGE의 주도하에 정부기관들은 AI 기반 자동화 시스템, 클라우드 기반 데이터 관리 플랫폼, 빅데이터 분석 솔루션 등 다양한 Gov(정부)와 Tech(기술) Solution(솔루션) 도입을 확대하고 있다. 이러한 기조는 정부와 기술 생태계가 잘 갖춰진 미국 중심의 시장을 더욱 강화할 것으로 예상된다.

GovTech 시장은 2024년 기준 약 6,100억 달러(한화 약 876조 4천억 원) 규모로 형성되어 있으며, 2025년은 6,600억 달러(한화 948조 5,520억 원)로 예상되며, 연평균 8%의 성장률을 기록하며 빠르게 확대될 것으로 보고 있다. 따라서 2034년까지 1조 4,200억 달러(한화 약 2,043조 960억 원) 수준으로 성장할 것으로 예상된다.

〈GovTech 시장 규모〉

연도	성장률(달러)	한화(원)
2024	6,100억	876조 4,480억
2025	6,600억	948조 5,520억
2026	7,300억	1,049조 1,560억
2027	7,900억	1,135조 2,300억
2028	8,600억	1,235조 9,920억
2029	9,400억	1,351조 620억
2030	1조 020억	1,441조 6,776억
2031	1조 110억	1,454조 6,268억
2032	1조 1,200억	1,611조 4,560억
2033	1조 3,100억	1,884조 8,280억
2034	1조 4,200억	2,043조 960억

(환율: 2025. 04. 25. 기준)

현재 GovTech 시장의 34.6%를 차지하는 미국은 강력한 정책 기조, 디지털 혁신 생태계, 자금 조달 환경 등을 기반으로 시장 점유율을 더욱 확대할 것으로 보인다. 특히 국방 분야에서 GovTech 활용이 두드러질 전망이다.

미국 정부 예산의 절반 이상이 국방 분야에 집중되어 있는 만큼 팔란티어(Palantir), 안두릴(Anduril)과 같은 기술 기반 혁신 기업들이 더욱 부각될 것이다. 이는 국방 및 공공 IT 서비스 부문에서 AI, 빅데이터 기술을 적극 활용하는 계기가 될 것으로 확신하고 있다.

반면 아시아 태평양 지역은 25.5%의 시장점유율을 기록하고 있음에도 불구하고 GovTech 관련 기업 수는 전체의 9.5% 수준에 머무르고 있다. 특히 우리나라는 디지털 정부 수준이 매우 높은 국가임에도 불구하고 글로벌 GovTech 분야에서 경쟁력 있는 기업이 전무한 상태이다. 이는 여전히 SI(System Integration 고객사에서 요구하는 내용에 맞춰 시스템 구축과 소프트웨어 개발에 대한 작업을 의미하는 단어) 기반의 구축 중심 문화가 강하게 자리 잡고 있으며, 시장 구조가 여전히 부가가치가 낮은 인력 중심으로 형성되어 있어 혁신적인 기술 기반 기업의 성장이 어려운 환경 때문이다.

이에 따라 성장률이 높고 각광을 받는 GovTech 시장에서 우리 기업들이 경쟁력을 확보하기 위해서는 SaaS 기반의 솔루션 개발을 확대하고 기업들의 글로벌 시장 진출을 성공적으로 할 수 있도록 정부와 입법부의 정책이 개선, 수반되어야 할 것이다.

우리나라 ICT 산업 경쟁력 강화 방안
(A way to strengthen the competitiveness of Korea's information and communication technology industry)

트럼프 2.0 시대의 도래는 한국 ICT 서비스 산업에 새로운 기회와 도전을 동시에 제공될 것으로 보인다. 트럼프 행정부는 보호무역주의를 강화하면서 AI 및 ICT 핵심 기술에서 미국의 경쟁력을 높이기 위한 정책을 추진하고 있다. 또한 규제 완화를 통한 디지털 비즈니스 활성화를 유도하고 있으며, 정부 운영의 극강의 효율성을 목표로 DOGE(Department of Government Efficiency)를 출범시켰다. 이러한 정책적 변화는 글로벌 ICT 시장에서의 경쟁 지형을 변화시키고 있는 것이 사실이다.

우리나라 ICT 기업들에게도 새로운 대응 전략을 요구하고 있는 것임을 알아야 한다. 이에 우리 정부도 'IC, SW 진흥 전략 및 2024년 SW 진흥 실행 계획'을 세 가지로 추진 중이다.

- 인재, 기술 개발 생태계 등 SW 기반 강화
- 서비스형 SW, 글로벌화 등 SW 산업 혁신 가속화
- SW 제도 개선 및 활용 문화 확산

트럼프 2.0 시대로 인해 급변하는 디지털 환경을 반영하여 주요 정책 방향을 재점검하고, 우리나라 ICT 기업들이 글로벌 시장에서 경쟁력을 확보할 수 있도록 다음과 같은 전략을 보다 적극적으로 반영해야 할 것이다.

디지털 혁신 생태계 활성화를 위한 규제 완화

현재 미국과 유럽은 AI, FinTech, 블록체인, 자율주행 등 첨단기술 분야에서 규제 완화를

적극적으로 추진하고 있으며, 기업들이 자유롭게 혁신을 주도할 수 있도록 지원하고 있다. 반면 우리나라는 여전히 강한 규제 장벽이 존재하여 신기술 기반 기업들이 글로벌 시장에 빠르게 대응하기 어려운 상황은 어제오늘의 문제가 아니다.

그럼에도 우리 정부는 신산업 분야 규제혁신 방안을 통해 바이오-헬스, 에너지-환경, 미래형 모빌리티-로봇, 콘텐츠 등 4대 분야에서 20건의 규제 개혁을 추진하고 있으며, 특히 미래형 모빌리티-로봇 분야에서 7건의 규제 혁신을 발굴하여 개선을 추진 중이다.

그러나 최근 AI, FinTech, 블록체인, 자율주행 등 첨단 ICT 분야의 발전 속도를 고려하면, 기존 신산업 중심의 규제 개혁에서 한 걸음 더 나아가 첨단 ICT 산업 전반의 규제 개혁을 가속화할 필요가 있다.

기존의 시범사업 중심 정책은 혁신 기업들이 실제 비즈니스로 성장하는 데 한계를 보여왔으며, 전통 산업과의 이익 충돌 문제로 인해 실질적인 산업 변화가 지연되어 왔다. 따라서 규제 개혁을 통해 혁신 기업들이 신속하게 시장에 진입하고 확장할 수 있도록 지원하는 정책적 전환이 절실히 필요하다.

이를 위해 드론, 암호화폐, 자율주행, 헬스케어 등 고부가가치 신산업 분야에서 규제를 보다 과감하게 철폐하고, 전통 산업과의 이해관계를 조정하는 법적·제도적 장치를 마련해야 한다. 예를 들어 FinTech 기업들이 블록체인 기반 금융 서비스 및 암호화폐 기술을 상용화할 수 있도록 명확한 법적 가이드라인을 제공하고, 기존 금융 산업과의 협업 모델을 활성화할 수 있도록 지원을 아끼지 않아야 한다.

또한 자율주행 기술의 실제 도로 적용을 위한 법적 기준을 완화하고, AI 기반 의료 기술의 임상 적용을 확대하기 위한 규제 개혁에 박차를 가해야 할 것이다. 이를 통해 한국의 ICT 기업들이 미국 및 유럽 기업들과 동등한 환경에서 경쟁할 수 있도록 보장하여야 하고, 글로벌 시장에서 주도적인 역할을 할 수 있도록 뒷받침해야 한다.

글로벌 AI 생태계 참여 및 파트너십 강화

AI 혁신을 선도하는 미국은 AI 연구개발 및 상용화를 가속화하기 위해 주요 기술 기업들과 긴밀한 협력 관계를 구축하고 있다는 것을 우리는 알아야 한다. 우리 ICT 기업들도 이러한 글로벌 AI 생태계에 적극 참여하여 경쟁력을 확보하고 시장을 확대하는 전략이 필요하다. 이를 위해 우리 기업들은 AI 연구개발 협력 확대, 글로벌 AI Start-up(스타트업)과의 Joint venture(조인트 벤처) 설립, AI, Cloud 기술 공동개발 등의 전략을 고려할 수 있다.

예를 들면 엔비디아, 구글, 오픈AI, 테슬라 등 글로벌 AI 선도기업들과의 협력을 강화하고, 고성능 AI 컴퓨팅 인프라 활용을 확대하는 것이 중요하다.

또한 우리 기업들은 AI 기반 SaaS 솔루션을 개발하여 글로벌 시장에서 경쟁력을 확보하고, 미국 등 AI 선진 기업들과의 기술 협력을 확대하는 방식으로 AI 생태계 내 입지를 강화해야 할 것이다.

우리나라 강점 분야에 특화된 Vertical AI 및 솔루션 개발 기업 육성

우리나라가 글로벌 시장에서 경쟁력을 확보하기 위해서는 강점 산업에 특화된 AI 및 디지털 솔루션을 개발하는 것이 필수적이다.

우리나라는 반도체, 배터리 등 글로벌 공급망의 핵심 중간재 생산국이며, 조선, 자동차, 건설 등에서도 높은 경쟁력을 보유하고 있다. 이러한 산업의 디지털 전환을 촉진하고, AI 및 SW 기업을 육성함으로써 글로벌 시장에서 차별성을 확보할 수 있다.

특히 AI 기반 스마트 제조, 자율운송 시스템, Digital twin(디지털 트윈) 기술 등을 적극 활용해 기존 강점 산업을 고도화하고 생산성을 극대화해야 한다. 이를 통해 우리 국내 산업의 경쟁력을 강화하는 동시에 AI 및 SW 기업들이 글로벌 SW 시장에서도 입지를 확대할 수 있도록 반드시 정부 차원의 지원이 필요한 시점이다. 산업별 특화된 AI 및 데이터 솔루션을 제공하는 SaaS 기반 비즈니스 모델을 확대하여 국내 ICT 기업들이 지속 가능한 글로벌 경쟁력을 갖출 수 있도록 해야 한다.

또한 국내 강점 산업을 기반으로 한 AI 및 디지털 솔루션을 수출 전략과 연계하는 것이 중요하다. 우리의 강점을 가진 산업을 중심으로 AI 및 디지털 솔루션을 개발하고 이를 글로벌 시장에 적용함으로써 산업 기반 AI 솔루션을 활용한 새로운 수출 동력을 창출할 수 있을 것이다.

이를 실현하기 위해 R&D 및 다국적 협력을 강화하고, 고품질 Vertical AI 솔루션의 글로벌 적용 확산을 적극적으로 지원해야 한다. 또한 글로벌 시장에서 경쟁력을 갖추기 위해 산업과 ICT의 융합 생태계를 조성하고, 주요 Vertical AI 분야의 플랫폼 기업들과 협력하며, 관련 생태계를 활성화하기 위한 정책적 노력을 더욱 강화할 필요가 있다.

SaaS 기반 GovTech 기업 육성 및 해외 지원 강화

GovTech 시장은 디지털 전환의 가속화와 함께 빠르게 성장하고 있다. 그러나 우리나라는 디지털 정부 시스템과 서비스 수준이 높음에도 불구하고 GovTech 시장에서 입지는 아직도 미미하다. 이에 따라 우리의 디지털 정부 브랜드를 적극 활용하면서도 혁신적인 GovTech 기업을 육성하기 위한 다각적인 노력이 필요할 때다. 특히 GovTech 시장을 기업 성장의 핵심 분야로 인식하고 정책적 지원을 강화해야 한다.

GovTech 산업의 발전을 위해서는 국내 디지털 정부 서비스 및 시스템의 혁신을 주도할 수 있는 우수한 기업을 적극적으로 육성해야 한다. 특히 GovTech 시장에 진입하고자 하는 스타트업들이 공공 부문의 도메인 지식이나 경험이 부족한 경우가 많기 때문에 이들이 다양한 GovTech 솔루션 개발에 참여할 수 있도록 지원책을 마련해야 한다. 이를 위해 스타트업 육성 및 파트너십 구축 방안을 혁신하여 공공 서비스 혁신에 필요한 기술 기반 기업들이 정부와 협력할 수 있도록 해야 한다. 기존의 사회 문제 해결 중심의 CivicTech(시빅테크)와 달리, 정부 업무 및 서비스에 직접 적용할 수 있는 GovTech 솔루션을 개발하는 기업을 육성하는 것이 중요하다.

특히 국방, 복지, 교육 등 정부 예산에서 큰 비중을 차지하는 분야를 중심으로 관련 기업을 육성하고, R&D 및 글로벌 시장 진출을 연계한 맞춤형 지원이 필요하다.

GovTech 기업의 해외 진출을 위해서는 반드시 글로벌 인증(FedRAMP, ISO 27001 등) 획득 지원과 해외 조달 시장 컨설팅이 필수적이다. 각국의 규제 및 조달 방식에 대한 이해가 중요한 만큼 한국 정부는 미국, 유럽, 동남아시아 등 주요 시장과의 협력, 네트워크를 구축해 기업들의 해외 진출을 체계적이고 조직적으로 지원해야 한다.

SW 경쟁력 및 생산성 향상을 위한 AI 기반 SW 엔지니어링 혁신 지원

한국의 SW 산업 경쟁력은 국가 경제력에 비해 낮은 수준에 머물러 있으며, 글로벌 시장에서 입지도 미흡한 상황이다. 특히 기존의 인력 중심, SI 중심 개발 방식은 빠르게 변화하는 디지털 환경과 시장 요구에 대응하는 데 한계를 보이고 있다.

반면 AI 기술을 활용한 SW 개발 및 운영 혁신이 급속도로 확산되면서 글로벌 기업들은 AI 기반의 SW 개발 자동화와 DevOps(디브옵스, 소프트웨어 개발과 운영의 통합, 개발 단계에서부터 운영을 고려하여 두 영역의 담당자가 협업하는 것) 지속적인 개선을 통한 생산성 혁신을 이루고 있다.

우리나라가 다시 ICT 강국으로 도약하기 위해서는 혁신의 속도와 다양성을 극대화하고, 기존 개발 방식을 탈피하여 고객 중심의 빠른 SW 개발 및 지속적인 개선 방식으로 전환해야 한다.

Gartner(가트너, 미국의 IT 분야의 연구 및 시장조사 자문 컨설팅 회사)가 매년 발표하는 〈Software Engineering Hype Cycle〉에서도 SW 개발 속도와 생산성 향상의 중요성이 강조되고 있으며, 2024년 발표에서도 이러한 트렌드가 더욱 부각되고 있다. 이에 따라 우리나라에서도 SW engineering 혁신에 대한 관심을 높이고, 국내 기업들이 AI 기반 SW 개발 환경을 적극 도입할 수 있도록 반드시 지원해야 할 것이다.

우리나라 SW 엔지니어링 혁신을 위해 AI 기반 개발 자동화, DevOps 및 CI/CD(Continuous Integration/Continuous Delivery 애플리케이션 개발 단계부터 배포까지 모든 단계를 자동화 시스템으로 좀 더 효율적이고 빠르게 사용자에게 배포할 수 있는 것) 환경 구축, 프로젝트 일정 예측 및 최적화가 필수적이다.

AI 기반 코딩 도구를 활용하여 반복 작업을 자동화하고 생산성을 극대화하는 한편, 자동화 테스트 및 코드 Quality Management(품질관리) 시스템을 도입하여 개발 주기를 단축하고 보안성을 확보해야 한다.

또한 AI를 활용한 프로젝트 일정 예측과 자원(Resource), 인간 생활 및 경제 생산에 이용되는 노동력이나 기술 최적화를 통해 리스크(Risk)를 사전에 관리하여 비용 절감 효과를 극대화시켜야 한다. 이러한 혁신을 가속화하기 위해서는 정부와 기업 차원의 적극적인 지원이 절실하게 필요하다.

AI 기반 SW 개발 기술을 지원하는 R&D 펀딩 확대, AI 기반 DevOps 및 자동화 테스트 도구 도입 지원, 국제 SW 품질 및 보안인증 획득 지원 등의 정책적 노력을 강화해야 한다. 이를 통해 우리 ICT 기업들이 글로벌 SW 엔지니트렌드를 선도하고, 경쟁력 있는 혁신 SW를 확보할 수 있도록 해야 한다. 이러한 전략적 접근을 통해 한국 ICT 기업들은 글로벌 시장에서 지속적인 성장을 도모하고, 트럼프 2.0 시대의 변화에 효과적으로 대응할 수 있다면 기대해도 좋을 것으로 확신한다.

※ Reference

ifs POST 소프트웨어 정책연구소/SPRi가 발간한 [월간 SW중심사회 3월호 vol.129] 포커스.1
기사 입력 2025년 03월 27일 / 10시 (김숙경 KAIST 기술경영학부 초빙교수)
(일부 내용은 독자들의 이해를 돕기 위해 일부 문장을 수정하였고 추가적인 내용을 담아 일부 재작성하였음)

18장

제20대 정부 출범에 따른 국내 산업의 영향
The Impact of the Domestic Industry on the Establishment of the 20th Government in Korea

∷ 반도체·디스플레이 산업

반도체·디스플레이를 국가 전략 산업으로 지정하고, 글로벌 초격차 확보를 위해 범국가적 지원 체계를 구축하였다. 경제 안보와 국가 경쟁력 강화의 핵심 과제로 반도체 산업을 집중 육성하고, 인재 양성과 투자 병행을 목표로 하였다.

주요 내용	• 국가첨단전략산업법 시행을 통한 종합 지원 체계 가동 • 설비투자 인센티브 확대 및 인허가 신속 처리로 민간 투자 촉진 • 반도체 특성화 대학 신설과 계약학과 확대를 통한 전문 인재 양성 • AI 반도체, 전력반도체, 센서·IoT, 로봇·가전 등 수요 연계형 R&D 강화 • 디스플레이 산업의 차세대 기술 개발 및 글로벌 공급망 안정화 추진
기대 효과	• 세계 반도체 시장에서 초격차 경쟁력 유지 및 확대 • 디스플레이 산업 글로벌 경쟁력 강화 • 반도체 인재 확보 및 산업 생태계 전문성 제고 • 첨단 산업 수출 증대를 통한 국가 경제 성장 견인
성과 지표 및 목표	• 2027년 반도체 수출액 1,700억 달러 달성 목표 • 반도체 특성화 대학 신설 및 계약학과 확대 추진 • 반도체 장비·소재 국산화율 단계적 제고 • 글로벌 메모리 반도체 시장 점유율 60% 이상 유지 목표

자동차 산업

자동차 산업을 친환경·스마트 모빌리티 중심으로 재편하여 글로벌 시장에서의 경쟁력을 강화하고, 전기차·수소차 등 미래차 상용화를 가속화하는 것을 목표로 하였다.

주요 내용	• 전기차·수소차 인프라 확충: 충전소·수소충전소 대폭 확대 • 자율주행차 상용화 지원: 법·제도 개선 및 기술 상용화 촉진 • 친환경차 보급 확대를 위한 세제 혜택 및 보조금 지원 • 글로벌 모빌리티 기업과의 협력을 통한 해외 시장 진출 지원
기대 효과	• 전기차·수소차 보급률 확대 및 글로벌 점유율 상승 • 자율주행 상용화로 모빌리티 서비스 혁신 촉진 • 친환경차 확대를 통한 온실가스 감축 기여 • 자동차 산업 전반의 글로벌 경쟁력 강화
성과 지표 및 목표	• 2030년까지 전기차 450만 대 보급 목표 • 수소차 30만 대, 수소충전소 660기 구축 계획 • 2027년까지 레벨4 자율주행차 상용화 추진 • 2030년까지 글로벌 미래차 시장점유율 10% 이상 확보

배터리 산업

전기차·에너지저장시스템(ESS) 확산에 대응하기 위해 배터리를 국가 전략 산업으로 육성하고, 차세대 배터리 기술 확보와 지역별 클러스터 구축을 목표로 하였다.

주요 내용	• 차세대 리튬금속·전고체 배터리 기술 개발 지원 • 글로벌 배터리 공급망 안정화 대책 마련 • 충청·영남·호남 등 권역별 배터리 클러스터 조성 • 배터리 재활용·재사용 산업 활성화
기대 효과	• 전기차·ESS 시장 선도 • 차세대 배터리 기술 경쟁력 확보 • 지역 균형 발전과 일자리 창출 • 글로벌 배터리 허브 도약
성과 지표 및 목표	• 2030년 전기차용 배터리 시장 점유율 세계 1위 유지 • 차세대 전고체 배터리 상용화 시점 2028년 목표 • 권역별 클러스터를 통한 연간 생산 능력 수백 GWh 규모 확보

AI 산업

AI를 국가 성장 동력으로 육성하여 전 산업에 확산시키고, 글로벌 AI 강국으로 도약하는 것을 목표로 하였다.

주요 내용	• 국가 AI 고속도로 구축(데이터·컴퓨팅 자원 확충) • 공공·민간 AI 투자 확대 및 AI 서비스 산업화 촉진	• AI 윤리·안전 표준 수립 • AI 인재 양성 및 전문연구기관 육성
기대 효과	• 전 산업의 디지털 전환 가속화 • AI 글로벌 경쟁력 강화 및 수출 확대	• AI 기반 서비스 확산으로 국민 생활 질 개선 • 신성장 산업 기반 확보
성과 지표 및 목표	• 2027년 AI 시장 규모 455조 원 달성 목표 • AI 반도체 글로벌 시장 점유율 20% 확보	• AI 인재 10만 명 양성 계획

네트워크 산업

차세대 네트워크 인프라를 구축하여 디지털 경제의 토대를 마련하고, 글로벌 ICT 허브로 도약하는 것을 목표로 하였다.

주요 내용	• 6G 이동통신 기술 개발 및 선제적 표준화 • 위성통신 및 차세대 인터넷 인프라 구축	• 전국 초고속 통신망 확충 • 디지털 뉴딜과 연계한 네트워크 고도화
기대 효과	• 차세대 ICT 글로벌 경쟁력 확보 • 6G 조기 상용화를 통한 선도적 지위 확보	• 통신 인프라 고도화로 산업 전반 생산성 향상 • 국민의 디지털 접근성 향상
성과 지표 및 목표	• 2028년 6G 상용화 세계 최초 추진 • 위성통신 서비스 확대 및 글로벌 ICT 시장 점유율 상승	• 전국 기가인터넷 100% 보급

스마트 제조 산업

제조업 경쟁력을 높이기 위해 디지털 기술을 접목한 스마트 제조 혁신을 추진하고, 중소기업 중심의 스마트 팩토리 보급을 확대하는 것을 목표로 하였다.

주요 내용	• 중소기업 스마트 팩토리 구축 지원	• 제조 데이터 플랫폼 활성화
	• 인공지능·빅데이터 기반의 생산관리 시스템 도입	• 디지털 전환 교육·훈련 강화
기대 효과	• 제조업 생산성 향상 및 비용 절감	• 중소기업 경쟁력 강화
	• 스마트 제조 생태계 확립	• 산업 구조 혁신 촉진
성과 지표 및 목표	• 2025년까지 스마트 팩토리 3만 개 구축 목표	• 제조업 디지털 전환율 60% 이상 달성
	• 스마트 제조 관련 전문인력 20만 명 양성	

에너지 산업

에너지 산업을 친환경·지속 가능한 구조로 전환하고, 수소경제 및 재생에너지 확대를 통해 탄소중립 사회로 나아가는 것을 목표로 하였다.

주요 내용	• 태양광·풍력 등 재생에너지 보급 확대	• 수소경제 육성을 위한 인프라 확충
	• 에너지 효율화 및 스마트그리드 구축	• 에너지 저장·분산형 발전 시스템 개발
기대 효과	• 안정적이고 친환경적인 에너지 공급 체계 확립	• 탄소중립 목표 달성 기여
	• 재생에너지·수소 산업 기반 일자리 창출	• 글로벌 에너지 기술 경쟁력 확보
성과 지표 및 목표	• 2030년 재생에너지 발전 비중 30% 달성 목표	
	• 수소차 30만 대, 수소충전소 660기 구축 계획과 연계	
	• 스마트그리드 및 분산형 에너지 시스템 전국 확산	

ESG 산업

기업 경영 전반에 ESG를 확산시켜 글로벌 스탠다드에 부합하는 지속 가능한 산업 생태계를 조성하는 것을 목표로 하였다.

주요 내용	• ESG 공시 제도 단계적 의무화	• 친환경·사회적 책임 투자 확대
	• 기업지배구조 선진화 정책 추진	• ESG 경영 컨설팅 및 지원 체계 강화

기대 효과	• ESG 글로벌 경쟁력 확보 • 기업 투명성과 신뢰성 제고	• 지속 가능한 산업 생태계 정착 • ESG 관련 신산업 성장 촉진
성과 지표 및 목표	• 2025년부터 코스피 상장사 ESG 공시 의무화 단계적 시행 • ESG 투자 규모 연평균 15% 이상 증가 목표	• 글로벌 ESG 평가 지수에서 상위 10위권 진입

:: 탄소중립 산업

2050 탄소중립 달성을 위해 산업·에너지 전환을 촉진하고 녹색성장 기반을 강화하는 것을 목표로 하였다.

주요 내용	• 2030 국가온실가스감축목표(NDC) 달성 추진 • 녹색금융·녹색투자 활성화	• 저탄소 산업구조 전환 지원 • 국민 참여형 탄소중립 생활 문화 확산
기대 효과	• 국가 온실가스 감축 목표 달성 • 친환경 일자리 창출	• 녹색성장 신산업 육성 • 국제사회 기후리더십 강화
성과 지표 및 목표	• 2030년 온실가스 40% 감축(NDC 목표) • 녹색금융 투자액 연평균 10조 원 이상 확대	• 2050년 탄소중립 달성 선언

:: 바이오·보건안보 산업

팬데믹 이후 글로벌 보건안보 체계 강화를 위해 바이오·보건안보 산업을 국가 전략 산업으로 육성하고, 백신·치료제 강국으로 도약하는 것을 목표로 하였다.

주요 내용	• 백신·치료제 개발 및 글로벌 임상 협력 확대 • 바이오헬스 핵심 기술 투자 확대	• 보건안보 대응 인프라 구축 • 국제 보건 협력 네트워크 강화
기대 효과	• 백신·치료제 자급화로 보건안보 강화 • 고부가가치 일자리 창출	• 글로벌 바이오 시장 점유율 확대 • 국제적 보건 리더십 확보
성과 지표 및 목표	• 2030년 백신 3대 강국 진입 목표 • 글로벌 바이오헬스 시장 점유율 10% 달성	• 치료제·백신 R&D 투자 연평균 20% 확대

의료·헬스케어 산업

의료·헬스케어 산업을 디지털 중심으로 혁신하고, 필수 의료 체계를 확립하여 국민 건강을 향상하고, 공공의료를 확대할 것을 목표로 하였다.

주요 내용	• 디지털 헬스케어 기술 개발 및 상용화 지원 • 필수 의료 인프라 강화 및 접근성 확대	• 원격진료 및 스마트 병원 확산 • 보건 데이터 활용 체계 확립
기대 효과	• 의료 서비스 질 향상 • 국민 건강 증진 및 삶의 질 개선	• 디지털 헬스케어 산업 성장 촉진 • 글로벌 헬스케어 시장 진출 확대
성과 지표 및 목표	• 2027년 디지털 헬스케어 시장 70조 원 달성 목표 • 전국 주요 병원에 스마트 병원 체계 구축	• 원격진료 서비스 이용률 연간 30% 이상 확대

건설 산업

주거 안정과 경제 활력을 위해 건설 산업을 혁신하고, 교통 인프라와 연계된 대규모 주택 공급을 추진하는 것을 목표로 하였다.

주요 내용	• 수도권·지방 대규모 주택 공급 확대 • 건설 산업 디지털화·스마트 건설 기술 보급	• 교통 혁신과 연계한 주거지 개발 • 친환경 건설 재료 및 녹색건축 활성화
기대 효과	• 주거 안정 및 주택 수급 불균형 해소 • 녹색건축 확산으로 탄소중립 기여	• 건설 산업 경쟁력 강화 • 지역 균형 발전 기반 마련
성과 지표 및 목표	• 2027년까지 주택 250만 호 공급 목표 • 친환경 건축 자재 사용 비중 30% 이상 확대	• 스마트 건설 기술 적용 현장 50% 이상 확대

물류 산업

글로벌 공급망 변화와 디지털 전환에 대응하여 해운 중심의 물류 혁신을 추진하고, 스마트 물류 체계를 구축하는 것을 목표로 하였다.

주요 내용	• 해운·항만 디지털 전환 및 자동화 추진 • 글로벌 물류 네트워크 강화	• 물류 인프라 고도화와 스마트 물류센터 확충 • 친환경 물류 시스템 확대
기대 효과	• 국제 물류 경쟁력 강화 • 해운·항만 산업 고부가가치화	• 물류비 절감 및 효율성 제고 • 친환경 물류 체계 확립
성과 지표 및 목표	• 2030년 스마트 물류센터 보급률 50% 달성 • 물류 산업 일자리 20만 개 창출 목표	• 해운 디지털 전환율 70% 이상 확대

방위 산업

　방위 산업을 단순 무기 조달 산업에서 벗어나 국가 전략 산업으로 육성하고, 글로벌 방산 수출 강국으로 도약하는 것을 목표로 하였다.

주요 내용	• 첨단 무기 체계 개발 및 국산화 • 방산 중소기업·스타트업 육성	• 방산 수출 지원과 해외 마케팅 강화 • 방위 산업 생태계 고도화
기대 효과	• 첨단 방산 기술 자립 • 고급 기술 인력·일자리 창출	• 방산 수출 확대 및 경제 성장 기여 • 국가 안보와 산업 성장 동시 확보
성과 지표 및 목표	• 2027년 방산 수출액 200억 달러 달성 목표 • 방산 중소기업 지원 프로그램 연간 1,000개 기업 이상 참여	• 첨단 무기 국산화율 70% 이상 확대

우주 산업

　우주 산업을 국가 신성장 동력으로 육성하고, 7대 우주 강국 도약을 목표로 하였다.

주요 내용	• 한국형 위성 발사체 개발 및 상용화 • 우주 인프라(발사장·연구단지) 확충	• 위성항법·우주 탐사 기술 고도화 • 국제 우주 협력 확대
기대 효과	• 독자적 우주 발사 능력 확보 • 첨단 우주 기술 기반 신산업 창출	• 위성 산업 글로벌 시장 진출 • 과학기술 리더십 강화
성과 지표 및 목표	• 2030년까지 달 탐사 프로젝트 완료 • 우주 산업 시장 규모 10조 원 달성 목표	• 위성 100기 이상 상용화 발사

미디어 산업

글로벌 미디어 환경 변화에 대응해 규제를 개선하고, 혁신을 촉진하여 미디어 산업의 글로벌 경쟁력을 강화하는 것을 목표로 하였다.

주요 내용	• 방송·통신 융합 규제 개선 • 디지털 플랫폼과 콘텐츠 산업 지원	• 글로벌 OTT(온라인 동영상 서비스) 경쟁력 강화 • 미디어 인재 양성 및 기술 투자 확대
기대 효과	• 글로벌 미디어 경쟁력 제고 • 미디어 산업의 고용 창출	• 국내 콘텐츠 수출 확대 • 문화 산업 전반의 성장 촉진
성과 지표 및 목표	• 2027년 콘텐츠 수출액 200억 달러 달성 • 미디어 산업 고용 50만 명 유지·확대	• 글로벌 OTT 점유율 10% 이상 확보

엔터테인먼트 산업

K-컬처를 넘어 글로벌 문화 강국으로 도약하기 위해 엔터테인먼트 산업의 초격차 산업화를 추진하고, 세계 시장 영향력을 확대하는 것을 목표로 하였다.

주요 내용	• K-팝·K-콘텐츠 글로벌 진출 지원 • 디지털 공연·메타버스 콘텐츠 육성	• 엔터테인먼트 산업 펀드 조성 • 지식재산(IP) 기반 산업화 촉진
기대 효과	• 글로벌 엔터테인먼트 시장 점유율 확대 • 신한류 기반 관광·소비 산업 파급 효과 확대	• 한류 지속 성장 및 국가 브랜드 가치 제고 • 청년 일자리 창출
성과 지표 및 목표	• 2030년 엔터테인먼트 수출액 300억 달러 달성 • 글로벌 K-팝 시장 점유율 25% 이상 유지	• 엔터 산업 고용 효과 연간 100만 명 규모 확대

관광 산업

코로나19 팬데믹으로 위축된 관광 산업을 회복시키고, 글로벌 관광 강국으로 도약하기 위해 관광 산업 혁신과 리오프닝 기반 성장을 목표로 하였다.

주요 내용	• 관광업계 회복 지원 및 금융·세제 혜택 제공 • 지역 관광 인프라 강화와 K-관광 콘텐츠 육성	• 디지털 기반 스마트 관광 서비스 확대 • 글로벌 관광 캠페인 추진
기대 효과	• 관광업계 경영 정상화 및 일자리 회복 • 한류·K-컬처 연계로 관광객 유치 확대	• 지역경제 활성화 및 균형 발전 촉진 • 글로벌 관광 경쟁력 강화
성과 지표 및 목표	• 2027년 외국인 관광객 3,000만 명 유치 목표 • 지역 관광 클러스터 50개 이상 구축	• 관광 수입 500억 달러 달성

유통·소비재 산업

유통 산업의 공정 경쟁 체계를 확립하고, 순환경제 전환을 통해 지속 가능한 소비재 산업 생태계를 육성하는 것을 목표로 하였다.

주요 내용	• 온·오프라인 유통 공정 경쟁 질서 확립 • 친환경 포장·순환경제형 유통 시스템 확산	• 전자상거래 소비자 보호 강화 • 글로벌 소비재 브랜드 육성
기대 효과	• 공정하고 투명한 유통 생태계 구축 • 소비자 신뢰 회복 및 보호 강화	• 지속 가능한 소비재 산업 성장 • 글로벌 시장 진출 확대
성과 지표 및 목표	• 온라인 유통 시장 거래액 연평균 10% 성장 목표 • 친환경 포장재 사용 비중 50% 이상 확대	• 글로벌 소비재 브랜드 30개 육성

식품 산업

식량 안보를 확보하고, 고부가가치 식품 신산업을 육성하여 국민 먹거리 안전과 식품 산업 경쟁력을 강화하는 것을 목표로 하였다.

주요 내용	• 국가 식량주권 강화 및 전략 작물 육성 • 식품 안전 관리 강화	• 대체 식품·기능성 식품 등 신산업 집중 지원 • 수출형 식품 기업 육성
기대 효과	• 국민 먹거리 안정적 공급 • 식품 신산업 기반 일자리 창출	• 식품 산업의 수출 경쟁력 강화 • 건강한 식생활 문화 확산

| 성과 지표 및 목표 | • 2027년 식량자급률 55% 달성 목표
• 대체 식품 시장 점유율 아시아 1위 확보 | • 글로벌 식품 수출액 150억 달러 달성 |

농업 산업

농업을 스마트·친환경 산업으로 전환하여 식량 안보와 농업 경쟁력을 확보하고, 농촌의 지속 가능한 발전을 추진하는 것을 목표로 하였다.

주요 내용	• 스마트 농업·정밀 농업 확산 • 농산물 유통 구조 개선	• 친환경 농업·유기 농업 지원 확대 • 청년·여성 농업인 지원 강화
기대 효과	• 농업의 고부가가치 산업화 • 농촌 활력 제고와 인구 유입 촉진	• 식량 안보 강화 및 농가 소득 향상 • 지속 가능한 농업 생태계 조성
성과 지표 및 목표	• 2030년 스마트팜 3만 호 보급 목표 • 청년 농업인 창업 지원 연간 5,000명 이상	• 농산물 온라인 거래 비중 30% 이상 확대

China Money, 기술혁신 시대의 경제 주권 전쟁

우리 경제, 이대로 안전한가?

중국 자본에 의존하지 않고 버틸 수 있는 근본적인 자립 경제 기반이 절실한 시점이다. 겉으로는 조용해 보이지만, 안에서는 집요하게 잠식당하는 충격적인 일들이 벌어지고 있다.

기업 지분, IT 플랫폼, 국채, 금융 서비스, 게임, K-POP, 부동산, 심지어 과학 인재까지, 이것은 단순한 투자가 아니다. 전략적 침투이며, 총성 없는 전쟁이다.

겉으로는 단순 투자로 보이지만 속을 들여다보면 이야기가 다르다. 이들의 목적은 단기 수익이 아니라 우리 경제의 신경망을 하나씩 장악하는 것이다. 금융 결제 서비스는 국민의 주머니와 직결되고, 게임과 K-POP은 문화와 여론을 좌우한다. 부동산은 생활 기반을 뒤흔들고, 국채는 국가 재정을 위협할 수 있는 뇌관이다.

댐이 무너지는 것은 한순간이 아니라 작은 구멍에서 시작된다. 그 과정이 지금 눈앞에서 진행되고 있다. 우리 정치권은 이를 알면서도 수수방관하고 있다. 참으로 안타까운 현실이다.

금융: 보이지 않는 주권 침식

중국 자본의 침투가 가장 먼저 드러나는 곳은 금융이다. 우리가 매일 사용하는 간편결제 서비스인 카카오페이와 토스는 상당 부분 중국 손에 들어가 있다. 중국 알리페이(앤트그룹)는 카카오페이 지분 20%를 보유하고 있으며, 토스페이먼츠 지분 38% 역시 같은 그룹의 중국 자본이다.

결제 서비스는 단순히 돈을 주고받는 기능이 아니다. 국민의 소비 패턴, 상권 구조, 자금 흐름이 그대로 담긴 민감한 데이터의 집합체다. 이 데이터가 중국 자본의 손에 들어간다는 것은 겉으로는 투자지만, 실제로는 금융 생태계의 신경망을 장악당하는 것이나 다름없다.

더 큰 문제는 이러한 상황이 이미 국민 생활에 자연스럽게 스며들었다는 점이다. 우리는 편리함만을 생각하며 카카오페이나 토스를 사용하지만, 그 지분 구조나 배후 세력에 대해서는 깊이 생각하지 않는다. 하지만 국가 차원에서 보면 이야기는 달라진다. 돈을 쥔 자가 권력을 쥔다는 말처럼 금융을 빼앗기는 순간 경제 자립의 근간이 무너질 수 있다.

국채: 경제를 흔드는 레버리지

중국이 보유한 우리나라 국채 규모는 138조 원으로, 미국의 두 배에 달한다. 특정 국가가 이처럼 압도적인 비중을 차지한다는 것은 잠재적 위협이다. 만약 중국이 이를 대량 매각한다면 국채 가격은 급락하고 금리는 폭등할 것이다. 그 파급력은 주식 시장과 부동산 시장으로 확산되어 금융 불안을 초래할 수밖에 없다.

더 무서운 점은 채권만 팔았을 뿐인데 우리 경제 전체가 흔들린다는 것이다. 돈은 칼보다 강하다. 중국은 무기를 들지 않고도 자본 하나로 상대국을 흔들 수 있는 힘을 키워가고 있다. 우리가 상대하는 중국은 일인 체제 공산국가라는 점을 잊어서는 안 된다.

문제는 우리 사회가 이 위험을 체감하지 못한다는 데 있다. 자본 유입을 무조건 긍정적으로 보는 분위기 속에서 특정 국가의 비중이 지나치게 높아지는 것에 대한 경각심이 사라졌다. 금융의 세계에서 균형이 무너지면 곧 약점이 된다. 국채라는 뼈대를 한쪽이 과도하게 쥐고 있다면 그 구조 자체가 우리 경제의 아킬레스건이 될 수 있다.

문화: 소프트 파워의 잠식

우리나라가 세계를 압도하는 분야는 게임과 K-POP이다. 젊은 세대에게는 일상이자 한류라는 이름으로 국가 이미지를 높이는 대표 산업이다. 그런데 이 분야 역시 중국 자본이 깊숙이 침투해 있다.

텐센트는 SM엔터테인먼트 지분 9.7%를 확보해 2대 주주가 되었고, 크래프톤 지분 13% 이상, 시프트업 지분은 34% 이상을 보유하고 있다. 언뜻 보면 단순한 투자처럼 보이지만, 게임과 엔터테인먼트 산업은 단순한 수익 사업이 아니다. 음악과 게임은 사람들의 감정과 사고방식에 영향을 미치는 소프트 파워다. 중국이 지분 구조를 통해 전략적 영향력을 행사한다면, 이는 단순한 경제 문제가 아니라 우리 문화의 방향을 바꾸는 일이 될 수 있다. 한 국가의 문화는 정체성과 직결되어 있기 때문이다.

더 우려스러운 것은 중국의 이중 전략이다. 자국 내에서는 한국 콘텐츠를 검열하거나 제한하면서 해외 시장에서는 우리 콘텐츠에 투자해 이익을 챙긴다. 안에서는 막고 밖에서는 먹어치우는 구조다. 결국 우리 문화 산업은 주도권을 잃고, 자본과 정책이라는 두 겹의 틀 안에서 움직일 수밖에 없는 처지로 몰릴 위험에 처해 있다.

모빌리티: 일상 속 데이터 장악

중국 자본의 손길은 금융과 문화를 넘어 국민의 일상과 직결된 교통망, 즉 모빌리티 분야까지 뻗어 들어왔다. 국내 최대 택시 호출 서비스이자 모빌리티 플랫폼인 카카오 모빌리티가 그 중심에 있다. 텐센트가 카카오 모빌리티 지분 약 40% 인수를 검토 중이라는 소식이 전해지고 있다.

교통은 단순한 이동 수단이 아니다. 국민의 생활 패턴, 이동 동선, 심지어 도시 구조까지 드러나는 중요한 데이터다. 만약 중국 자본이 카카오 모빌리티에 대규모로 들어온다면 우리 국민의 이동 데이터가 고스란히 중국 손에 넘어갈 수 있다. 이는 단순히 돈의 문제가 아니라 국민의 생활 주권이 흔들릴 수 있는 심각한 사안이다.

더 큰 문제는 플랫폼의 속성이다. 플랫폼은 한번 장악되면 대체하기 어렵다. 택시 호출, 내비게이션, 차량 공유, 심지어 자율주행까지 연결되는 모빌리티 생태계가 중국 자본에 장악된다면 우리의 교통 시스템은 외부 변수에 크게 흔들릴 수밖에 없다. 눈에 보이지 않는 일상 속 주권 침식이 시작되는 것이다.

부동산: 삶의 터전을 위협하는 자본

중국 자본이 가장 활발히 유입되는 분야 중 하나가 부동산이다. 매년 1만 건이 넘는 부동산 거래가 중국인을 통해 이루어지고 있으며, 주요 도시 곳곳에서 중국계 자본이 토지와 건물을 확보해 가고 있다.

2024년 외국인 부동산 구매자의 67%가 중국인이었고, 국내 부동산을 소유한 중국인은 무려 10만 명에 달한다. 이것도 모자라 정부는 대규모 중국인의 무비자 입국까지 허용했다.

관광객 유치를 명분으로 한 무비자 정책이 오히려 단기 체류를 빌미로 부동산을 매입하거나 불법 영업에 나서는 사례를 증가시키고 있다. 실제로 전국 곳곳에서 중국 마사지 간판이 우후죽순처럼 생겨나고, 숙박업이나 음식점 같은 생활 기반 업종에서도 중국 자본의 흔적이 뚜렷하게 늘고 있다.

부동산은 단순한 자산이 아니라 국민이 살아가는 삶의 터전이자 사회의 기반이다. 특정 국가의 자본이 집중적으로 토지와 건물을 사들이는 구조가 이어진다면, 주거 안정은 근본부터 무너질 수밖에 없다. 특히 무비자 입국이 확대된다면 합법과 불법의 경계가 흐려지고, 장기 거주자나 준이민 집단으로 확산될 위험도 존재한다.

땅을 잃으면 삶을 잃는다. 부동산은 한 나라의 주권과 직결되는 문제다. 특정 외국 자본이 과도하게 유입된다면, 이는 단순한 경제 현상이 아니라 사회적·안보적 위협이 될 수 있다.

서울 구로구의 한 초등학교에서는 반장이 중국인 학생이라는 이야기도 들린다. 우리 땅에서 우리가 밀려나는 역설적인 상황이 벌어지고 있는 것이다.

인재: 두뇌 유출과 기술 패권의 상실

중국이 가져가는 것은 돈과 부동산뿐만이 아니다. 이보다 더 무서운 것은 사람, 특히 두뇌다. 최근 몇 년 사이 은퇴한 연구자, 과학자, 교수들을 대거 스카우트하고 있다. 반도체, 디스플레이, 배터리, 인공지능 같은 분야에서 우리가 쌓아올린 기술과 노하우가 중국 연구소로 고스란히 흘러 들어가고 있다.

중국은 이들에게 파격적인 연봉과 연구비 지원은 물론 최첨단 장비까지 제공하며 체계적으로 인재 영입 프로그램을 운영하고 있다. 반면 우리나라는 정년 문제, 연구 예산 축소, 복잡한 규제 속에서 인재들을 붙잡지 못하고 방치하고 있다.

한때 세계를 주름잡던 우리의 기술력이 인재와 함께 통째로 이동하는 구조가 만들어진 것이다. 미국, 일본, 유럽의 전문가들도 타깃이 되고 있지만, 지리적으로 가깝고 언어·문화 장벽이 낮은 우리나라는 특히 집중 대상이 되고 있다.

돈은 다시 벌 수 있어도 한 세대 동안 피와 땀으로 길러낸 두뇌와 경험은 쉽게 되찾을 수 없다. 인재를 지키지 못한다면, 우리의 과학 패권은 손가락 사이로 빠져나가는 모래알처럼 중국에 넘어가고 말 것이다.

정치권의 무책임한 방관

그렇다면 우리 정치권은 이런 현실을 알고 어떻게 대응하고 있을까? 정작 중요한 국가 안보와 경제 주권 문제에는 눈을 감은 채 정권 싸움과 정쟁에만 몰두하고 있다. 특히 집권 여당은 북한 문제와 친중 기조에 더 무게를 두며, 중국 자본이 우리 사회 깊숙이 뿌리내릴 수 있도록 길을 열어주고 있는 형국이다.

외국 자본 투자라는 미명 아래 산업, 금융, 부동산, 문화, 인재까지 잠식당하고 있는데도 정치권은 이를 방치하거나 심지어 외면하고 있다. 이러한 결과는 멀지 않은 미래에 우리 산업 경쟁력 저하로 반드시 부메랑이 되어 돌아올 것이다.

전세 사기와 국민 세금의 유출

더욱 충격적인 사례가 있다. HUG(주택도시보증공사)는 서민 주거 안정을 위한 전세보증금 반환보증, 임대보증금보증, 분양보증 등 주택 보증 업무와 주택도시기금 운용을 담당하고 있다.

서울 금천구 소재 오피스텔 7채를 보유한 중국인은 2022년부터 세입자들에게 20억 원의 전세금을 돌려주지 않고 있다. 이러한 외국인 집주인의 전세 사기 사건이 점점 늘어나고 있다.

국회 국토교통위 소속 김희정 의원실 자료에 따르면, 외국인 집주인들의 전세 사기는 2021년 5억 원을 시작으로 2024년에는 140억 원으로 증가했다. 전세보증금을 받지 못하면 HUG가 대위 변제하는데, 즉 중국인 건물주가 보증금을 떼먹고 갚지 않으면 국가가 국민 세금으로 대신 갚아주는 것이다. HUG의 대위 변제액은 2021년 3억 원에서 2024년 99억 원까지 늘어났다.

외국인 집주인 중 중국인의 보증금 사기 사건이 압도적으로 많은데, 더 큰 문제는 HUG가 대신 갚아준 돈을 회수하지 못하고 있다는 점이다. 최근 4년간 HUG가 대위 변제한 보증금은 211억 원이며, 이 중 155억 원은 아직도 돌려받지 못하고 있다.

결론: 경제 주권을 지켜야 할 때

우리는 지금 총성 없는 전쟁의 한가운데 서 있다. 중국 자본은 금융, 문화, 교통, 부동산, 인재에 이르기까지 우리 경제와 사회의 신경망을 하나씩 장악해 가고 있다.

이것은 단순한 투자가 아니라 전략적 침투다. 댐은 한순간에 무너지지 않는다. 작은 구멍에서 시작된다. 그 과정이 지금 우리 눈앞에서 일어나고 있다.

경제 주권을 지키는 것은 선택이 아니라 생존의 문제다. 지금 행동하지 않으면 우리는 우리 땅에서 우리가 밀려나는 역설을 목격하게 될 것이다. 정치권은 눈을 떠야 하고, 국민은 깨어 있어야 한다.

중국 자본에 의존하지 않고 버틸 수 있는 근본적인 자립 경제 기반을 구축하는 것, 그것이 지금 우리가 해야 할 가장 시급한 과제다.

19장

제21대 정부 출범 주요 정책 방향과 산업별 시사점
Major Policy Direction and Industry Implications of the 21st Government Launch

이재명 정부의 국정 운영은 "국민이 주인인 나라, 함께 행복한 대한민국"이라는 국가 비전을 토대로 한다. 이를 구체화하기 위해 경청과 통합, 공정과 신뢰, 실용과 성과라는 3대 국정 원칙을 제시하였으며, ▲국민이 하나 되는 정치 ▲세계를 이끄는 혁신 경제 ▲모두가 잘 사는 균형 성장 ▲기본이 튼튼한 사회 ▲국익 중심의 외교 안보라는 5대 국정 목표를 설정하였다. 이 목표를 달성하기 위해 정부는 23대 추진 전략과 123대 국정 과제를 마련하여 국가 혁신과 국민 삶의 질 향상을 동시에 추구하고 있다.

:: 이재명 정부의 주요 정책 공약 요약
(Summary of the Lee Jae-myung Government's Major Policy Pledge)

이재명 정부는 국가 혁신과 국민 삶의 질 제고를 위해 다양한 정책 공약을 추진하고 있다. 먼저 AI와 반도체, 이차전지, 바이오, UAM 등 첨단 산업을 집중적으로 육성하여 대한민국을 글로벌 기술 강국으로 도약시키고자 한다. 동시에 K-컬처와 방위 산업의 수출 확대를 통해 문화와 국방을 새로운 성장축으로 삼아 세계 시장에서의 입지를 넓히려 한다. 또한 RE100 기반 전력망 구축과 청정수소·재생에너지 확산을 통해 기후위기에 대응하고 지속 가능한 녹색성장을 실현하려는 전략을 추진하고 있다.

노동 정책 분야에서는 주 4.5일제 도입 검토와 포괄임금제 금지를 통해 일·생활 균형을 강화하고, 안전하고 존중받는 노동 환경을 마련하는 데 초점을 맞춘다. 마지막으로, 국민소환제와 온라인 재판 도입 등 정치·사회 개혁을 통해 국민주권을 강화하고, 공정하고 투명한 정치질서를 확립하려는 노력이 함께 병행된다.

산업별 시사점(Industrial Implications)

산업 분야	주요 내용 및 시사점
첨단 산업·신성장 동력	AI·반도체·바이오·K-컬처·방산·기후테크 등을 미래 전략 산업으로 육성해 글로벌 경쟁력을 확보하려 한다. AI 팩토리, 휴머노이드, 산업용 AI 로봇 확산을 통해 제조업 혁신을 촉진하고, 바이오헬스 및 항공·방산 산업도 신성장 축으로 키운다는 계획이다. - 첨단 산업 관련 기업은 기술 개발과 글로벌 공급망 참여 기회를 확대할 수 있으며, 규제 혁신·인력 양성 정책에 맞춰 대응 필요
주력 제조업	반도체, 이차전지, 자동차, 조선, 기계 등 주력 산업은 세계적 위상을 강화하는 것이 목표이다. 2030년까지 반도체 수출 1,700억 달러, 이차전지 글로벌 점유율 25% 달성, 자동차 글로벌 생산 5강 진입 등이 구체적 목표로 제시되었다. 뿌리산업·소부장 핵심 기술 R&D 투자 확대가 병행된다. - 기존 제조업 기업은 디지털·친환경 전환, 공급망 강화, 차세대 기술 개발에 적극 참여해야 하며, 소부장 기업에는 국산화와 자립화 기회
에너지·환경 산업	RE100과 연계한 에너지 전환이 추진된다. HVDC 기반 전력망, 청정수소 생태계, 에너지저장장치(ESS), 히트펌프 산업 육성 등이 포함된다. AI 기반 전력 수요 관리와 지역별 차등 전기요금제 도입 등 시장 혁신도 강조하고 있다. - 에너지 관련 기업은 재생에너지 및 수소·저장장치 분야에서 새로운 시장을 선점할 수 있으며, 전력 IT·데이터 기업에도 기회 확대
모빌리티·스마트시티	미래 모빌리티와 K-AI 시티 추진 과제가 포함되어 자율주행차, 드론·UAM 등 미래 교통수단과 스마트 인프라 확산이 계획이다. - 자동차·항공·ICT 기업은 미래 교통 인프라 및 서비스 혁신 참여를 통해 신시장 진입 기회
서비스·중소기업·벤처	서비스업 경쟁력 제고, 제3벤처붐, 중소기업 글로벌화 지원도 주요 국정 과제로 포함되어 있다. - 중소기업은 정부의 혁신 지원 정책과 글로벌 진출 지원을 활용할 수 있으며, 서비스업은 내수와 수출을 아우르는 성장 기회 확보

기업 환경 및 금융 시장 전망
(Corporate Environment and Financial Market Outlook)

기업 환경 개선

정부는 기업 경영 환경의 투명성과 주주권 보호를 강화하기 위해 상법 개정을 추진하였다. 이사 충실의무 확대, 독립이사 선임, 전자주주총회 의무화 등이 이미 개정·시행되었으며, 합병·분할 시 공정가액 산정, 물적분할 시 일반주주 신주 배정, 경영권 프리미엄 공유, 의무공개매수 제도 도입 등을 통해 적대적 M&A 대응책도 마련되었다. 이는 기업지배구조의 투명성을 높이고 공정경제 구조를 정착시키는 데 기여할 것으로 기대된다.

금융 소비자 보호 및 소상공인 지원

금융 시장에서는 소비자 권익 보호 강화가 핵심 과제로 제시되었다. 금융 소비자 보호 정책평가위원회 신설, 금융회사 성과보상체계 개선, 실손보험 제도 보완 등을 통해 소비자의 신뢰를 높이고 있다. 또한 소상공인·자영업자를 대상으로 한 채무조정 확대, 장기연체채권 소각, 새출발기금 강화, 가맹점주 권익 보호 등의 지원정책을 통해 금융 취약계층의 회생을 돕고 있다.

글로벌 금융시장 전략

국제 자본시장과의 연계를 강화하기 위해 정부는 MSCI 선진국 지수 편입을 목표로 외환시장 개방, 기업지배구조 개선, ESG 공시 인프라 고도화 등을 추진하고 있다. 또한 글로벌 투자자와의 대외 소통 강화, 금융 중심지로서의 정주 여건 개선, 연기금 투자 확대, 코스닥 벤처펀드 제도 개선 등을 통해 외국인 투자 유입 확대와 자본시장 신뢰성 제고를 병행하고 있다.

국정기획위원회의 출범과 역할

국정기획위원회는 대통령직 인수위원회 절차 없이 곧바로 임기를 시작한 이재명 정부의 특수한 상황 속에서 출범하였다. 이는 정권 초기의 정책 공백을 최소화하고, 국가 운영의 청사진을 조속히 마련하기 위한 비상한 선택이었다. 위원회는 새로운 정부의 국정 비전과 국정 원칙을 체계적으로 수립하고, 5대 국정 목표와 123대 국정 과제를 구체화하는 데 핵심적인 역할을 담당하였다. 또한 각 부처의 정책 방향을 조율하고 국민에게 명확한 정책 로드맵을 제시함으로써 혼란 없는 국정 운영과 안정적인 출발을 가능하게 했다.

〈국가 비전-국정 원칙-5대 국정 목표-23대 추진 전략-123대 국정 과제〉

국가 비전	국민이 주인인 나라, 함께 행복한 대한민국
국정 원칙	경청과 통합, 공정과 신뢰, 실용과 성과

5대 국정 목표	23대 추진 전략	123대 국정 과제
국민이 하나되는 정치	1. 국민주권과 민주주의의 확립 2. 정의로운 국민통합의 실현 3. 문제를 해결하는 유능한 정부	19개 과제
세계를 이끄는 혁신 경제	1. AI 3대 강국 도약 2. 기초가 탄탄한 과학기술 3. 혁신으로 도약하는 산업 르네상스 4. 기후위기 대응과 지속 가능한 에너지 전환 5. 성장을 북돋는 금융 혁신	29개 과제
모두가 잘사는 균형 성장	1. 자치분권 기반의 균형 성장 2. 활력이 넘치는 민생경제 3. 협력과 상생의 공정경제 4. 희망을 실현하는 농산어촌	23개 과제
기본이 튼튼한 사회	1. 생명과 안전이 우선인 사회 2. 내 삶을 돌보는 복지 3. 국민 건강을 책임지는 보건의료 4. 인구 위기를 극복하는 대전환 5. 누구나 존중받는 일터 6. 내 삶에 기회를 여는 성평등 7. 각자의 가능성을 키우는 교육 8. 함께 누리는 창의적 문화 국가	37개 과제
국익 중심의 외교 안보	1. 국민에게 신뢰받는 강군 2. 평화 공존과 번영의 한반도 3. 세계로 향하는 실용 외교	15개 과제

지식재산 기반 국가 경쟁력 강화 과제

〈기술혁신·AI·산업 관련 과제〉

❶ AI 3대 강국 도약을 위한 AI 고속도로 구축

대한민국을 세계 3대 AI 강국으로 도약시키기 위해 국가 차원의 AI 인프라(데이터·컴퓨팅·네트워크)를 고속도로처럼 구축하는 것을 목표로 한다.

주요 내용	• AI 데이터 댐 조성 및 공공·민간 데이터 개방 확대 • 슈퍼컴퓨터·클라우드 자원의 국가 차원 통합 관리 • 지역·대학·연구소·기업을 연결하는 AI 인프라 허브 네트워크 구축 • 책임 있는 AI 윤리·안전 가이드라인 수립 및 국제 표준 선도
기대 효과	• 연구자, 기업, 스타트업 등 누구나 접근 가능한 혁신 생태계 조성 • 데이터와 연산 자원 접근 불평등 완화 및 창업 기회 확대 • 특허·저작권 등 지식재산 창출 활성화 • 산업 전반에서 신성장 동력 창출과 국가 경쟁력 강화
연계 포인트	• IP 전략: 연구개발과 특허 창출 기반 확대 • 창업: 스타트업의 기술 검증 및 사업화 기회 확대 • ESG: 데이터 개방과 윤리적 AI 표준을 통한 사회적 책임 강화 • 레질리언스: 국가 차원의 인프라가 위기 대응 및 사회 회복력 강화에 기여

❷ 세계에서 AI를 가장 잘 쓰는 나라 구현

AI 기술의 단순 개발을 넘어 전 산업과 사회 전반에 AI를 활용해 세계에서 가장 잘 AI를 활용하는 국가로 도약하는 것을 목표로 한다.

주요 내용	• 공공 행정, 의료, 교육, 금융, 제조 등 전 산업에 AI 접목 • 중소기업과 소상공인의 AI 활용 지원 확대 • 국민 생활 속 AI 서비스 확산 • 디지털 포용 정책을 통해 전 계층이 AI 혜택을 누릴 수 있는 기반 마련
기대 효과	• 산업 전반의 생산성과 효율성 향상 • 생활 밀착형 서비스 혁신으로 국민 삶의 질 제고 • 중소기업·소상공인의 경쟁력 강화 • 글로벌 AI 활용 선도국가로 자리매김

연계 포인트	• 창업: 중소기업과 스타트업의 AI 활용 확산은 사업화와 혁신 기회 증대 • IP 전략: 다양한 산업 분야에서 새로운 특허·저작권 창출 가능 • ESG: 디지털 포용과 사회적 격차 해소는 ESG 사회(S) 부문과 직결 • 레질리언스: 생활 전반의 AI 활용은 위기 상황에서도 빠른 대응 체계를 마련

❸ 초격차 AI 선도기술·인재 확보

AI 분야에서 글로벌 경쟁우위를 확보하기 위해 초격차 기술을 개발하고, 세계적 수준의 인재를 양성하는 것을 목표로 한다.

주요 내용	• 차세대 AI 반도체, 초거대 AI 모델, 로보틱스 등 미래 핵심 기술 개발 • 글로벌 경쟁력을 갖춘 AI 연구 거점 및 전문기관 육성 • 대학·연구소·산업계 협력으로 AI 전문 인재 대규모 양성 • 해외 우수 인재 유치 및 국제 공동연구 확대
기대 효과	• 초격차 AI 기술 확보로 글로벌 기술 패권 경쟁에서 우위 확보 • 연구개발 성과의 산업 적용을 통한 신성장 동력 창출 • AI 전문 인재 양성을 통한 고급 일자리 창출 • 국제 공동연구를 통한 글로벌 협력 네트워크 강화
연계 포인트	• IP 전략: 첨단기술 특허 확보를 통한 국가 경쟁력 강화 • 창업: 인재와 기술의 결합으로 기술 창업 활성화 • ESG: 고급 일자리 창출과 인재 양성은 사회적 가치 실현과 연결 • 레질리언스: 기술 자립과 인재 확보는 외부 충격에 흔들리지 않는 국가 역량 확보

❹ 안전과 책임 기반의 'AI 기본 사회' 실현

AI가 생활과 산업 전반에 확산되는 과정에서 안전과 책임을 제도적으로 보장하여 신뢰 가능한 AI 사회를 구축하는 것을 목표로 한다.

주요 내용	• AI 윤리 원칙과 안전 기준 제도화 • 알고리즘 투명성 강화 및 설명 가능한 AI 개발 촉진 • 개인정보 보호와 사이버 보안 강화 • AI 남용 방지를 위한 법·제도 정비 및 국제 협력
기대 효과	• 신뢰 가능한 AI 생태계 구축 • 개인정보 유출, 알고리즘 차별 등 사회적 위험 최소화 • AI 활용 확산에 따른 국민 수용성 제고 • 국제적 신뢰 확보 및 글로벌 표준 주도
연계 포인트	• IP 전략: 책임 있는 AI 개발은 저작권·특허 분쟁 예방과 직결 • 창업: 스타트업이 글로벌 시장에서 신뢰성을 무기로 경쟁 가능 • ESG: 윤리·투명성·책임은 ESG 경영의 핵심 가치 • 레질리언스: 안전한 AI 사회는 위기 대응과 사회적 지속가능성 담보

❺ 세계 1위 AI 정부 실현

정부 스스로 AI를 가장 적극적으로 활용하여 세계 1위 AI 정부로 도약하는 것을 목표로 한다.

주요 내용	• 행정 전 과정에 AI를 도입해 국민 맞춤형 행정 서비스 제공 • 공공 데이터 개방 및 활용도 제고 • AI 기반 정책 결정 지원 시스템 구축 • AI 기반 전자정부 모델을 글로벌에 확산
기대 효과	• 행정 효율성과 정책 집행력 강화 • 국민이 체감하는 맞춤형 서비스 제공 • 디지털 정부 경쟁력 강화 및 해외 수출 모델 창출 • 글로벌 AI 행정 표준 선도
연계 포인트	• IP 전략: 공공 데이터 개방은 연구자와 기업의 특허·저작권 창출을 촉진 • 창업: 전자정부 모델 확산은 공공분야 스타트업 기회 확대 • ESG: 투명하고 접근성 높은 행정은 사회적 신뢰를 높이는 ESG 경영 실천 • 레질리언스: 위기 대응력을 갖춘 디지털 정부는 국가적 회복력 강화에 기여

❻ 과학기술 5대 강국 실현을 위한 시스템 혁신

대한민국을 과학기술 5대 강국으로 도약시키기 위해 연구개발(R&D) 시스템과 제도를 근본적으로 혁신하는 것을 목표로 한다.

주요 내용	• 국가 R&D 투자 구조 개편 및 효율성 제고 • 기초·응용·사업화 전주기 연계 강화 • 산학연 협력 체계 고도화 • 연구 자율성과 책임성을 보장하는 제도 정비
기대 효과	• 연구개발 투자의 효율성 및 성과 제고 • 과학기술인의 창의성과 자율성 증대 • 글로벌 과학기술 경쟁력 강화 • 기초과학에서 산업 응용까지 연계되는 혁신 생태계 구축
연계 포인트	• IP 전략: 기초-응용-사업화 연계는 특허 창출 및 활용성을 극대화 • 창업: 산학연 협력이 창업 및 기술사업화 기회를 확대 • ESG: 공정하고 투명한 연구시스템은 신뢰성 있는 과학 발전에 기여 • 레질리언스: 국가 R&D 역량은 위기 상황 대응의 기반을 강화

❼ 기초연구 생태계 조성과 과학기술 인재 강국 실현

지속 가능한 기초연구 생태계를 조성하고, 미래를 선도할 과학기술 인재를 양성하여 인재 강국으로 도약하는 것을 목표로 한다.

주요 내용	• 장기적·안정적인 기초연구 지원 확대 • 청년·신진 연구자 육성 프로그램 강화 • 세계 수준의 연구 인프라 제공 • 해외 우수 인재 유치와 글로벌 공동연구 확대
기대 효과	• 기초과학 기반 강화로 지속 가능한 과학기술 발전 • 인재를 기반으로 한 국가 혁신 역량 강화 • 신진 연구자의 연구 기회 확대와 연구자 생태계 활성화 • 글로벌 과학 네트워크 참여 확대
연계 포인트	• IP 전략: 기초연구에서의 새로운 특허와 지식재산 창출 촉진 • 창업: 젊은 연구자의 도전적 연구는 기술창업으로 이어질 가능성 증대 • ESG: 청년 연구자 지원은 사회적 기회 균등에 기여 • 레질리언스: 과학기술 인재 확보는 국가 위기 대응의 근간

❽ 세계를 선도할 NEXT 전략기술 육성

미래 산업과 국가 경쟁력을 좌우할 차세대 전략기술(NEXT)을 선제적으로 육성하여 세계를 선도하는 것을 목표로 한다.

주요 내용	• 양자기술, 우주기술, 바이오기술, 차세대 반도체 등 전략기술 집중 투자 • 연구개발-사업화-국제협력 연계 강화 • 글로벌 표준 선점을 위한 기술 외교 확대 • 민관 협력 기반 대규모 프로젝트 추진
기대 효과	• 미래 성장 동력 확보 및 신산업 창출 • 글로벌 기술 패권 경쟁에서 우위 선점 • 전략기술 관련 고급 일자리 창출 • 국제 무대에서 대한민국의 기술 리더십 강화
연계 포인트	• IP 전략: 차세대 전략기술은 특허 포트폴리오 경쟁의 핵심 • 창업: 전략기술을 활용한 딥테크 창업 촉진 • ESG: 미래기술은 환경·사회 문제 해결에도 직접 활용 가능 • 레질리언스: 전략기술 확보는 외부 충격에 흔들리지 않는 국가 역량 확보

❾ 신성장 동력 발굴·육성으로 첨단 산업 국가 도약

신성장동력을 발굴하고 이를 집중 육성하여 대한민국을 첨단 산업 국가로 도약시키는 것을 목표로 한다.

주요 내용	• 미래 유망 산업 발굴 및 지원 • 신산업 클러스터 조성 및 산업 생태계 강화 • 규제 혁신을 통한 신산업 성장 촉진 • 민관 협력 프로젝트 추진

기대 효과	• 새로운 성장 동력 확보로 경제 활력 증진 • 고부가가치 일자리 창출	• 첨단 산업 중심의 국가 경쟁력 강화 • 산업 구조 고도화
연계 포인트	• IP 전략: 신산업 발굴은 새로운 특허 창출과 지식재산 가치 증대 • 창업: 신산업 분야 스타트업 기회 확대 • ESG: 지속가능한 산업구조 전환과 사회적 가치 창출 • 레질리언스: 신성장 산업은 경제 위기 시 회복력의 기반	

❿ 주력 산업 혁신으로 4대 제조 강국 실현

대한민국의 기존 주력 산업을 혁신하여 세계 4대 제조 강국으로 도약하는 것을 목표로 한다.

주요 내용	• 반도체, 자동차, 조선, 철강 등 주력 산업의 혁신 촉진 • 스마트 제조와 디지털 전환 지원	• 글로벌 공급망 안정화 • 친환경·저탄소 제조 공정 확산
기대 효과	• 주력 산업의 글로벌 경쟁력 강화 • 친환경 제조 전환으로 지속가능성 확보	• 제조업 생산성과 효율성 증대 • 제조업 기반의 고용 안정
연계 포인트	• IP 전략: 제조 혁신 과정에서 특허와 기술 자산 축적 • 창업: 주력 산업과 연계된 스타트업 기회 확대 • ESG: 친환경 제조는 ESG 경영과 직결 • 레질리언스: 안정적 공급망은 위기 대응 핵심 요소	

⓫ 미래 모빌리티와 'K-AI 시티' 실현

미래 모빌리티 혁신과 인공지능 기반 스마트시티(K-AI 시티)를 구현하는 것을 목표로 한다.

주요 내용	• 자율주행차·UAM(도심항공교통) 등 미래 모빌리티 상용화 • AI 기반 도시 운영 시스템 구축 • 모빌리티-스마트시티 융합 모델 개발	• 스마트 교통·안전·환경 관리 시스템 도입
기대 효과	• 미래 교통 혁신으로 이동 효율성 및 안전성 향상 • 도시 문제(교통·환경·안전)의 지능형 해결	• 스마트시티 산업 생태계 성장 • 글로벌 스마트시티 시장 선도
연계 포인트	• IP 전략: 모빌리티·스마트시티 융합기술 특허 창출 • 창업: 스마트 모빌리티 스타트업 성장 촉진 • ESG: 교통·환경 문제 해결은 ESG 사회·환경 부문에 기여 • 레질리언스: AI 기반 도시 운영은 위기 대응 역량 강화	

⓬ 의료 AI·제약·바이오헬스 강국 실현

의료 AI와 제약·바이오헬스를 국가 전략 산업으로 육성하여 세계적 강국으로 도약하는 것을 목표로 한다.

주요 내용	• 의료 AI 개발 및 임상 적용 확대 • 제약·바이오헬스 산업 R&D 강화 • 글로벌 임상·규제 협력 확대 • 바이오 인재 양성과 산업 생태계 조성
기대 효과	• 의료 서비스 질 향상 및 국민 건강 증진 • 제약·바이오 산업의 수출 경쟁력 강화 • 고급 일자리 창출과 신산업 성장 • 글로벌 바이오헬스 리더십 확보
연계 포인트	• IP 전략: 의료·바이오 특허와 데이터 자산 확보 • 창업: 바이오헬스 스타트업 및 기술사업화 촉진 • ESG: 국민 건강과 삶의 질 향상은 ESG 사회(S)의 핵심 • 레질리언스: 감염병·팬데믹 등 보건 위기 대응 역량 강화

⓭ 제3벤처 붐으로 여는 글로벌 벤처 4대 강국

대한민국을 글로벌 벤처 4대 강국으로 도약시키기 위해 '제3벤처 붐'을 조성하고, 벤처·스타트업 생태계를 대폭 강화하는 것을 목표로 한다.

주요 내용	• 벤처투자 및 모험자본 시장 활성화 • 글로벌 시장 진출 지원 및 해외 네트워크 구축 • 유니콘 기업 육성 프로그램 확대 • 청년 창업 지원 강화와 실패 후 재도전 환경 마련
기대 효과	• 벤처·스타트업 성장 가속화 • 벤처 생태계 활성화를 통한 국가 혁신 역량 강화 • 글로벌 유니콘 기업 배출 확대 • 청년층의 창업 기회 확대 및 일자리 창출
연계 포인트	• IP 전략: 벤처기업의 기술 특허와 지식재산이 글로벌 시장 경쟁의 핵심 • 창업: 창업 자금·네트워크·재도전 지원은 청년 창업 활성화와 직결 • ESG: 벤처 생태계 활성화는 혁신과 사회적 가치 창출에 기여 • 레질리언스: 창업 실패 후 재도전 체계는 국가적 회복력 강화로 이어짐

⓮ 미래 신기술로 성장하고, 글로벌로 도약하는 중소기업

미래 신기술을 기반으로 중소기업이 성장하고, 글로벌 시장에 진출할 수 있도록 지원하여 중소기업을 국가 성장 동력으로 육성하는 것을 목표로 한다.

주요 내용	• 디지털 전환과 스마트 제조 도입 지원 • 해외 진출 지원 및 글로벌 파트너십 확대	• 신기술 적용을 통한 중소기업 혁신 역량 강화 • 중소기업 친환경·ESG 경영 지원 강화
기대 효과	• 중소기업의 혁신성과 글로벌 경쟁력 강화 • 중소기업 일자리 창출 확대	• 신기술 기반의 산업 성장 촉진 • ESG 경영을 통한 지속 가능한 성장 기반 확보
연계 포인트	• IP 전략: 중소기업의 신기술 특허와 브랜드 자산 강화 • 창업: 신기술 기반 중소기업 창업 활성화 • ESG: 중소기업의 ESG 경영 확산은 사회 전반의 지속가능성 강화 • 레질리언스: 글로벌 진출과 기술혁신은 중소기업의 위기 대응 역량 확보	

〈창업·중소기업·벤처·금융 혁신〉

❶ 서비스업 경쟁력 제고로 내수·수출 활성화

제조업 중심의 성장 구조를 넘어 서비스업의 경쟁력을 강화하여 내수 시장을 활성화하고 해외 수출을 확대하는 것을 목표로 한다.

주요 내용	• 서비스 산업 선진화 전략 수립 • 규제 혁신을 통한 서비스 산업 성장 촉진 • 의료·교육·관광·콘텐츠 등 고부가 서비스 산업 집중 육성 • 서비스 무역 확대 및 글로벌 진출 지원	
기대 효과	• 내수 시장 활성화 및 일자리 창출 • 고부가가치 산업 중심의 경제 성장	• 서비스 수출 확대를 통한 무역 구조 다변화 • 서비스 산업 글로벌 경쟁력 강화
연계 포인트	• IP 전략: 콘텐츠·관광·교육 분야에서 저작권·상표권 등 지식재산 창출 확대 • 창업: 서비스업 스타트업 및 플랫폼 비즈니스 성장 기회 확대 • ESG: 고용 창출과 서비스 혁신은 사회적 가치 증진과 연결 • 레질리언스: 제조업 의존도를 줄이고 산업 포트폴리오를 다변화해 경제 회복력 강화	

❷ 경제·산업 도약을 위한 신산업 규제 재설계

급변하는 신산업 환경에 맞지 않는 기존 규제를 과감히 개선하고, 새로운 산업과 기술 발전을 지원할 수 있도록 규제 체계를 재설계하는 것을 목표로 한다.

주요 내용	• 규제 샌드박스 제도의 확대 및 고도화 • 불필요한 규제 정비 및 기업 부담 완화	• 신기술·신산업 맞춤형 규제 체계 도입 • 혁신 기업과 스타트업의 시장 진출 지원
기대 효과	• 신산업 성장 가속화 및 글로벌 경쟁력 확보 • 규제 혁신을 통한 투자 촉진	• 기업 활동의 자유 확대와 창업 환경 개선 • 산업 전반의 혁신 생태계 활성화
연계 포인트	• IP 전략: 규제 완화는 기술 특허 사업화와 활용을 촉진 • 창업: 규제 장벽이 낮아지면 스타트업 시장 진입 기회 확대 • ESG: 합리적 규제는 공정하고 투명한 산업 생태계 구축에 기여 • 레질리언스: 규제 혁신은 새로운 산업 위기에 신속히 대응할 수 있는 유연성 확보	

❸ 진짜 성장을 뒷받침하는 생산적 금융

금융의 역할을 단순한 자금 공급에서 벗어나 혁신과 성장을 촉진하는 생산적 금융으로 전환하는 것을 목표로 한다.

주요 내용	• 국민성장펀드 100조 원 조성 • 산업·기술 발전과 연계된 금융 지원 강화	• 혁신기업·스타트업에 대한 투자 확대 • 금융의 포용성과 공정성 제고
기대 효과	• 혁신기업의 성장 촉진 및 글로벌 경쟁력 강화 • 금융을 통한 일자리 창출과 경제 활력 증진	• 자본시장의 역동성 제고 • 금융 자원의 효율적 배분
연계 포인트	• IP 전략: 지식재산 기반 기업에 대한 금융 지원 확대 가능 • 창업: 성장펀드와 금융 지원은 창업자금 확보에 결정적 역할 • ESG: 포용적 금융은 사회적 형평성 강화와 직결 • 레질리언스: 생산적 금융은 경기 침체기에 기업 회복력 강화	

❹ 코리아 프리미엄을 향한 자본시장 혁신

국내 자본시장의 신뢰성과 매력을 강화하여 글로벌 투자자들이 선호하는 코리아 프리미엄을 창출하는 것을 목표로 한다.

주요 내용	• 자본시장 제도의 투명성·공정성 강화 • 투자자 보호 장치 강화	• 상장·공시 제도 개선 및 기업 지배구조 선진화 • 글로벌 스탠다드에 맞춘 투자 환경 조성
기대 효과	• 해외 투자자 유치 확대 • 자본시장의 신뢰도 및 안정성 제고	• 국내 기업의 글로벌 자본 조달 용이 • 국가 브랜드 가치 상승

연계 포인트	• IP 전략: 지배구조 투명성과 공시 개선은 기술·특허 가치평가 신뢰성 제고 • 창업: 벤처·중소기업의 상장 및 투자 유치 기회 확대 • ESG: 투명성 강화와 지배구조 선진화는 ESG 거버넌스 핵심 • 레질리언스: 글로벌 신뢰 확보는 금융시장 충격에 대한 안정성 강화

❺ 디지털 자산 생태계 구축

블록체인·가상자산 등 새로운 디지털 자산 시장을 제도권 안에서 육성하고, 건전한 생태계를 조성하는 것을 목표로 한다.

주요 내용	• 가상자산 제도화 및 관리 체계 정비 • 디지털 자산 투자자 보호 장치 마련	• 블록체인 기반 신산업 지원 • 국제 규제 정합성과 협력 강화
기대 효과	• 디지털 자산 시장의 신뢰성 제고 • 새로운 투자 기회와 자본 흐름 확대	• 블록체인 기반 신기술과 산업 발전 촉진 • 글로벌 디지털 금융 허브 도약
연계 포인트	• IP 전략: 블록체인·디지털 자산 관련 특허·저작권 확보 중요성 강화 • 창업: 블록체인 스타트업과 핀테크 창업 활성화 • ESG: 투명성과 신뢰성을 기반으로 한 금융 혁신은 사회적 가치와 직결 • 레질리언스: 제도권 내 안정적 관리로 금융시장 충격 완화	

❻ 다시 일어서는 소상공인, 활기 도는 골목상권

코로나19 이후 큰 타격을 입은 소상공인과 골목상권을 회복시키고, 지속 가능한 성장 기반을 마련하는 것을 목표로 한다.

주요 내용	• 피해 소상공인의 경영 정상화 지원 • 디지털 전환 및 온라인 판로 지원	• 전통시장·골목상권 활성화 프로그램 추진 • 지역 기반 소상공인 지원 체계 강화
기대 효과	• 소상공인 경영 회복 및 자생력 강화 • 전통시장 경쟁력 제고	• 지역 경제 활성화 및 일자리 회복 • 서민 경제의 안정적 기반 마련
연계 포인트	• IP 전략: 지역 상표·브랜드 보호 및 지식재산 활용 촉진 • 창업: 소상공인의 디지털 전환은 새로운 창업 기회로 연결 • ESG: 지역사회와 상생하는 골목경제는 ESG 사회(S)의 중요한 가치 • 레질리언스: 위기 극복을 위한 소상공인 회복력 강화	

❼ 기술 탈취는 근절하고, 상생의 기업환경 조성

대기업과 중소기업 간 불공정 거래 관행을 개선하고, 기술 탈취를 근절하여 상생하는 공정한 기업 환경을 만드는 것을 목표로 한다.

주요 내용	• 기술 탈취 근절을 위한 법·제도 강화 • 공정거래 감시 및 피해 구제 제도 정비	• 대·중소기업 간 상생 협력 프로그램 운영 • 기술 보호 지원 시스템 확대
기대 효과	• 공정하고 투명한 기업 생태계 조성 • 중소기업 기술혁신과 경쟁력 보호	• 상생 협력 문화 확산 • 기술 기반 창업 활성화
연계 포인트	• IP 전략: 기술 탈취 방지는 특허·영업비밀 보호와 직결 • 창업: 안전한 거래 환경은 스타트업 성장 촉진 • ESG: 공정거래와 상생은 ESG 거버넌스(G)의 핵심 가치 • 레질리언스: 기술 보호는 기업의 지속가능성과 회복력을 강화	

〈농업·농촌·식량 관련 과제〉

❶ 국민 먹거리를 지키는 국가 전략 산업으로 농업 육성

농업을 단순 생계 기반에서 벗어나 국가 전략 산업으로 육성하여 식량 안보와 국민 먹거리 안전을 확보하는 것을 목표로 한다.

주요 내용	• 식량 자급률 제고 및 전략 작물 육성 • 농산물 유통 구조 개선	• 농업의 디지털화·스마트화 추진 • 농업 R&D 투자 확대
기대 효과	• 국민 먹거리 안정적 공급 • 농민 소득 향상 및 농촌 경제 활성화	• 농업의 고부가가치 산업 전환 • 국가 식량 안보 강화
연계 포인트	• IP 전략: 농업 기술 특허와 신품종 보호 확대 • 창업: 스마트농업 기반의 청년 창업 활성화 • ESG: 식량 안보와 지속 가능한 농업은 ESG 환경(E)과 사회(S)에 모두 기여 • 레질리언스: 위기 상황에서 안정적인 식량 공급망 유지	

❷ 국가 책임을 강화하는 농정 대전환

농업 정책을 국가 차원의 책임 체계로 전환하여 농업·농촌의 지속가능성을 확보하고 농민의 삶의 질을 높이는 것을 목표로 한다.

주요 내용	• 공익형 직불제 확대 및 농가 소득 안정 지원 • 농업인 복지 제도 확충	• 농업 재해 대응 체계 강화 • 청년·여성 농업인 지원 강화
기대 효과	• 농가 소득 안정과 삶의 질 향상 • 지속 가능한 농업 구조 확립	• 농업 재해 대응력 강화 • 청년·여성 농업인의 농촌 정착 촉진
연계 포인트	• IP 전략: 농업 기술 보호와 보급 체계 강화 • ESG: 농민 복지와 사회적 포용은 ESG 사회(S)의 핵심 가치 • 레질리언스: 재해 대응과 소득 안정은 농업의 회복력 강화	• 창업: 청년·여성 농업인의 창업 환경 조성

❸ 균형 성장과 에너지 전환을 선도하는 농산어촌

농산어촌을 균형 성장의 거점으로 육성하고, 에너지 전환을 선도하는 지속 가능한 지역으로 발전시키는 것을 목표로 한다.

주요 내용	• 농산어촌 에너지 자립 마을 조성 • 지역 균형 발전 프로젝트 추진	• 재생에너지와 농어업의 융합 모델 개발 • 농산어촌 생활 인프라 개선
기대 효과	• 농산어촌의 지속 가능한 성장과 활력 제고 • 신재생에너지 확산으로 탄소중립 기여	• 지역 주민 삶의 질 향상 • 국가 균형 발전 실현
연계 포인트	• IP 전략: 재생에너지·농업 융합 기술 특허 창출 • 창업: 농산어촌 기반의 에너지·친환경 창업 활성화 • ESG: 지역 균형 발전과 에너지 전환은 E·S·G 전 영역에 기여 • 레질리언스: 농산어촌 자립은 국가 위기 대응과 회복력 강화	

〈ESG·환경·에너지·지속가능성〉

❶ 경제 성장의 대동맥, 에너지 고속도로 구축

안정적이고 효율적인 에너지 공급망을 국가 성장의 핵심 인프라로 삼아 에너지 고속도로를 구축하는 것을 목표로 한다.

주요 내용	• 전력망·가스망·수소망 등 국가 에너지 인프라 확충 • 에너지 수급 안정화를 위한 스마트 관리 체계 도입	• 분산형 전원 확대 및 효율적 에너지 운용 • 민관 협력 기반 에너지 인프라 투자 활성화
기대 효과	• 안정적 에너지 공급을 통한 산업 성장 지원 • 첨단 산업 전환을 위한 기반 마련	• 에너지 효율성 제고 및 비용 절감 • 글로벌 에너지 허브 국가 도약
연계 포인트	• IP 전략: 에너지 인프라 신기술 특허 창출 촉진 • 창업: 에너지 관리·스마트그리드 분야 스타트업 기회 확대 • ESG: 안정적이고 친환경적인 에너지 시스템은 ESG 환경(E)의 핵심 • 레질리언스: 에너지 위기 대응과 국가 회복력 강화	

❷ 재생에너지 중심 에너지 대전환

탄소중립 목표 달성을 위해 재생에너지를 중심으로 한 에너지 대전환을 추진하는 것을 목표로 한다.

주요 내용	• 태양광·풍력·수소 등 재생에너지 보급 확대 • 재생에너지 발전 단가 절감 및 효율성 제고	• 분산형 에너지 시스템 확산 • 재생에너지 인프라 투자 촉진
기대 효과	• 탄소중립 달성 및 기후위기 대응 • 지속 가능한 에너지 체계 구축	• 재생에너지 산업 경쟁력 강화 • 신재생에너지 기반 일자리 창출
연계 포인트	• IP 전략: 재생에너지 신기술 특허 확보와 사업화 촉진 • 창업: 친환경 에너지 스타트업 기회 확대 • ESG: 재생에너지 전환은 ESG 환경(E)의 핵심 가치 • 레질리언스: 기후위기·에너지 위기 대응 기반 강화	

❸ 지속 가능한 미래를 위한 탄소중립 실현

기후위기에 대응하고 지속 가능한 미래를 보장하기 위해 탄소중립을 실현하는 것을 목표로 한다.

주요 내용	• 국가 탄소중립 전략 수립 및 실행 • 녹색산업 육성과 친환경 투자 촉진	• 온실가스 감축 목표 달성과 관리 체계 확립 • 국민 참여형 탄소중립 생활 문화 확산
기대 효과	• 국가 온실가스 감축 목표 달성 • 지속 가능한 경제·사회 발전 구조 확립	• 친환경 산업 성장과 일자리 창출 • 국제사회에서 기후 리더십 확보

연계 포인트	• IP 전략: 탄소 저감 기술 특허와 지식재산 활용 확대 • ESG: 탄소중립은 ESG 환경(E)의 핵심 의제 • 레질리언스: 기후위기 대응을 통한 사회적 회복력 강화	• 창업: 녹색산업 분야 창업 촉진

❹ 탄소중립을 위한 경제 구조 개혁

산업·에너지·교통 전반의 경제 구조를 개혁하여 탄소중립 사회로의 전환을 추진하는 것을 목표로 한다.

주요 내용	• 에너지 다소비 산업 구조 개편 • 탄소세·배출권거래제 등 경제적 수단 활용	• 친환경 교통 체계 구축 • 기업의 저탄소 경영 촉진
기대 효과	• 경제 전반의 탈탄소화 가속화 • 친환경 교통 확산 및 생활 환경 개선	• 저탄소 산업 구조 전환으로 경쟁력 확보 • 지속 가능한 성장 기반 마련
연계 포인트	• IP 전략: 저탄소 기술 및 녹색산업 특허 창출 • ESG: 저탄소 경제 구조 전환은 ESG 경영 실천과 직결 • 레질리언스: 저탄소 경제는 에너지·기후 충격 대응 능력 강화	• 창업: 탄소중립 관련 비즈니스 모델 확대

❺ 순환경제 생태계 조성

폐기물 발생을 최소화하고 자원 순환을 극대화하는 순환경제 생태계를 구축하는 것을 목표로 한다.

주요 내용	• 자원 재활용 및 재사용 촉진 • 순환경제 관련 산업 육성	• 폐기물 처리 기술 고도화 • 국민 참여형 자원 절약 문화 확산
기대 효과	• 폐기물 감축과 자원 효율성 제고 • 지속 가능한 자원순환 사회 실현	• 친환경 산업 성장과 일자리 창출 • 기후위기 대응 및 환경 부담 완화
연계 포인트	• IP 전략: 재활용·자원순환 신기술 특허 확보 • ESG: 자원순환은 ESG 환경(E)의 대표 의제 • 레질리언스: 자원순환 사회는 위기 대응 지속가능성을 강화	• 창업: 업사이클링·친환경 스타트업 기회 확대

❻ 국가 기후 적응 역량 강화

기후위기의 불가피한 영향을 최소화하기 위해 국가 차원의 기후 적응 역량을 강화하는 것을 목표로 한다.

주요 내용	• 기후 재난 예측 및 대응 체계 강화 • 기후 적응 인프라 확충	• 기후 취약계층 보호 대책 마련 • 기후 변화 연구 및 국제 협력 확대
기대 효과	• 기후위기에 따른 피해 최소화 • 국가 전반의 기후 대응 역량 강화	• 사회적 약자 보호 및 불평등 완화 • 국제적 협력과 리더십 확보
연계 포인트	• IP 전략: 기후 적응 기술과 특허 개발 촉진 • ESG: 기후 취약계층 보호는 ESG 사회(S)의 핵심 • 레질리언스: 기후적응 역량은 사회적 회복력 직접 강화	• 창업: 기후 리스크 대응 비즈니스 모델 창출

❼ 모두가 누리는 쾌적한 환경 구현

국민 모두가 쾌적한 환경을 누릴 수 있도록 환경 질을 개선하고, 생활 환경 안전을 보장하는 것을 목표로 한다.

주요 내용	• 대기질·수질 개선 정책 강화 • 친환경 도시 조성과 녹색 공간 확대	• 생활 환경 유해 요소 관리 • 환경 복지 서비스 확대
기대 효과	• 국민 건강 증진 및 삶의 질 향상 • 친환경 도시 모델 확산	• 환경 안전성 강화 • 지속 가능한 환경 복지 실현
연계 포인트	• IP 전략: 환경 개선 기술 특허 확대 • ESG: 국민 환경권 보장은 ESG 사회(S)의 핵심 가치 • 레질리언스: 환경 질 개선은 사회적 위기 대응 기반 강화	• 창업: 친환경 서비스·도시 관련 창업 기회 촉진

❽ 4대강 자연성 및 한반도 생물다양성 회복

4대강의 자연성을 회복하고, 한반도의 생물다양성을 보존하여 생태계를 건강하게 유지하는 것을 목표로 한다.

주요 내용	• 4대강 수생태계 복원 사업 추진 • 생물 다양성 보전 전략 수립	• 멸종위기종 보호 및 서식지 복원 • 국제 생물 다양성 협력 강화
기대 효과	• 건강한 수생태계와 생물다양성 확보 • 기후 변화 대응 및 환경 지속가능성 강화	• 생태 관광 및 지역경제 활성화 • 국제사회에서 생물다양성 보전 리더십 확보

연계 포인트	• IP 전략: 생태 복원 기술과 관련 특허 창출 • 창업: 생태 관광·환경 서비스 창업 기회 확대 • ESG: 생물다양성 보전은 ESG 환경(E)의 핵심 과제 • 레질리언스: 생태계 회복은 기후위기 대응과 사회적 회복력 강화

〈사회·레질리언스·안전〉

❶ 국민 안전 보장을 위한 재난안전관리체계 확립

각종 재난과 사고로부터 국민의 생명과 재산을 보호하기 위해 재난안전관리체계를 강화하고, 예방 중심의 안전관리 국가시스템을 확립하는 것을 목표로 한다.

주요 내용	• 재난 위험 요인 사전 발굴 및 관리 • 국가 재난안전 통합관리 시스템 고도화 • 지방정부와 협력하는 지역 맞춤형 재난관리 강화 • 재난 대응 전문인력 양성
기대 효과	• 재난 발생 시 피해 최소화 • 국민 안전 체감도 향상 • 지역사회 재난 대응 역량 강화 • 재난 대응 효율성과 신속성 제고
연계 포인트	• IP 전략: 재난 대응 기술 및 특허 활용 촉진 • 창업: 안전·재난관리 분야 스타트업 기회 확대 • ESG: 국민 안전 보장은 ESG 사회(S)의 핵심 가치 • 레질리언스: 국가 재난 대응 역량은 사회적 회복력의 기반

❷ 재난 피해 최소화를 위한 예방·대응 강화

재난 발생을 사전에 예방하고, 발생 시 신속히 대응하여 피해를 최소화하는 체계를 구축하는 것을 목표로 한다.

주요 내용	• 재난 예측·경보 시스템 고도화 • 생활 밀접형 안전사고 예방 대책 강화 • 신속 대응을 위한 현장 대응력 강화 • 민관 협력 기반 안전관리 시스템 확립
기대 효과	• 재난 및 안전사고 피해 감소 • 국민 생활 안전성 향상 • 신속한 복구와 사회 안정성 확보 • 안전 산업 육성 기반 마련
연계 포인트	• IP 전략: 예측·경보 시스템 관련 기술 특허 창출 • 창업: 안전·경보·복구 관련 기술창업 활성화 • ESG: 국민 생명과 안전 보호는 ESG 핵심 가치 • 레질리언스: 신속 대응 체계는 재난 발생 시 사회적 회복력 제고

❸ 국민 생명과 직결된 사회 기반 시설 안전 강화

도로·철도·교량 등 사회 기반 시설의 안전을 확보하여 국민 생명을 지키고, 기반 시설의 신뢰성을 높이는 것을 목표로 한다.

주요 내용	• 노후 기반 시설 점검·보수 강화 • 기반 시설 안전 인증제도 확대	• 첨단기술을 활용한 스마트 안전 관리 도입 • 민간 참여형 시설 안전관리 체계 구축
기대 효과	• 기반 시설 사고 예방 및 안전성 제고 • 스마트 안전 산업 육성	• 국민 신뢰 향상과 삶의 질 개선 • 지속 가능한 사회 기반 시설 운영
연계 포인트	• IP 전략: 스마트 안전관리 기술과 특허 확대 • ESG: 안전 확보는 ESG 사회(S)의 핵심 요소 • 레질리언스: 사회 기반 시설 안정성은 위기 상황 대응 기반 강화	• 창업: 시설 안전관리 분야 신사업 기회 촉진

❹ 일하는 모든 사람이 건강하고 안전한 나라

산업 현장의 모든 노동자가 안전하고 건강하게 일할 수 있는 환경을 조성하여 노동 안전 선진국으로 도약하는 것을 목표로 한다.

주요 내용	• 산업재해 예방 정책 강화 • 안전보건 교육 및 캠페인 강화	• 중소기업·취약 노동자 안전 관리 지원 확대 • 산업 현장 안전관리 기술 보급
기대 효과	• 산업재해 감소 및 노동자 안전 확보 • 중소기업 안전 역량 강화	• 건강한 근로 환경 조성으로 생산성 향상 • 국제적 수준의 노동 안전문화 확립
연계 포인트	• IP 전략: 안전 관련 기술·장비 특허 활용 촉진 • ESG: 안전한 근로 환경 조성은 ESG 사회(S)의 핵심 가치 • 레질리언스: 노동 안전은 위기 대응과 지속 가능한 성장의 기반	• 창업: 안전보건 관련 서비스·제품 창업 기회 확대

❺ 인구 변동, 디지털 변화, 기후위기에 대응하는 노동 대전환

급격한 인구 구조 변화, 디지털 전환, 기후위기라는 3대 도전에 대응하기 위해 노동 시스템을 근본적으로 전환하는 것을 목표로 한다.

주요 내용	• 고령화와 저출산에 대응한 노동 시장 제도 개혁 　　• 노동 시장 유연성·포용성 강화 • 디지털 전환 대응을 위한 직업훈련 및 재교육 확대 • 녹색 일자리 창출과 기후 친화적 노동 정책 도입
기대 효과	• 노동 시장 구조 변화 대응력 강화　　• 새로운 성장 동력에 맞는 인재 양성 • 지속 가능한 고용 기반 마련　　　　• 사회 전반의 노동 안정성 확보
연계 포인트	• IP 전략: 디지털·녹색 기술 분야 일자리 창출은 지식재산 활용과 직결 • 창업: 새로운 직업·산업 구조 변화는 창업 기회 확대 • ESG: 포용적 노동 대전환은 ESG 사회(S)의 핵심 과제 • 레질리언스: 노동 대전환은 인구·기후 충격에 대한 사회적 회복력 강화

우리가 꼭 알아야 할 '지식재산처'

대한민국 특허청은 1946년 설립 이래 산업재산권 심사·등록 업무를 담당해 온 중앙행정기관이다. 그러나 지식재산의 중요성이 국가 경쟁력의 핵심 요소로 부상하면서 특허청은 2025년 지식재산처로 승격 개편되었다. 이는 단순한 명칭 변경이 아니라 지식재산 정책의 컨트롤타워로서 위상 강화와 권한 확대를 의미한다. 지식재산처로의 승격은 IP가 국가 경제와 안보의 핵심 자산임을 인정하고, 특허·상표·디자인 등 산업재산권을 넘어 저작권, 신지식재산권, 영업비밀 등 지식재산 전반을 아우르는 통합 관리 체계를 구축하려는 정책적 의지를 반영한 것이다.

〈지식재산처의 주요 업무〉

1. **산업재산권 심사 및 등록**: 특허, 실용신안, 디자인, 상표 등 산업재산권의 출원 심사와 등록 업무를 수행한다. 연간 약 23만 건 이상의 특허 출원을 처리하며, 세계 4대 특허청(IP5)으로서 글로벌 수준의 심사 품질을 유지하고 있다.
2. **지식재산 정책 수립 및 시행**: 국가 지식재산 정책의 컨트롤타워로서 「국가지식재산기본계획」을 수립하고, 중소기업·스타트업의 IP 역량 강화, 기술이전 활성화, 지식재산 금융 확대 등 다양한 정책을 추진한다.
3. **국제 협력 및 글로벌 IP 전략**: WIPO, PCT, 마드리드 시스템 등 국제 IP 체계에 참여하고, 특허심사하이웨이(PPH) 협정을 통해 해외 특허 취득을 지원하며, K-특허의 글로벌 경쟁력을 강화한다.
4. **지식재산 인프라 및 정보 제공**: 특허정보검색서비스(KIPRIS)와 IP 나래(IP-NAVI) 플랫폼을 통해 특허·상표·디자인 정보와 맞춤형 IP 컨설팅을 무료로 제공한다.
5. **심판 및 분쟁 조정**: 특허심판원을 통해 특허 무효, 거절 결정 불복 등의 심판을 진행하고, 조정과 중재로 신속한 분쟁 해결을 지원한다.
6. **창업 및 중소기업 IP 지원**: 스타트업과 중소기업을 위해 특허 출원 비용 감면(최대 85%), IP 바우처, 특허기술 사업화 지원, 지식재산 금융 등 실질적인 지원 프로그램을 운영한다.

지식재산처는 연구자와 창업가가 IP를 전략적으로 활용할 수 있도록 정책, 재정, 교육, 인프라를 총망라한 지원을 제공하는 핵심 기관이다. 특히 창업 초기부터 글로벌 진출까지 전 단계에서 실질적인 도움을 받을 수 있으므로 IP 전략 수립 시 반드시 지식재산처의 지원 제도를 적극 활용해야 한다.

PART 07

위기 관리와 레질리언스

Next Innovation

현대의 기업 환경은 불확실성과 변동성으로 가득 차 있다. 경제 위기, 공급망 붕괴, 기술 유출, 데이터 침해, 자연재해 그리고 평판 리스크에 이르기까지 예기치 못한 위기는 언제든 조직의 존립을 뒤흔들 수 있다. 이러한 환경에서 기업의 경쟁력은 위기를 피하는 능력이 아니라 위기에 대응하고 회복하는 체계적 역량에서 비롯된다.

위기 관리란 단순한 방어 전략이 아니라 조직의 생존을 위한 사전 경계, 신속한 대응, 사후 복구가 결합된 종합적 시스템이다. 특히 위기 발생 시점을 기준으로 기업이 얼마나 빠르게 상황을 진단하고, 핵심 자산, 즉 인력, 정보, 지식재산(IP)을 보호하느냐가 기업의 회복력과 지속가능성을 좌우한다.

또한 국가 차원의 위기관리 체계와 기업의 대응 시스템이 유기적으로 연계되어야 사회적 손실을 최소화할 수 있다. 정부의 지원 제도, 법적 보호 장치, 산업별 BCP(Business Continuity Plan) 가이드라인은 민간기업의 리스크 관리 능력을 보완하고, 특히 중소기업에게 실질적인 대응 기반을 제공한다.

기업은 평상시부터 리스크를 체계적으로 관리하고, 비상시 즉각적으로 실행 가능한 BCP와 IP 보호 전략을 마련해야 한다. 이는 단순히 재난 대응 수준이 아니라 지식재산을 핵심 자산으로 인식하고 보호하는 지적 위기 관리(Intellectual Risk Management)로까지 확장되어야 한다.

궁극적으로 위기 관리의 목적은 단순한 피해 최소화가 아니라 위기 속에서 조직이 배우고 변화하며 한 단계 성장하는 '학습형 생존력'을 확보하는 데 있다. 즉 위기 관리의 끝은 위기 대응이 아니라 레질리언스(Resilience)의 시작이다.

20장

위기 관리와 기업 생존 전략
Crisis Management and Business Continuity Strategy

기업이 직면하는 위기의 유형과 IP 리스크

기업은 예기치 못한 위기에 언제든 직면할 수 있다. 위기는 건물이나 설비만 파괴하는 것이 아니라 기업의 진짜 자산인 기술, 노하우, 특허 같은 지식재산(IP)을 함께 소멸시킨다. 특히 기술 중심 기업과 스타트업에게 IP는 생명줄이다. IP를 잃으면 기업은 끝이다.

위기 3대 유형과 IP 영향

❶ 재난 위기

자연재해(태풍, 홍수, 지진, 산불 등)와 인적 재난(화재, 폭발, 건물 붕괴 등)이 여기 해당한다. 연구실 화재로 특허 출원 전 실험 데이터가 소실되면 수년간의 연구가 허공으로 날아간다. 건물은 재건할 수 있지만 연구 노트, 시제품, 설계 도면은 복구할 수 없다.

특허는 공개된 정보라 재출원이 가능하지만, 영업비밀로 관리하던 제조 공정, 원료 배합비, 핵심 알고리즘은 한번 소실되면 되돌릴 수 없다. 서버실 침수로 암호화되지 않은 데이터가 유출되거나 영구 손실되면 백업이 없는 회사는 그 자리에서 멈춘다.

❷ 경영 위기

자금난, 공급망 붕괴, 주요 거래처 부도, 핵심 인력 이탈이 경영 위기를 초래한다. 자금난에 빠진 기업은 특허를 헐값에 매각하거나 담보로 제공하는데, 이는 기술 경쟁력 상실을 의미한다. 경쟁사가 인수하면 시장에서 밀려나고, NPE(특허괴물)가 인수하면 역으로 특허침해소송을 당할 수도 있다.

공급망 붕괴는 간접적으로 IP를 위협한다. 핵심 부품 공급 업체가 도산하면 대체 공급처를 찾아야 하는데, 해당 부품에 특허가 걸려 있으면 다른 업체에서 조달할 수 없어 생산이 중단된다. 핵심 인력이 퇴사하면서 연구 데이터, 설계 도면, 고객 정보를 빼돌려 경쟁사나 본인 창업에 사용하는 직접적 IP 유출도 빈번하다.

❸ 법적 위기

특허침해소송, 기술유출 형사 고발, 직무발명 보상 분쟁, 라이선싱 계약 위반이 법적 위기를 만든다. 특허침해소송을 당하면 법원의 금지명령으로 제품 생산과 판매가 즉시 중단된다. 소송 기간(통상 2~3년) 동안 시장 기회를 잃고 고객은 경쟁사로 간다. 패소하면 손해배상금이 수십억 원에 달하고 해당 기술을 영구히 사용할 수 없게 된다.

기술유출 형사 사건도 치명적이다. 직원이나 협력사 직원이 영업비밀을 훔쳐 경쟁사에 팔거나 해외로 빼돌리는 경우 형사 고소를 해도 이미 유출된 정보는 회수할 수 없다. 비밀이 공개된 순간 영업비밀로서의 가치는 사라진다.

중소기업과 대기업의 위기 대응 역량 차이

대기업은 백업 시스템, 대체 생산 시설, 재난보험으로 재난에 대응하고, 방대한 특허 포트폴리오로 한두 개 특허 문제가 생겨도 대체 기술로 사업을 지속한다. 법무팀과 지식재산팀이 상시 운영되어 분쟁에 즉각 대응하며, 자금 여력이 커서 공급망 차질이나 인력 이탈에도 타격이 적다.

반면 중소기업과 스타트업은 한 번의 위기로 무너진다. 연구실 화재로 데이터가 날아가면 재기 불가능하고, 특허가 몇 개 안 되는데 그중 하나가 무효되면 사업 자체가 위협받는다. 자금난에 빠지면 특허를 헐값에 팔거나 담보로 잡히고, 핵심 연구원 한 명이 퇴사하면 기술력이 반토막 난다. 특허침해소송을 당해도 변리사·변호사 비용이 부담되어 불리한 조건으로 합의하거나 사업을 접는다.

격차의 핵심은 시스템이다. 대기업은 BCP(사업연속성계획), IP 관리 체계, 법무 지원, 보험 등 위기 대응 시스템을 평소에 구축한다. 중소기업은 그럴 여유가 없어 위기가 닥쳐서야 허둥대다 손쓸 틈 없이 무너진다. 따라서 중소기업과 스타트업일수록 위기 대비가 절실하며, 최소한의 백업, 보험, IP 보호 장치라도 마련해야 생존 가능성이 생긴다.

국가 위기 관리 체계와 기업 지원 제도

정부는 재난 발생 시 체계적으로 대응한다. 이 체계를 이해하면 기업은 위기 상황에서 어떤 지원을 받을 수 있는지 알고, 평소에 무엇을 준비해야 하는지 명확해진다.

정부·지자체 재난 대응 4단계

국가 위기관리 체계는 예방-대비-대응-복구의 4단계로 운영된다. 이는 21장에서 다룰 레질리언스 사이클(감지-예방-대응-회복)과 동일한 구조다.

❶ 예방 단계

재난 발생 가능성을 줄인다. 건축물 안전 점검, 하천 정비, 산불 방지, 시설물 보강 등을 실시한다. 기업에게는 안전 교육, 소방 시설 점검, 재난 매뉴얼 수립 등이 해당한다.

❷ 대비 단계

재난 발생에 대비한 준비를 한다. 비상 연락망 구축, 긴급 대피 훈련, 비상 물자 확보, 재난 보험 가입 등이 포함된다. 기업은 BCP를 수립하고 정기 훈련을 실시해야 한다.

❸ 대응 단계

재난 발생 즉시 피해를 최소화하고 인명을 구조한다. 재난안전대책본부 가동, 긴급 구조, 이재민 수용, 방역 등이 이뤄진다. 기업은 피해 상황을 파악하고 정부에 신속히 신고해야 한다.

❹ 복구 단계

피해 시설을 복구하고 정상 생활로 복귀한다. 특별재난지역 선포, 복구비 지원, 세제 감면, 금융 지원 등이 제공된다. 기업은 이 단계에서 정부 지원을 적극 활용해 빠르게 회복해야 한다.

특별재난지역 선포 제도

특별재난지역은 대형 재난으로 피해를 입은 지역을 정부가 선포해 긴급 수습과 신속 복구를 지원하는 제도다. 복구 비용이 지자체 재정 능력을 초과하거나 국가적 차원의 지원이 필요할 때 대통령이 선포한다.

지정 조건의 유형 내용을 보면, 자연 재해, 태풍, 홍수, 지진, 산불 등으로 광범위한 피해가 발생하는 자연 재해와 대형 화재, 사고, 공공시설 붕괴 등 인재로 인한 대규모 피해가 발생하여 재난 타격 지역 경제 마비, 복구비용이 지자체 재정 능력 초과 등 사회 재해가 있다.

❶ IP 관련 지원 혜택

특별재난지역으로 선포되면 기업은 다양한 지원을 받는다. 특히 IP 자산 복구 관련 지원이 중요하다.

<IP 관련 직접 지원>

- **R&D 시설 복구비 국비 지원**: 연구실, 실험실, 생산 시설 복구 비용의 50~80%를 국비로 지원한다. 지자체 부담분의 상당 부분을 국가가 대신 부담해 기업의 재정 부담을 줄인다.
- **특허 출원·유지 비용 납부 기한 연장**: 재난으로 특허 출원이나 등록료 납부가 어려운 경우 지식재산처에 신청하면 기한을 연장받을 수 있다. 권리 소멸을 막는 중요한 조치다.
- **기술 개발 자금 저금리 융자**: 중소벤처기업부, 산업통상자원부 등에서 기술 개발 자금을 저금리로 융자한다. 상환 유예나 기간 연장도 가능하다.
- **기술가치평가 비용 지원**: IP 담보대출을 받으려면 기술가치평가가 필요한데, 평가 비용 일부를 지원해 자금 조달을 돕는다.
- **중소기업 기술 보증 특례**: 기술보증기금이 재난 피해 기업에 보증 한도를 확대하고 심사를 간소화한다.

<일반 지원>

- 세제 감면 및 유예(재산세, 소득세, 법인세)
- 공공요금 감면(전기, 수도, 가스 요금 3~6개월 감면)
- 긴급 복지 지원(생계비, 의료비, 주거비)
- 소상공인·농어민 저금리 융자

❷ 중복 수혜 가능 여부

동일 피해에 대한 중복 지원은 제한되지만, 주택 피해·사업체 피해·농작물 피해 등 다른 유형은 중복 수혜가 가능하다. 지자체 추가 지원과 보험금은 정부 지원과 중복 가능하나 정부 지원액은 보험금 수령액을 고려해 조정될 수 있다.

❸ 중소벤처기업부·지식재산처 긴급 지원 프로그램

특별재난지역 선포와 별도로 평시에도 활용 가능한 긴급 지원 제도가 있다.

- **중소벤처기업부**: 재난 피해 중소기업 경영안정자금(저금리 융자, 최대 30억 원), 소상공인 재난 피해 긴급경영자금(최대 2천만 원), 기술개발자금 상환 유예 및 기간 연장
- **지식재산처**: 재난 피해자 특허 출원료·등록료 감면 또는 납부 기한 연장, 지식재산 바우처 긴급 지원(특허 출원, 분쟁 대응 비용 지원), 중소기업 IP 나래 프로그램(변리사 비용 일부 지원)
- **기술보증기금·신용보증기금**: 재난특별보증 프로그램(보증 한도 확대, 심사 기간 단축), IP 담보 특별보증(기술력은 있으나 담보가 부족한 기업 지원)

❹ 지원 신청 방법과 필요 서류

재난 발생 시 지원을 받으려면 신속한 신청이 중요하다.

- 신청 절차: 피해 발생 즉시 지자체 재난안전대책본부에 피해 신고, 피해 사실 확인 및 조사(사진, 동영상, 피해 목록 제출), 지원 프로그램별 신청서 작성 및 제출, 심사 후 지원금 지급 또는 융자 실행
- 필요 서류(IP 관련 지원 신청 시): 사업자등록증, 법인등록증
- 피해 입증 자료(사진, 동영상, 감정서)
- IP 자산 목록(특허증, 특허 출원서, 기술가치평가서)
- 연구 시설·장비 피해 목록 및 견적서
- 재무제표, 사업계획서

핵심은 평소 IP 자산 목록화다. 재난 발생 후 급하게 특허증을 찾고, 연구 데이터를 증명하려 하면 늦다. 평소에 IP 자산 목록을 작성하고, 특허증·계약서·연구 노트 사본을 안전한 곳에 백업해두어야 신속히 지원을 받을 수 있다.

정부와 지자체의 위기 지원 제도는 기업이 재난에서 회복할 수 있는 중요한 안전망이다. 그러나 이 제도를 제대로 활용하려면 평소 준비가 필수다.

기업의 위기 대응 BCP와 IP 보호 전략

정부 지원은 중요하지만 수동적으로 기다려서는 안 된다. 기업 스스로 위기에 대비하는 체계를 구축해야 생존 가능성이 높아진다. 그 핵심이 BCP(Business Continuity Plan, 사업연속성 계획)와 IP 보호 전략이다.

BCP의 필수 요소

BCP는 재난이나 위기 상황에서도 사업을 지속하거나 신속히 복구하기 위한 계획이다. 대기업은 대부분 BCP를 갖추고 있지만, 중소기업은 "우리 회사엔 그런 거 필요 없다"라고 생각한다. 그러나 중소기업일수록 BCP가 절실하다. 한 번의 위기로 무너지기 때문이다.

❶ 위기 시나리오 작성

BCP의 출발점은 "만약 ~한다면?" 질문이다.

- 만약 연구실에 화재가 나면?
- 만약 주요 공급처가 끊기면?
- 만약 핵심 연구원이 퇴사하면?
- 만약 특허침해소송을 당하면?

각 시나리오별로 피해 규모, 복구 시간, 필요 자원을 예측하고 대응 절차를 문서화한다. 모든 시나리오를 다룰 수 없으므로 가장 치명적인 3~5가지에 집중한다.

❷ 핵심 자원 식별

사업 지속에 필수적인 자원을 식별한다. 인력(핵심 인재), 시설(연구실, 생산 설비), 정보(연구 데이터, 특허, 계약서), 공급망(핵심 부품 공급처)으로 나눠 목록화한다. IP 자산도 반드시 포함한다. 특허 번호, 출원 중인 기술, 영업비밀, 중요 계약서 등을 명시한다.

❸ 대체 방안 확보

핵심 자원이 손실됐을 때 대체 방안이 있어야 한다.

- 주 생산 시설이 멈추면 → 협력사 위탁 생산
- 핵심 부품 공급 중단 → 대체 공급처 또는 대체 기술
- 연구 데이터 손실 → 백업에서 복원

- 특허 무효 → 회피 설계 또는 다른 특허 활용

❹ 비상 연락망

위기 발생 시 즉시 연락할 사람과 기관을 정한다. 내부(경영진, 핵심 인력, 보안 담당), 외부(변리사, 변호사, 보험사, 주요 거래처, 투자자), 정부(지식재산처, 중소벤처기업부, 지자체 재난본부) 연락처를 문서화하고 정기적으로 업데이트한다.

❺ 정기 훈련

BCP는 문서만 만들어두면 무용지물이다. 최소 연 1회 이상 시뮬레이션 훈련을 실시한다. "오늘 오후 3시에 연구실 화재가 발생했다고 가정하고 대응하라"라는 식의 훈련으로 매뉴얼의 실효성을 점검하고 개선한다.

❻ IP 자산 백업 체계 구축

BCP의 핵심은 IP 자산 백업이다. 건물은 재건할 수 있지만 연구 데이터와 영업비밀은 복구할 수 없다. 따라서 백업은 선택이 아니라 생존 전략이다.

❼ 물리적 백업

특허증, 계약서, 연구 노트 원본은 방화·방수 금고에 보관한다. 사본을 만들어 본사와 떨어진 장소(임원 자택, 법무법인, 은행 대여금고)에 분산 보관한다. 중요 문서는 최소 2곳 이상에 백업한다. 시제품, 금형, 샘플 같은 물리적 IP 자산도 분산 보관을 고려한다. 모든 것을 한 곳에 두면 재난 시 전멸한다. 가능하면 본사, 공장, 협력사에 나눠 보관한다.

❽ 전자적 백업

연구 데이터, 설계 파일, 특허 명세서, 계약서 PDF 등 모든 전자 파일은 3중 백업이 원칙이다.

- 1차: 로컬 서버·컴퓨터(일상 업무용)
- 2차: 외장 하드·NAS(주간 백업, 사무실 내 별도 공간)
- 3차: 클라우드(매일 자동 백업, 지리적으로 분리)

클라우드는 구글 드라이브, MS OneDrive, AWS 같은 상용 서비스를 사용하되 반드시 암호화한다. 민감한 영업비밀은 추가로 암호화한 뒤 업로드한다. 클라우드 비용이 부담스러워도 IP 손실 비용에 비하면 미미하다.

❾ 지리적 분산

본사 서버와 백업 서버를 같은 건물에 두면 화재나 지진 시 함께 소실된다. 백업 서버는 최소 10km 이상 떨어진 곳에 둔다. 클라우드 서비스는 자동으로 지리적 분산이 되므로 이 문제를 해결한다.

❿ 백업 주기와 복구 테스트

중요 데이터는 매일, 일반 데이터는 주 1회 백업한다. 연구 진행 중인 데이터는 실시간 또는 하루 단위로 백업해야 손실을 최소화한다. 백업만 해두고 복구 테스트를 안 하면 막상 재난 시 '백업 파일이 손상되어 복구 불가'라는 최악의 상황이 발생한다. 최소 분기별로 백업에서 파일을 복원하는 테스트를 실시한다.

위기 발생 시 IP 보호 우선순위

재난이 발생하면 모든 것을 지킬 수 없다. 우선순위를 정해야 한다.

1순위: 특허 출원 전 기술 정보
아직 특허로 보호받지 못한 기술 정보가 가장 취약하다. 연구 노트, 실험 데이터, 시제품, 설계 초안 등은 소실되면 특허 출원이 불가능해진다. 화재나 침수 시 이것부터 대피시킨다.

2순위: 영업비밀 문서와 데이터
제조 공정, 원료 배합비, 알고리즘, 고객 명단 같은 영업비밀은 유출되거나 소실되면 되돌릴 수 없다. 암호화된 하드, USB, 중요 문서를 즉시 확보한다.

3순위: 계약서와 특허증 원본
라이선싱 계약서, 공동연구 계약서, 특허증 원본은 권리 입증 자료다. 사본으로도 대체 가능하지만 원본이 있으면 분쟁 시 유리하다.

4순위: 시설과 장비
연구 장비, 생산 설비는 교체 가능하다. 비용과 시간이 들지만 복구할 수 있다. 따라서 우선순위가 낮다. 대신 보험으로 커버한다.

재난 보험과 IP 보험의 활용

백업 체계를 갖춰도 완벽할 수 없다. 보험이 최후의 안전망이다.

❶ 재산종합 보험

건물, 설비, 재고에 대한 화재·침수·지진 보험이다. 대부분 기업이 가입하지만 보험 가입액이 충분한지 점검해야 한다. 특히 연구 장비는 고가이므로 별도 명시해 가입한다.

❷ 사이버 보험

해킹, 랜섬웨어로 데이터가 손실되거나 유출될 때 복구 비용, 법적 책임, 사업 중단 손실을 보상한다. IT 기업, 연구 중심 기업은 필수다.

❸ 특허침해소송 보험

경쟁사나 NPE로부터 특허침해소송을 당했을 때 변호사 비용, 소송 비용, 일부 손해배상금을 보상한다. 보험료가 비싸지만 스타트업이 소송으로 폐업하는 것을 막을 수 있다.

❹ 영업 중단 보험

재난으로 사업장이 폐쇄되어 매출이 중단될 때 일정 기간 고정비(인건비, 임대료)를 보상한다. 제조업, 연구 중심 기업에 유용하다.

중소기업은 모든 보험에 가입하기 어렵다. 우선순위를 정해야 한다. 최소한 재산종합 보험과 사이버 보험은 가입하고, 여유가 되면 특허침해소송 보험을 추가한다.

BCP와 IP 보호 전략은 평상시에는 쓸모없어 보이지만, 위기 시 기업을 살린다.

위기 대응 실무 체크리스트

실무에서 적용하는 단계별 체크리스트를 정기적으로 점검하면 위기 대응력이 향상된다.

평상시 준비 체크리스트

① IP 자산 관리

☐ IP 자산 목록(등록 특허, 출원 중인 특허, 영업비밀, 상표, 저작권)을 작성하고 최소 연 2회 업데이트했는가?

☐ 특허증과 계약서 원본을 방화·방수 금고에 보관하는가?

☐ 중요 문서 사본을 본사 외부(임원 자택, 법무법인, 은행 금고)에 분산 보관하는가?

☐ IP 자산 목록을 언제든 제출할 수 있도록 파일로 준비했는가?

② 데이터 백업

☐ 연구 데이터와 중요 파일을 3중 백업(로컬, 외장, 클라우드)하는가?
☐ 백업 주기를 설정하고 자동 백업이 작동하는지 확인하는가?

③ 중요 데이터: 매일 / 일반 데이터: 주 1회

☐ 클라우드 백업 파일을 암호화했는가?
☐ 최소 분기 1회 백업 파일 복구 테스트를 실시하는가?
☐ 백업 서버나 외장 하드를 본사와 다른 장소에 보관하는가?
☐ 백업 담당자를 지정하고, 백업 성공/실패 로그를 정기적으로 모니터링하는가?

④ BCP 구축

☐ 핵심 위기 시나리오(3~5가지)를 작성했는가?
☐ 각 시나리오별 대응 매뉴얼이 문서화되어 있는가?
☐ 위기 발생 시 IP 보호 담당자를 지정했는가?
☐ 비상 연락망(내부, 외부 전문가, 정부 기관)을 최신 상태로 유지하는가?
☐ 연 1회 이상 위기 대응 시뮬레이션 훈련을 실시하는가?

⑤ 보험 가입

☐ 재산종합보험(화재, 침수, 지진)에 가입했는가?
☐ 보험 가입액이 연구 장비와 시설 가치를 충분히 커버하는가?
☐ 사이버 보험에 가입했는가? (IT 기업, 연구 중심 기업)
☐ 영업 중단 보험 가입을 검토했는가?
☐ 특허침해소송 보험 가입을 검토했는가? (여유 있는 경우)

⑥ 정부 지원 제도 파악

☐ 특별재난지역 선포 시 받을 수 있는 지원 내용을 파악했는가?
☐ 지식재산처, 중소벤처기업부의 긴급 지원 프로그램을 알고 있는가?
☐ 기술보증기금, 신용보증기금의 재난 특별보증 제도를 확인했는가?

위기 발생 시 즉시 조치 체크리스트

① 초기 대응 (발생 후 24시간 이내)
☐ 인명 안전 확보를 최우선으로 했는가?
☐ 피해 상황을 신속히 파악했는가?
  - IP 자산 피해: 연구실, 데이터, 시제품, 문서
  - 시설 피해: 건물, 설비, 재고
☐ 피해 현장 사진과 동영상을 촬영해 증거를 확보했는가?
☐ 피해 목록을 작성했는가? (IP 자산 포함)
☐ 지자체 재난안전대책본부에 피해를 신고했는가?

② IP 자산 긴급 보호
☐ 특허 출원 전 기술 정보(연구노트, 실험 데이터, 시제품)를 우선 확보했는가?
☐ 영업비밀 문서와 데이터를 안전한 곳으로 이동했는가?
☐ 백업 시스템에서 데이터 복구가 가능한지 확인했는가?
☐ 손상된 서버나 저장장치를 전문 업체에 복구 의뢰했는가?

③ 정부 지원 신청 (발생 후 1주일 이내)
☐ 특별재난지역 선포 여부를 확인했는가?
☐ 지식재산처에 특허 출원·등록료 납부 기한 연장을 신청했는가?
☐ 중소벤처기업부에 긴급경영안정자금을 신청했는가?
☐ 기술보증기금에 재난특별보증을 신청했는가?
☐ 지자체에 복구비 지원을 신청했는가?

④ 외부 전문가 자문
☐ 변리사에게 연락해 특허 관련 긴급 조치를 상의했는가?
☐ 변호사에게 연락해 법적 권리 보호 방안을 상의했는가?
☐ 보험사에게 연락해 보험금 청구 절차를 시작했는가?
☐ 주요 거래처와 투자자에게 상황을 통보했는가?

복구 단계 체크리스트

① 단기 복구(1~3개월)
☐ 정부 지원금과 보험금으로 R&D 시설을 복구하고 있는가?
☐ 손실된 연구 데이터를 백업에서 복원했는가?
☐ 복원 불가능한 데이터에 대해 재연구 계획을 수립했는가?
☐ 특허 출원이 지연된 기술에 대해 신속히 출원을 진행하는가?
☐ 임시 사무실이나 연구 공간을 확보해 사업을 재개했는가?

② 공급망 및 사업 연속성
☐ 공급망이 차단된 경우 대체 공급처를 확보했는가?
☐ 협력사 위탁 생산이나 공동 연구로 사업을 지속하는가?
☐ 고객에게 복구 일정과 공급 재개 시점을 통보했는가?
☐ IP 라이선싱이나 기술이전으로 긴급 자금을 확보할 수 있는가?

③ 재발 방지 체계 구축
☐ 이번 위기의 원인을 분석하고 문서화했는가?
☐ 백업 체계의 취약점을 파악하고 개선했는가?
☐ BCP 매뉴얼을 실제 경험을 바탕으로 업데이트했는가?
☐ 직원들에게 위기 대응 교육을 실시했는가?
☐ 보험 가입 내역을 재점검하고 부족한 부분을 보완했는가?

④ 장기 회복(6개월~1년)
☐ 시설과 장비를 완전히 복구했는가?
☐ 손실된 IP를 재구축하고 특허 출원을 완료했는가?
☐ 고객과 투자자의 신뢰를 회복했는가?
☐ 재무 건전성을 회복하고 정상 운영 궤도에 올랐는가?
☐ 위기 대응 경험을 조직 문화로 정착시켰는가?

※ 체크리스트 활용 팁

① 정기 점검
평시 체크리스트는 최소 반기 1회, 가능하면 분기 1회 점검한다. 점검일을 달력에 표시하고 담당자를 지정한다.

② 문서화
체크리스트를 종이와 파일로 모두 준비한다. 위기 시 전산 시스템이 마비될 수 있으므로 종이 사본도 필요하다.

③ 책임자 지정
각 항목별로 책임자를 정해 "누가 확인하고 실행하는가"를 명확히 한다.

④ 훈련 연계
체크리스트를 위기 대응 훈련 시나리오에 포함시킨다. 실제로 체크리스트대로 움직여 보며 실효성을 검증한다.

⑤ 맞춤화
이 체크리스트는 일반적 항목이다. 업종, 규모, 보유 IP 특성에 맞춰 항목을 추가하거나 삭제한다.

위기는 언제든 올 수 있지만, 준비된 기업은 살아남는다. 이 체크리스트를 오늘부터 실천하라. 그것이 내일의 생존을 보장한다.

21장

레질리언스와 IP 전략
Resilience and IP Strategy

:: 레질리언스의 정의와 발전

국내외 연구자의 시각에 따라 상이한 개념과 용어로 사용되고 있는 레질리언스(Resilience)라는 단어는 다양한 학문 분야에서 활용되고 있다.

레질리언스의 기원과 확산

1670년대 물리학자인 R.Hooke가 발표한 탄성법칙을 기원으로, 재료공학과 기계공학 분야에서는 재료의 탄성, 즉 복원 범위 내에서 받은 충격 에너지를 흡수할 수 있는 능력을 이야기하는 것이다. 이 외에도 수많은 연구자가 일부 유사한 개념을 이용하여 지리학, 환경학, 경제학, 경영학, 의학 등 인문·사회·철학 및 공학 분야의 대부분 학문을 넘나들며 사용되고 있다.

레질리언스는 복원, 즉 되돌아가려는(Bounce back) 것이라는 회복된다는 의미를 지닌 라틴어(resilire)에 어원이 있다. 물리학자와 선행연구자들에 의해 처음 사용된 레질리언스의 개념은 탄성을 지닌 물질의 특성을 설명하는 것으로서, 외적인 충격으로부터 탄성 물질의 안정성을 기술하는데 이용되어 왔다.

최근 레질리언스 용어는 공학, 자연과학, 연성과학뿐만 아니라 심리학과 뇌신경, 정신질환, 사회 커뮤니티 개발, 재난안전 대응에 이르기까지 포괄적으로 사용되고 있다.

방재 분야로의 확장

레질리언스 개념이 방재 분야에 처음 사용된 것은 1981년 Timmerman에 의해서이며, '재해 발생을 흡수하고 복구할 수 있는 능력'으로 정의하고 있다. 전 세계 많은 학자와 정부기관, 기업 등에서 연구 목적과 대상에 따라 레질리언스를 다양하게 정의하고 있다.

레질리언스 개념이 본격적으로 주목받은 것은 2001년 9월 11일 미국 뉴욕 세계무역센터(WTC) 쌍둥이 빌딩과 워싱턴 국방부 건물에 동시다발적으로 발생한 911 사태를 계기로 방재 분야에 레질리언스 개념 및 정책이 도입되었다.

초기에는 예상치 못한 911 사태와 같은 테러로 인한 인적 재난에 초점을 두었으나, 2005년 8월 29일 허리케인 '카트리나'가 해수면보다 지대가 낮은 뉴올리언스를 강타하면서 사망·실종 등 4541명의 인명 피해가 발생하였다. 이를 계기로 레질리언스 개념이 자연재해 분야까지 포괄적으로 적용되기 시작하였다.

한국에서의 레질리언스

우리나라에서는 레질리언스 용어에 대해 합의된 정의가 없는 상태에서 새로운 개념으로 적용하여 여러 분야에서 연구가 활발히 이루어지고 있다. 한국방재학회지 〈기후변화와 레질리언스 평가〉 저자인 정주철·배경완은 'Resilience란 무엇인가?'의 연구 질문을 통하여 레질리언스는 다양한 분야에서 각각 비슷하지만 서로 다른 의미로 사용되는 용어이고, 사전적 의미는 회복력, 탄력성을 뜻한다고 설명하였다.

현재 우리나라의 경우 정립된 개념과 정의가 없으며, 분야마다 다양한 관점에서 정의되고는 있으나 레질리언스를 표현하는 한글 단어는 다음과 같이 사용된다

> · 복원력   · 회복력   · 탄력성   · 도시 방재력

이와 같이 레질리언스는 모든 학문 분야를 망라하여 적용할 수 있는 보편 타당하게 번역되어 활용하는 용어는 없지만, 현재까지 연구자들의 공통적 의미는 원래의 위치로 복원·복구·회복되는(Bounce Back) 능력이라고 볼 수 있다.

기업 경영에서의 회복 탄력성

최근에는 기업의 리스크 분석과 공급망 관리 분야에서 회복탄력성이라는 의미로 각종 예측할 수 없는 위기에 대한 충격과 피해 영향을 최소화시키기 위하여 사건 사고를 신속하고 효과적으로 감지(Detection)하고, 예방(Prevention)하며, 대응(Response)함으로써 시스템의 최적화 방안을 제시하기도 한다.

안전 분야의 세 가지 레질리언스
안전 분야의 레질리언스는 세 가지 분야로 구분된다

❶ 사람 중심의 레질리언스(Human Resilience)

인적 레질리언스는 사람이 트라우마나 스트레스로부터 극복, 회복하는 과정이라고 미국의 심리학회에서 주장하고 있다. 조직 구성원 개개인이 예측 불가능한 위기 상황에서 심리적 안정을 유지하고, 빠르게 적응하며, 본래의 업무 능력을 회복하는 능력을 의미한다.

❷ 복원·복구 중심의 커뮤니티 레질리언스(Community Resilience)

커뮤니티 레질리언스는 자연재난의 피해를 극복 및 회복할 수 있는 요소, 사회적 기반시설, 재난관리를 위한 제도, 인적·물적 자원 등을 연구개발하고 이에 대해 예방·대비·대응·복구의 개념을 적용하는 분야이다.

자연재난이 많은 일본에서는 커뮤니티 레질리언스를 「국토강인화 기본법」으로 제정하고 국토강인화 계획을 국정과제로 추진하고 있다. 커뮤니티 레질리언스는 도시나 공동체가 지진·홍수·테러·기상이변 등의 재난을 어떻게 견디어 내고 그 후에 생명력과 활기를 얼마나 회복하는가를 말하는 것이다.

❸ 예측 불가능한 상황에서 정상 기능을 할 수 있는 대비 중심의 시스템 레질리언스

시스템 레질리언스는 기존의 안전 관점과 다른 접근을 제시한다. 기존의 안전 관점은 "넌 아프지마! 아프면 안 돼"라고 하는 것이다. 뭔가 안 좋은 일을 해서 병에 걸리게 된다면 그 말이 맞다. 하지만 아직 걸려본 적도 없는 것들을 포함하여 수백여 가지의 병 원인을 따로 파악하고 그것을 모두 피하는 일은 할 수 없다.

병을 멀리한다는 말은 실제 행동을 말하는 표현이 아니고 결과적인 표현이라 할 수 있다.

건강한 몸 상태를 유지해야만 병에 걸리지 않는다. 따라서 시스템이 위험 요소를 잘 파악하고 자신을 관리해 나갈 수 있다면 사고는 거의 예방된다는 것을 레질리언스라 말하는 것이다.

기업 경영에서의 레질리언스 적용

레질리언스는 회복력, 탄성, 복원력을 매개로 예측할 수 없는 위기에 대한 충격과 만성적이거나 갑작스럽게 닥친 어려움, 역경을 하나의 기회로 재도전하여 본래의 위치로 회복시켜 돌아오는 것을 말한다.

창업은 누구나 장밋빛 그림을 그리며 성공을 꿈꾸며 시작한다. 기업의 영원한 숙제는 어제도, 오늘도, 내일도 지속 가능한 성장 발전이다. 그러나 현실은 예측 불가능한 위기의 연속이다. 팬데믹, 공급망 붕괴, 기술 급변, 규제 강화, 경쟁 심화 등 기업을 둘러싼 환경은 날로 복잡해지고 있다.

이러한 상황에서 레질리언스는 문제의 상황을 긍정적인 사고로 자신감과 다양한 사회적, 정서적, 심리적으로 안정된 상태로 회복하여 성장할 수 있도록 개인과 조직은 물론 사회 각 분야에서 반드시 필요한 역량이 되었다.

오늘을 살아가는 기성 세대는 물론 MZ 세대가 두려움 없이 창업이나 재도전할 수 있도록 위기를 기회로 전환하는 회복탄력성을 갖추는 것이 무엇보다 중요하다.

지식재산(IP) 기반 리스크 관리

기업의 레질리언스를 논할 때 지식재산은 단순히 보호해야 할 자산이 아니라 위기 상황에서 기업을 지켜주는 전략적 방어 수단이자 회복의 핵심 자원이다. IP 기반 리스크 관리는 예측 불가능한 위기 상황에서 기업이 지식재산을 어떻게 보호하고, 활용하며, 이를 통해 신속하게 회복할 수 있는가를 다룬다. IP 자산이 직면하는 위기 유형현대 기업이 직면하는 IP 관련 위기는 크게 네 가지로 분류된다.

첫째, 물리적 재난에 의한 IP 손실이다. 화재, 지진, 홍수 같은 자연재해나 전쟁, 테러 등으로 연구시설이 파괴되면 연구 데이터, 시제품, 연구 노트 등 특허화되지 않은 귀중한 기술 정보가 영구 손실될 수 있다. 특히 영업비밀로 관리되던 제조 공정, 설계 도면, 원료 배합 비율 등이 소실되면 특허로 보호받지 못하는 만큼 복구가 불가능하다.

둘째, 공급망 붕괴에 따른 IP 접근 제한이다. 팬데믹, 지정학적 갈등, 무역 분쟁 등으로 핵심 부품이나 원자재 공급이 중단되면 해당 기술에 의존하는 제품 생산이 멈춘다. 특히 특정 국가나 기업이 독점하는 특허 기술에 의존하는 경우 공급망 차단은 곧 사업 중단을 의미한다.

셋째, 사이버 공격과 기술유출이다. 해킹, 랜섬웨어, 내부자 범죄를 통해 영업비밀이 유출되면 경쟁우위가 순식간에 사라진다. 특허는 공개되므로 보호받지만, 영업비밀은 한 번 유출되면 되돌릴 수 없다. 특히 스타트업과 중소기업은 보안 인프라가 취약해 피해가 크다.

넷째, 특허 분쟁과 소송 위기다. 경쟁사의 특허침해소송, 특허괴물(NPE)의 공격, 특허무효심판 등은 기업의 자금과 시간을 소진시킨다. 패소하면 시장 퇴출까지 이어질 수 있다.

IP 기반 위기 대응 전략

위기에 대응하기 위한 IP 기반 레질리언스 전략은 다음과 같다.

❶ 자산의 다층 백업 체계 구축

중요한 기술 정보, 연구 데이터, 특허 명세서, 계약서 등은 물리적·지리적으로 분산된 위치에 백업해야 한다. 클라우드 저장소, 원격지 서버, 오프라인 보관함 등 최소 3중 백업을 유지한다. 재난 발생 시 신속히 복구할 수 있도록 정기적인 복구 훈련도 필요하다.

❷ 특허 포트폴리오의 전략적 다변화

단일 특허나 기술에 의존하지 않고, 관련 기술 전반에 걸쳐 특허 포트폴리오를 구축한다. 핵심 기술에 대해서는 대체 기술, 회피 설계, 개량 발명을 함께 확보해 한 특허가 무효되거나 침해당해도 사업을 지속할 수 있도록 한다. 또한 주요 시장별로 특허를 등록해 지역적 리스크를 분산한다.

❸ 크로스 라이선싱과 특허 풀 참여

경쟁사와 상호 특허 실시권을 교환하는 크로스 라이선싱(Cross Licensing)은 특허 분쟁 위험을 줄이고, 공급망 차단 시 대체 기술을 확보하는 수단이 된다. 특허 풀(Patent Pool)에 참여하면 산업 표준 특허에 안정적으로 접근할 수 있어 기술 고립 위험을 피할 수 있다.

❹ 영업비밀 보호 시스템 강화

물리적 보안(출입 통제, CCTV, 금고), 전자적 보안(암호화, 접근 권한 관리, 로그 모니터링), 법적 보안(비밀유지계약, 경업금지약정, 퇴직자 관리)을 종합적으로 운영한다. 특히 핵심 기술 정보는 필요 최소 인원만 접근하도록 하고, 정보를 분산 관리해 한 사람이 전체를 알 수 없게 한다.

❺ IP 보험과 금융 수단 활용

특허침해소송 대응 비용을 보장하는 특허 보험, 사이버 공격으로 인한 영업비밀 유출을 보상하는 사이버 보험에 가입한다. IP 담보대출을 통해 위기 시 긴급 자금을 확보할 수 있는 채널을 미리 마련한다. 특허 가치평가를 정기적으로 받아 금융 활용 가능성을 점검한다.

❻ 사업연속성계획(BCP)에 IP 보호 포함

기업의 BCP(Business Continuity Plan)에 IP 자산 보호 절차를 명시한다. 재난 발생 시 누가, 무엇을, 어떻게 보호하고 복구할지 명확한 매뉴얼을 만든다. 예를 들어 화재 발생 시 연구 노트와 시제품을 우선 대피시키는 절차, 사이버 공격 시 서버를 즉시 격리하는 프로토콜 등을 사전에 정한다.

IP 레질리언스의 실천 원칙

IP 기반 리스크 관리의 핵심은 '감지-예방-대응-회복'의 사이클을 끊임없이 순환시키는 것이다.

- **감지(Detection)**: 위협 신호를 조기에 포착한다. 경쟁사의 특허 출원 동향, 사이버 공격 징후, 내부자 이상 행동, 공급망 불안정 신호 등을 모니터링한다.
- **예방(Prevention)**: 위험 요소를 사전에 제거한다. 특허 출원 전 선행기술 조사, 보안 시스템 강화, 직원 교육, 공급처 다변화 등을 실시한다.
- **대응(Response)**: 위기 발생 시 신속히 대응한다. 특허침해소송 제기, 긴급 회피 설계, 데이터 복구, 대체 공급처 확보 등 즉각 조치를 취한다.
- **회복(Recovery)**: 정상 상태로 복원한다. 손실된 기술 정보 재구축, 특허 재출원, 시장 신뢰 회복, 재발 방지 체계 구축 등을 통해 이전보다 강한 시스템을 만든다.

글로벌 공급망과 BCP 사례

글로벌 기업들은 IP를 활용한 레질리언스 전략으로 수많은 위기를 극복해왔다. 대표적 사례를 통해 실전 교훈을 얻을 수 있다.

사례 1 반도체 공급망 위기와 삼성전자의 특허 전략

2020~2023년 팬데믹과 미중 갈등으로 반도체 공급망이 붕괴되면서 자동차, 전자제품 생산이 마비되었다. 삼성전자는 수만 건의 반도체 특허 포트폴리오를 보유하고 있었기에 공급 부족 상황에서도 주요 고객사와 크로스 라이선싱 협상력을 유지했다. 또한 파운드리(위탁 생산) 기술 특허를 기반으로 미국, 유럽에 신규 공장을 설립해 지정학적 리스크를 분산했다. 특허가 없었다면 생산 설비만으로는 글로벌 공급망 재편에서 주도권을 잡을 수 없었을 것이다.

- **교훈**: 핵심 기술 특허는 공급망 협상의 지렛대이자 새로운 지역 진출의 티켓이다.

사례 2 화이자와 모더나의 백신 특허와 긴급 대응

코로나19 팬데믹 초기, mRNA 백신 기술을 보유한 화이자와 모더나는 수십 년간 축적한 특허 포트폴리오 덕분에 신속한 백신 개발이 가능했다. 이들은 평소 기초연구 특허를 꾸준히 확보하고, 제조 공정 개선 특허도 병행 출원해왔다. 위기 상황에서 이 특허들이 대량 생산의 법적·기술적 기반이 되었다. 반면 특허 없이 모방하려던 일부 국가들은 품질 문제와 법적 분쟁에 시달렸다.

- **교훈**: 평시의 IP 투자가 위기 시 생사를 가른다. 기초 특허와 응용 특허를 함께 확보해야 신속한 대응이 가능하다.

사례 3 도요타의 사업연속성계획(BCP)과 IP 관리

2011년 동일본 대지진으로 도요타의 주요 부품 공급망이 끊겼다. 그러나 도요타는 사전에 구축한 BCP 덕분에 6개월 만에 생산을 정상화했다. 핵심은 부품별 대체 공급처를 확보하고, 각 공급처와 기술 라이선싱 계약을 맺어둔 것이다. 또한 주요 부품 제조 기술에 대한 특허를 직접 보유하거나 공동 소유해 긴급 시 다른 업체에 생산을 위탁할 수 있는 법적 권리를 확보했다.

- **교훈**: BCP는 물리적 대비만이 아니라 IP 권리 확보를 포함해야 실효성이 있다.

사례 4 애플의 공급망 다변화와 특허 방어

애플은 중국 집중 생산의 리스크를 인식하고 인도, 베트남으로 공급망을 다변화했다. 이 과정에서 핵심 부품 설계 특허와 제조 공정 특허를 애플이 직접 소유하거나 독점 실시권을 확보해 새로운 지역으로 생산을 이전할 때 협력사를 쉽게 전환할 수 있었다. 만약 특정 협력사가 특허를 독점했다면 공급망 전환이 불가능했을 것이다.

- 교훈: 공급망 레질리언스는 물리적 분산뿐 아니라 IP 권리의 전략적 배분이 핵심이다.

사례 5 국내 중소기업의 실패 사례(백업 부재)

한국의 한 바이오 스타트업은 신약 후보물질 연구 데이터를 단일 서버에만 보관하다가 랜섬웨어 공격으로 모든 데이터를 잃었다. 특허 출원 전이었고 백업도 없어 수년간의 연구가 무용지물이 되었다. 결국 회사는 폐업했다. IP 자산의 백업과 보안에 투자하지 않은 대가였다.

- 교훈: 중소기업일수록 IP 보호에 더 민감해야 한다. 한 번의 사고가 회사 존폐를 결정한다.

한국 기업을 위한 실천 가이드

글로벌 사례에서 도출한 한국 기업의 IP 레질리언스 실천 방안은 다음과 같다.

1단계 IP 자산 목록화 및 중요도 평가

회사가 보유한 모든 IP(특허, 영업비밀, 상표, 저작권 등)를 목록화하고, 사업 기여도에 따라 등급을 매긴다. 핵심 IP는 집중 관리하고, 부수적 IP는 라이선싱이나 매각을 고려한다.

2단계 위협 시나리오 작성

"만약 핵심 특허가 무효된다면?", "만약 주요 공급처가 끊긴다면?", "만약 연구 데이터가 유출된다면?" 같은 시나리오를 작성하고, 각 상황의 영향과 대응 방안을 사전에 준비한다.

3단계 백업 및 보안 시스템 구축

물리적·전자적·법적 보호 수단을 종합적으로 운영한다. 특히 클라우드 백업, 암호화, 접근 권한 관리는 필수다.

4단계 대체 기술 및 공급망 확보

핵심 기술에 대한 회피 설계를 연구하고, 주요 부품의 대체 공급처를 확보한다. 가능하면 크로스 라이선싱 파트너를 만든다.

5단계 정기적 점검 및 훈련

매년 IP 리스크 점검을 실시하고, 위기 대응 시뮬레이션을 한다. BCP 매뉴얼을 업데이트하고, 직원 교육을 반복한다.

IP 기반 레질리언스는 선택이 아니라 생존 전략이다. 위기는 예고 없이 찾아오지만, 준비된 기업만이 회복할 수 있다. 특허와 영업비밀을 단순히 법적 권리로만 보지 말고, 위기 시 기업을 지켜주는 방패이자 회복의 발판으로 인식해야 한다.

22장

기업의 레질리언스와 지속 가능 경영
Corporate Resilience and Sustainability

ESG와 레질리언스의 접점

21세기 기업 경영의 화두는 ESG(Environmental, Social, Governance)와 레질리언스다. 언뜻 별개로 보이는 이 두 개념은 실제로 깊이 연결되어 있다. ESG는 기업이 환경, 사회, 지배구조 측면에서 지속 가능한 방식으로 운영되어야 한다는 규범적 요구이고, 레질리언스는 예측 불가능한 위기 상황에서 기업이 생존하고 회복하는 실질적 능력이다. 두 가지가 만나는 지점에서 진정한 지속가능 경영이 완성된다.

ESG가 레질리언스를 강화하는 이유

첫째, 환경(E) 리스크 관리가 사업 연속성을 보장한다. 기후위기로 인한 자연재해가 빈발하면서 환경 리스크는 더 이상 먼 미래의 문제가 아니다. 탄소중립 기술, 재생에너지 전환, 순환경제 시스템을 구축한 기업은 환경 규제 강화에도 유연하게 대응하고, 에너지 가격 폭등이나 공급 불안에도 타격이 적다. 친환경 기술 특허를 확보한 기업은 새로운 규제가 오히려 경쟁 우위 요인이 된다.

둘째, 사회(S) 가치 실현이 인적 레질리언스를 높인다. 직원의 안전과 건강, 공정한 노동 환경, 지역사회와의 상생은 조직 구성원의 심리적 안정과 몰입도를 높인다. 위기 상황에서 직원들이 회사를 지키려는 의지는 ESG 실천 수준에 비례한다. 산업재해 예방, 직장 내 괴롭힘 근절, 다양성 존중은 단순한 윤리적 의무를 넘어 조직 회복탄력성의 기반이다.

셋째, 지배구조(G) 투명성이 위기 대응력을 결정한다. 투명한 의사결정 구조, 리스크 관리 체계, 내부통제 시스템을 갖춘 기업은 위기 징후를 조기에 포착하고 신속하게 대응한다. 반대로 불투명한 지배구조는 위기를 키우고 회복을 지연시킨다. 이사회의 독립성, 감사 체계의 실효성, 내부고발 보호 제도는 모두 레질리언스의 핵심 요소다.

IP 전략과 ESG의 통합

지식재산 전략도 ESG 관점에서 재설계되어야 한다.

❶ 환경(E) 측면

친환경 기술 특허 확보가 필수다. 탄소 저감 공정, 재생 원료 활용, 폐기물 재활용, 에너지 효율 개선 기술 등에 대한 특허는 규제 대응력뿐 아니라 새로운 시장 개척 수단이 된다. 유럽연합의 탄소국경조정제도(CBAM), 미국의 인플레이션 감축법(IRA)처럼 환경 규제가 무역 장벽이 되는 시대에 친환경 특허는 수출 경쟁력을 좌우한다.

❷ 사회(S) 측면

기술접근성과 공정성을 고려한 IP 전략이 필요하다. 예를 들어 생명을 구하는 의약품 특허는 과도한 독점보다 적정 가격 공급과 병행해야 사회적 비난을 피할 수 있다. 개도국에 대한 자발적 라이선싱, 필수 의약품에 대한 특허 풀 참여 등은 기업의 사회적 책임이자 장기적 평판 관리 전략이다. 또한 중소기업과의 기술 협력, 대학 연구 지원 등도 IP 기반 사회적 가치 창출에 해당한다.

❸ 지배구조(G) 측면

IP 관리의 투명성과 윤리성을 확보해야 한다. 특허 분쟁을 무기화하는 공격적 소송, 경쟁사 기술유출, 직무발명 보상 회피 같은 비윤리적 IP 관행은 단기적 이익을 가져올지 몰라도 장기적으로 기업 신뢰를 훼손한다. 공정한 직무발명 보상 체계, 투명한 기술이전 절차, 윤리적 특허 소송 원칙을 정립해야 한다.

레질리언스와 ESG의 선순환

ESG를 잘 실천하는 기업은 레질리언스가 높고, 레질리언스가 높은 기업은 ESG 위기에도 잘 대응한다. 이 선순환을 만드는 것이 지속 가능 경영의 핵심이다.

예를 들어 탄소중립 기술 특허를 보유한 기업은 환경 규제 강화라는 위기를 기회로 전환한다(E+Resilience). 공정한 노동 환경을 제공하는 기업은 팬데믹 같은 위기에서도 직원 이탈이 적고 빠르게 회복한다(S+Resilience). 투명한 지배구조를 갖춘 기업은 분쟁이나 스캔들 발생 시 신속히 해결하고 신뢰를 회복한다(G+Resilience).

산업별 적용 전략

레질리언스와 ESG 통합 전략은 산업 특성에 따라 달라진다. 주요 산업별 적용 방안을 살펴본다.

❶ 제조업: 탄소중립과 공급망 레질리언스

제조업은 탄소 배출 규제의 직접적 대상이다. 철강, 화학, 시멘트 같은 탄소 다배출 업종은 공정 혁신 특허 확보가 생존 문제다. 수소환원제철, 이산화탄소 포집·활용·저장(CCUS) 기술, 전기로 전환 기술 등에 대한 특허를 선점해야 한다.

동시에 공급망 다변화가 필수다. 특정 국가나 공급처에 의존하는 원자재, 부품에 대해 대체 공급망을 확보하고, 주요 부품 제조 기술 특허를 직접 보유하거나 라이선싱 받아야 한다. 친환경 원료 조달, 재활용 소재 활용 기술도 IP 포트폴리오에 포함시킨다.

❷ IT·전자: 데이터 보안과 AI 윤리

IT 기업은 사이버 보안이 레질리언스의 핵심이다. 고객 데이터 유출, 랜섬웨어 공격, 시스템 마비는 신뢰 붕괴로 이어진다. 암호화 기술, 블록체인 기반 보안, 제로트러스트 아키텍처 등 보안 관련 특허를 확보하고, 정기적인 모의 해킹과 복구 훈련을 실시한다.

AI 시대에는 알고리즘의 편향성, 개인정보 오남용, 딥페이크 악용 같은 윤리 문제가 ESG 리스크가 된다. 공정한 AI 알고리즘 설계, 설명 가능한 AI(XAI) 기술, 개인정보 비식별화 기술 등에 투자하고 관련 특허를 확보해야 한다.

❸ 바이오·제약: 접근성과 안전성

제약업은 생명과 직결되므로 ESG 책임이 막중하다. 신약 특허로 막대한 수익을 올리면서도 개도국 환자들이 접근할 수 없다면 사회적 비난을 받는다. 차등 가격제, 자발적 라이선싱, 특허 풀 참여 등으로 접근성을 높여야 한다.

임상시험 윤리, 동물 실험 최소화, 바이오 안전 관리도 중요하다. 유전자 편집, 줄기세포 같은 첨단 바이오 기술은 윤리 논란에 휘말릴 수 있으므로 기술 개발과 함께 윤리 가이드라인을 확립하고 투명하게 공개해야 한다.

❹ 에너지: 재생에너지 전환과 정의로운 전환

에너지 산업은 탈탄소 전환의 중심이다. 태양광, 풍력, 수소, 원자력(SMR) 같은 청정에너지 기술 특허 확보가 필수다. 에너지 저장(ESS), 스마트그리드, 전력망 안정화 기술도 중요하다.

동시에 화석연료 의존 지역의 노동자와 지역사회에 대한 정의로운 전환(Just Transition)이 필요하다. 재교육 프로그램, 새로운 일자리 창출, 지역 경제 지원 등 사회적 책임을 다해야 반발을 최소화하고 전환을 성공시킬 수 있다.

❺ 금융: ESG 투자와 리스크 평가

금융 기관은 ESG 평가 기준으로 투자와 대출을 결정한다. 기업의 ESG 성과와 레질리언스 수준은 신용등급, 대출 금리, 투자 유치에 직접 영향을 미친다. 따라서 기업은 ESG 정보를 투명하게 공개하고, 레질리언스 역량을 객관적으로 입증해야 한다.

IP 자산도 ESG 관점에서 평가받는다. 친환경 특허 비율, 사회적 가치 기술 비중, IP 관리의 윤리성 등이 평가 항목에 포함된다. 기술가치평가 시 ESG 요소를 반영하는 추세가 강화되고 있다.

실무 활용 체크리스트

기업이 레질리언스와 ESG를 통합한 지속 가능 경영을 실천하기 위한 체크리스트를 제시한다.

① 환경(E) 체크리스트
- ☐ 탄소 배출량을 측정하고 감축 목표를 설정했는가?
- ☐ 탄소 저감 기술, 에너지 효율 개선 기술에 대한 특허를 확보했는가?

☐ 재생에너지 사용 비율을 높이고 있는가?
☐ 순환경제 원칙(재사용, 재활용, 재제조)을 적용하고 있는가?
☐ 환경 관련 규제 변화를 모니터링하고 대응 계획을 수립했는가?
☐ 기후 리스크(자연재해, 공급망 차질)에 대한 BCP를 마련했는가?

② **사회(S) 체크리스트**
☐ 산업재해 예방 시스템이 작동하고 있는가?
☐ 직장 내 괴롭힘, 성희롱 방지 체계가 실효성 있게 운영되는가?
☐ 공정한 직무발명 보상 제도를 운영하는가?
☐ 협력사와 공정한 기술 거래 및 상생 협력을 실천하는가?
☐ 지역사회 기여 활동(교육, 일자리 창출, 기술 지원)을 하고 있는가?
☐ 기술접근성을 고려한 라이선싱 정책을 갖고 있는가?

③ **지배구조(G) 체크리스트**
☐ 이사회에 독립성과 전문성이 확보되어 있는가?
☐ 리스크 관리 체계가 명확하고 정기적으로 점검되는가?
☐ 내부 고발자 보호 제도가 실질적으로 작동하는가?
☐ IP 관리의 투명성(출원 현황, 라이선싱 계약, 분쟁 내역)이 확보되어 있는가?
☐ 윤리적 특허 소송 원칙(방어적 소송, 합리적 협상)을 갖고 있는가?
☐ 기술유출 방지 체계가 충분한가?

④ **레질리언스 체크리스트**
☐ 핵심 IP 자산 목록과 중요도 평가가 최신화되어 있는가?
☐ IP 백업 시스템(물리적, 전자적, 지리적 분산)이 작동하는가?
☐ 위기 시나리오별 대응 매뉴얼이 마련되어 있는가?
☐ 대체 기술, 대체 공급처를 확보하고 있는가?
☐ 크로스 라이선싱, 특허 풀 등 협력 네트워크가 구축되어 있는가?
☐ 정기적인 위기 대응 훈련과 시뮬레이션을 실시하는가?

☐ IP 보험, 사이버 보험에 가입했는가?
☐ 특허 무효 위험, 침해 소송 위험을 정기적으로 점검하는가?

⑤ 통합 실행 체크리스트
☐ ESG 목표와 레질리언스 전략이 통합되어 있는가?
☐ ESG 성과를 정기적으로 측정하고 공개하는가?
☐ 임직원 ESG 교육과 레질리언스 훈련을 병행하는가?
☐ 공급망 파트너의 ESG 수준을 평가하고 개선을 요구하는가?
☐ IP 전략에 ESG 관점(친환경 특허, 사회적 가치 기술, 윤리적 관리)이 반영되어 있는가?

지속 가능한 미래를 위한 IP 전략

레질리언스와 ESG 그리고 IP 전략의 통합은 21세기 기업 생존의 필수 조건이다. 기후위기, 팬데믹, 공급망 붕괴, 지정학적 갈등이 상시화된 시대에, 단기 이익만 추구하는 기업은 언젠가 무너진다. 반면 환경을 생각하고, 사회적 책임을 다하며, 투명하게 운영되고, 위기에 강한 기업은 지속 가능하다.

IP는 이 모든 것의 중심에 있다. 친환경 기술 특허는 환경 위기의 해법이고, 공정한 기술 거래는 사회적 가치 실현이며, 투명한 IP 관리는 신뢰의 기반이고, 전략적 IP 포트폴리오는 위기 대응의 무기다.

창업을 꿈꾸는 이들이나 기존 기업을 운영하는 이들 모두 레질리언스를 기본으로 문제 상황을 긍정적 사고로 전환하고, 자신감과 다양한 사회적·정서적·심리적으로 안정된 상태로 회복하여 성장할 수 있어야 한다. 이 책이 그 여정의 길잡이가 되기를 바란다.

부록

학위 논문은 과학이다

Next Innovation

학위 논문은 과학이다

학위 논문은 단순한 글쓰기가 아니라 체계적 연구를 통해 새로운 지식을 창출하는 과정이므로 과학이라 할 수 있다. 논문은 '문제 제기 → 가설 설정 → 연구 설계 → 데이터 수집과 분석 → 결론 도출'이라는 과학적 탐구 절차를 따른다. 이 과정에서 연구자는 객관적 증거를 바탕으로 논리를 전개하며, 검증 가능성과 재현성을 확보해야 한다. 또한 기존 지식과의 연계 속에서 새로운 해석을 제시하고, 학문 공동체의 비판과 토론을 통해 수정·발전된다. 따라서 학위 논문은 단순히 학문적 성취의 증표가 아니라 과학적 탐구 정신을 실천하는 결과물이며, 연구자의 독창성과 학문적 기여를 입증하는 가장 중요한 산물이다.

학사학위(Bachelor's Degree)

학사학위는 대학에서 학부생을 대상으로 운영되는 교육 과정을 모두 이수한 후에 일정한 연구 성과를 제출함으로써 수여된다. 일반적으로 6~8학기 과정을 마치고 제출하는 학사학위 논문(A bachelor's degree thesis)은 심사를 거쳐 통과해야 하며, 이를 통해 학생은 정규 교육 과정을 충실히 이수했음을 공식적으로 인정받는다.

전공에 따라 차이는 있으나 학부 과정은 대체로 실험 중심의 교육과 현장 능력 배양을 위한 시스템을 강조한다. 따라서 학사 과정의 학부생들은 현장 실습, 보고서 작성 등을 학위 논문으로 대체하기도 하며, 이 또한 엄격한 기준에 따라 평가되고 인정받는다.

학사학위 논문의 연구 분량은 평균 70~90쪽 정도이며, 경우에 따라 50쪽을 넘는 논문도 드물지 않다. 그러나 논문은 단순히 분량으로 평가되지 않는다. 심사의 핵심은 연구 주제와 방법에 있어 얼마나 독창적이고 창의적인 접근을 시도했는가에 있다. 즉 학사학위 논문은 학생이 학문적 글쓰기를 경험하고 연구자의 기본 자세를 훈련하는 과정이자 향후 석·박사 연구로 나아가기 위한 과학적 탐구의 첫걸음이라 할 수 있다.

석사학위 (Master's degree)

석사학위 논문(A master's thesis)은 학부에서 배운 전공 지식이나 현장 실습 경험과는 출발점부터가 다르다. 학부 전공과 석사 과정 전공이 일치한다면, 학생은 더욱 심화된 이해를 바탕으로 특정 주제를 탐구할 수 있다. 이를 위해 학술논문, 학술서적, 학술지 및 학회 간행물, 설문조사 보고서, 업계 기업보고서, 통계자료, 선행연구 발표자료 등 다양한 문헌을 참고(Reference)하여 연구 주제를 다각도로 검토한다. 이러한 과정을 통해 연구자는 기존 지식을 단순히 습득하는 데 그치지 않고 새로운 연구 방법을 적용해 자신만의 독창적 연구로 승화시켜 나간다.

여기서 반드시 지켜야 할 원칙은 참고문헌과 각주의 성실한 표기다. 이는 단순히 형식상의 문제가 아니라 연구자의 양심과 학문적 기본 도리이며, 저작권법을 넘어 학문 공동체의 신뢰를 유지하기 위한 최소한의 윤리적 기준이다. 이를 소홀히 하는 것은 결코 허용될 수 없다.

석사학위 논문은 독창적인 연구 아이디어와 가설을 세우고, 이를 검증하기 위해 수집된 데이터를 충분히 확보·분석하는 과정으로 완성된다. 데이터의 양이 많을수록 유형별 정확도를 높일 수 있어 방법론적으로 유리하다. 나아가 석사학위 논문의 목적은 기존 연구와 보고된 데이터를 폭넓게 검토하고, 특정 분야의 연구 지식을 종합하여 결론을 도출하는 데 있다. 즉 석사학위 논문은 학부 수준을 넘어선 체계적이고 심화된 학문 탐구의 결과물이자 독창적 연구자로 성장하기 위한 중요한 훈련 과정이라 할 수 있다.

> **※ 석 / 박사 공통(A master's / doctor's common)**
> 석사학위 논문 심사위원은 지도교수를 포함하여 학교 내 3명의 교수가 위원으로 심사를 하고, 박사학위 논문 심사는 지도교수를 포함하여 학교 내 3명과 전공이 같은 외부교수 2명이 참석하여 5명의 교수가 심사를 한다.

박사학위 (Doctoral degree)

박사학위는 대학에서 가장 높은 수준의 학문적 성취로, 전공 지식의 양보다 연구 결과의 깊이와 무게가 핵심이다. 단순히 학문적 지식을 반복하는 것이 아니라 주관적이고 창의적인 아이디어를 사회적·문화적 맥락 속에서 실현 가능하게 제시해야 한다. 이를 위해서는 객관적 근거, 일관성과 응집성 있는 논리 전개가 필수적이며, 연구자의 주장을 뒷받침하는 자료는 간결하면서도 설득력 있게 정리되어야 한다.

논문의 서론은 독자가 주제의 중요성과 연구 목적을 이해하도록 하는 출발점이다. 따라서 연구 결과가 이론적·실천적으로 어떤 시사점을 가지는지 명확히 설명하고, 왜 해당 주제가 중요한지 설득해야 한다. 또한 관련 분야의 연구 동향을 검토하고, 참고문헌과 자료를 비교 분석하여 기존 연구의 한계와 해결되지 않은 문제를 드러내야 한다. 이를 통해 연구자는 자신이 제시하는 새로운 접근의 필요성을 강조하고, 연구 문제가 학문적·사회적으로 어떤 의미를 가지는지 독자에게 분명히 전달해야 한다.

결국 박사학위 논문은 지식의 단순한 축적이 아니라 창의적 문제 제기와 차별화된 해법 제시를 통해 학문 공동체와 사회에 기여하는 최고 수준의 과학적 작업이라 할 수 있다.

석사와 박사학위 논문의 기본 구조는 크게 다섯 단계로 나눌 수 있다. 서론, 이론적 배경, 연구 방법 및 설계, 연구 결과 및 분석, 결론이 그것이다. 학교나 전공에 따라 세부 항목의 배열은 조금씩 달라질 수 있으나 전반적인 틀은 유사하다.

연구 결과를 도출하는 과정에서 핵심은 통계분석 방법의 적절한 활용이다. 대표적으로 회귀분석, 분산분석과 같은 기초 통계기법에서부터 AMOS 등을 활용한 구조방정식 모형분석

(SEM)에 이르기까지 다양한 방법이 사용된다. 각 기법은 연구 목적과 자료의 특성에 따라 선택되며, 적용하기 위한 전제 조건과 분석 절차가 존재한다.

회귀분석은 변수 간의 인과관계를 검증하는 데 활용되며, 분산분석은 집단 간 차이를 비교하는 데 적합하다. 구조방정식 모형분석은 여러 변수 간 복잡한 관계를 동시에 검증할 수 있어 석·박사학위 논문에서 많이 활용되는 방법이다. 따라서 연구자는 자신의 연구 주제에 가장 적합한 분석 기법을 선택하고, 그 이유와 절차를 논문에 명확히 제시해야 한다.

결론적으로, 학위 논문은 체계적 구조 속에서 연구모형을 설계하고, 적절한 통계분석을 통해 신뢰성 있는 결과를 제시함으로써 학문적 기여를 완성한다.

※ 논문의 목차 구성 5단계

Ⅰ. 서론 - [공감대, 문제, 해법-핵심-주장]
Ⅱ. 이론적 배경
    ① 심리학 연구(행동주의 이론)
    ② 자가의식 연구(자가인식 이론)
    ③ 교육학 연구(사회학습 이론)
    ④ 생물학 연구(진화 이론)
    ⑤ 경제학 연구(행동 경제학 이론)
Ⅲ. 연구 방법 및 설계 - [실험연구, 조사연구, 사례연구, 실행연구, 사후연구 등]
Ⅳ. 연구 결과 및 분석
Ⅴ. 결론

연구모형의 통계 검증과 결론
(In the statistics and conclusions of the research model)

연구모형의 통계적 검증은 학위논문의 핵심이다. 검증을 통해 도출된 연구 결과가 신뢰성을 갖추어야만 논문의 가치가 성립된다. 따라서 논문 작성자는 형식과 절차를 충실히 따르며,

결론 부분에서 연구의 핵심 결과와 의의를 간결하고 명확하게 정리해야 한다.

실제 논문 작성 과정에서 흔히 나타나는 문제 중 하나는 표절 회피에 대한 과도한 의식이다. 예컨대 논문 유사도 검사 프로그램(카피킬러 등) 결과만을 의식해 문장을 억지로 바꾸다 보면 글의 흐름이 매끄럽지 못해 오히려 논문의 완성도를 떨어뜨리는 경우가 많다. 중요한 것은 단순히 문장을 뒤집는 것이 아니라 연구자의 언어로 내용을 재구성하고, 적절한 인용 규칙을 지켜 학문적 정직성을 확보하는 것이다.

또한 학위 논문은 다양한 학술논문, 학회지, 간행물, 기업보고서 등 참고문헌을 폭넓게 활용해야 한다. 다만 참고한 자료는 반드시 각주와 참고문헌 목록에 정확히 표기해야 하며, 이는 법적 문제를 넘어 연구자의 기본적인 학문 윤리이자 양심이다.

결국 연구모형의 통계 검증과 결론은 단순한 기술적 절차가 아니라 연구 신뢰성 확보와 학문적 양심 실천이라는 두 가지 과제를 함께 담아야 한다.

표절과 저작권법 위반(Plagiarism & Violation of Copyright Act)

오늘날 우리는 언론을 통해 학위 논문이나 학술연구에서의 표절 의혹을 자주 접한다. 특히 서론 부분에서 인용 문헌을 재구성하면서 각주 표기를 누락해 문제가 되는 경우가 많다. 의도적이지 않더라도, 인용한 문장을 재구성하였다고 하더라도 각주 표기를 하지 않으면 의혹을 받을 수 있다. 만약 본문 연구 결과까지 그대로 가져온 경우라면 이는 명백한 비난의 대상이 된다.

법적으로 표절은 저작권법 위반에 해당하며, 일반적으로 동일하거나 유사한 문장이 6문장 이상 반복될 경우 표절로 간주한다. 이는 형사처벌이 가능한 사안으로, 저작권자 본인이 6개월 이내에 문제를 제기해야만 공소가 유지되는 친고죄다. 따라서 표절은 단순한 학문 윤리를 넘어 법적 문제로 이어질 수 있다.

다만 표절 여부는 신중히 다뤄져야 한다. 고의적 표절은 엄정히 처벌되어야 하지만, 연구자의 실수나 제도적 한계로 인한 단순 유사까지 모두 동일하게 취급하는 것은 적절치 않다. 학문적 검증 절차를 거쳐 합리적으로 판단해야 한다.

특허법 제29조의 선출원주의를 비교해 보면, 발명의 경우 동일하거나 유사한 아이디어가 존재하더라도 먼저 출원한 사람에게 권리가 주어진다. 이와 같이 연구에서도 단순한 유사성보다는 연구의 독창성, 기여도, 의도성이 함께 고려되어야 한다.

학위 논문은 결코 쉽게 얻어지는 결과물이 아니다. 석·박사 과정에만 최소 5~7년 이상이 소요되며, 연구자의 노력과 시간이 집약된 성과다. 따라서 단순히 "6문장 이상 같다"라는 이유만으로 형사처벌을 하는 것은 연구자의 삶 전체를 무너뜨릴 수 있다. 고의적 표절은 엄격히 금지되어야 하지만, 비의도적 중복에 대해서는 제도적 보완이 필요하다. 특히 전면적인 표절 검사 도입 이전의 논문까지 소급 적용하는 것은 재검토되어야 한다.

결론적으로, 표절 문제는 연구윤리 확립과 제도적 합리화라는 두 축에서 접근해야 한다. 연구자의 성실성과 학문적 양심이 무엇보다 중요하며, 동시에 제도적 장치가 억울한 피해를 방지할 수 있도록 정비되어야 한다.

> ※ **선출원주의**(Electorism to which the person who applied first has the right)
>
> 하나의 국가에서 동일한 발명에 대해 가장 먼저 출원한 사람에게 특허권을 부여하는 제도로서, 이 원칙은 지식재산권에 적용되며 국제적으로도 널리 인정되고 있다.
>
> 우리나라는 선출원주의를 바탕으로 한 특허법 제29조가 제정되어 시행 중에 있으며 특허, 실용신안, 디자인, 상표, 산업재산권, 신지식재산권, 문화입법 모두 해당된다.
>
> 지식재산처에 지식재산권으로 등록되어 라이선스를 부여받았다 하더라도 나보다 1분 1초라도 먼저 출원한 발명자에게 배타적 권리를 부여하여는 것이다. 후 출원인 발명자의 권리는 자동취소(소멸)된다(특허법 제29조).

AMOS의 요인 분석과 모형적합도

AMOS - 구조방정식 모형의 요인 분석(CFA, Confirmatory Factor Analysis)

〈측정모형의 적합도 분석(Analysis of the fit of the measurement model)〉

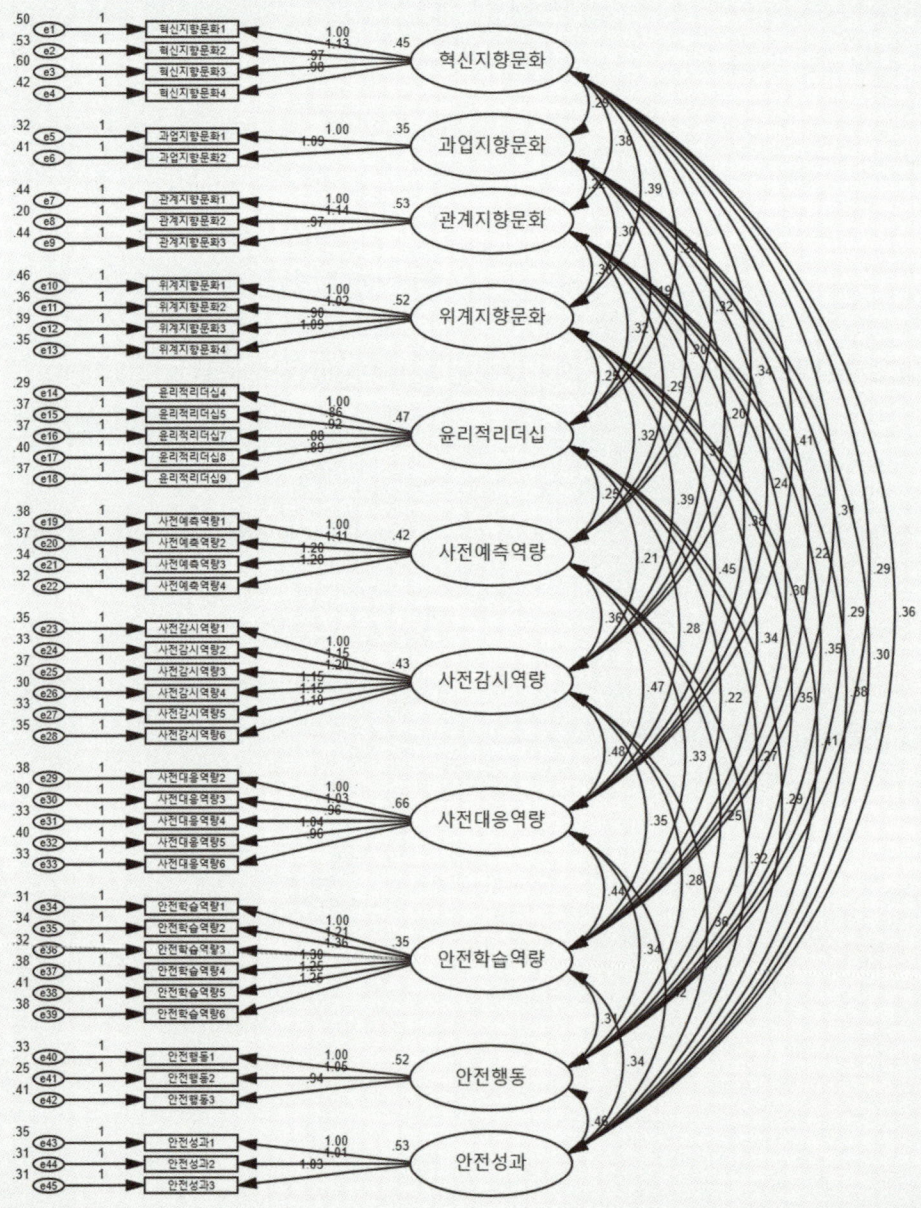

AMOS - 경로 분석의 모형접합도(Model Fit of Path Analysis)

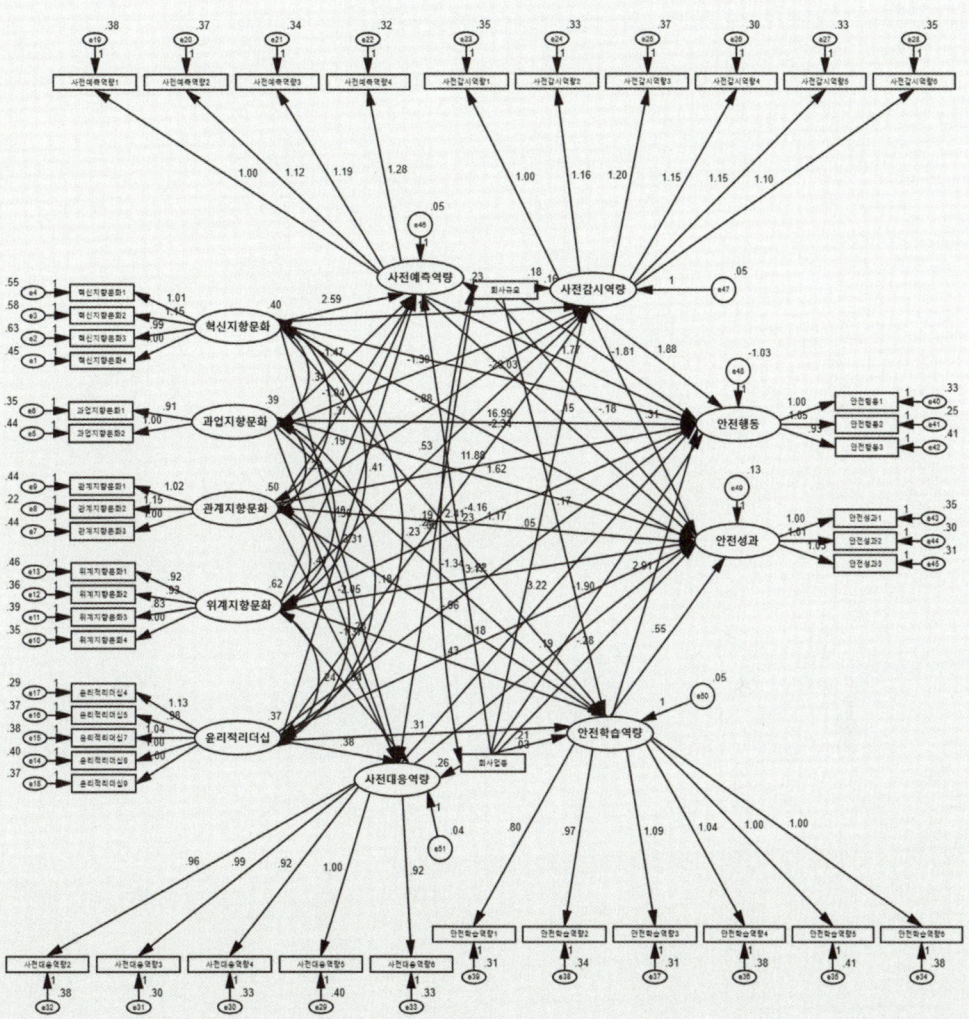

〈구조모형(Structural model)〉